Les mutations sociospatiales
dans le Maroc présaharien

Histoire et Perspectives méditerranéennes
Collection dirigée par Jean-Paul Chagnollaud

Dans le cadre de cette collection, créée en 1985, les Éditions L'Harmattan se proposent de publier un ensemble de travaux concernant le monde méditerranéen des origines à nos jours.

Dernières parutions

Dalila BERBAGUI, *Trajectoires de commerçants nord-africains dans le département du Rhône. 1945-1985*, 2023.
Samy DORLIAN, *Muḥsin Ibrāhīm à travers ses écrits. L'œuvre méconnue d'un dirigeant de la gauche libanaise*, 2023.
Catherine GABER, *La télé dans les bidonvilles. Réceptions des messages politiques télévisés dans le quartier marginalisé des chiffonniers du Caire*, 2023.
Khalid BENAMARA et Philippe BACHIMON (dir.), *Territoire, développement durable et innovation responsable. Entre ambitions et déploiement « praticable »*, 2023.
Resul KARACA, *Constructions de l'identité nationale. Tryptique identité-mémoire-nation. Le « grand débat sur l'identité nationale »*, 2022.
Souad AZIZI, *Rites, genre et pouvoir au Maroc. Textes d'ethnologie réunis en hommage à Camille Lacoste-Dujardin*, 2022.
Yahya EL YAHYAOUI, *Numérique et développement au Maroc. La grande fracture*, 2022.
Resul KARACA, *Constructions de l'Islam. Les musulmans comme vecteurs importants pour la recherche de l'identité nationale en France à l'heure actuelle*, 2022.
Abdelaziz RIZIKI MOHAMED, *La diplomatie en terre d'Islam*, Nouvelle édition revue et augmentée, 2022.
Badr KARKBI, *L'islam politique en Tunisie. Crise identitaire et perspectives séculaires*, 2022.
Jawad ABIBI, *Délinquance et incivilités au Maroc. Contribution à l'analyse des politiques sécuritaires*, 2022.
Alfred SALINAS, *Algérie, l'empreinte espagnole*, 2022.
Maria LUCENTI, *Le monde arabo-musulman et l'Occident dans les manuels scolaires d'Italie et de Tunisie*, 2021.
Djamel BELAID, *L'agriculture en Algérie. Ou comment nourrir 45 millions d'habitants en temps de crise*, 2021.
Salem SALAH, *Femmes tunisiennes, waqf et droit de propriété à l'époque moderne. XVIIIe-XIXe siècles*, 2021.
Bernard LE GORGEU, *La stratégie numérique du Maroc. Vers l'émergence d'un hub numérique régional ?*, 2021.

Moulay Abdallah Odghiri

Les mutations sociospatiales dans le Maroc présaharien

Entre identité tribale et mondialisation

Préface de Saïd Belguidoum

© L'Harmattan, 2023
5-7, rue de l'Ecole-Polytechnique, 75005 Paris

http://www.editions-harmattan.fr

ISBN : 978-2-14-035434-2
EAN : 9782140354342

Préface

L'ouvrage de Moulay Abdallah Odghiri nous invite à travers une passionnante immersion dans Tinghir, un ksar-oasis aux confins du Sahara marocain, à une réflexion sur les mutations de nos sociétés. Ce ksar, situé dans le couloir sud atlasique entre Tafilalet et Marrakech, longtemps rythmé par une temporalité propre aux oasis, est brutalement intégré à la société globale. Il va connaître en quelques décennies de profonds changements tant sur le plan de son organisation spatiale, de son rapport à l'environnement, que sur celui de ses structures sociales.

À partir d'une analyse minutieuse, l'auteur apporte un indispensable éclairage sur l'importance des transformations et des nouveaux défis auxquels sont confrontées les sociétés contemporaines et dont Tinghir est une illustration concrète. Car au-delà de cette oasis, ce sont aussi les mutations de la société globale qui sont ici questionnées.

En première ligne du réchauffement climatique, les oasis du Sahara, extraordinaire construction humaine d'un écosystème en milieu extrême, sont aujourd'hui confrontées à de nouvelles réalités. Presque immuables durant des siècles dans leur structure, leur organisation et leurs fonctions, les cités et les ksour du Sahara vivent depuis une quarantaine d'années des évolutions qui les bouleversent en profondeur.

Durant des siècles, à travers la trilogie eau, palmeraie, habitat, un équilibre délicat, mais pérenne a été trouvé, obligeant les populations à adopter un système rigoureux et rationnel de gestion de l'eau et de répartition des ressources.

L'auteur nous rappelle justement que le ksar oasien, en tant qu'écosystème millénaire, est un tout, à la fois système écologique et structure sociale, et que les rapports entre le ksar et son espace ne se limitent pas à la seule activité économique, mais reposent sur un équilibre, parfois conflictuel, entre des ensembles agnatiques (les familles) et lignagers hiérarchisés qui définissent la structure sociale. Cette société, faisant preuve d'une technicité remarquable, a su développer des systèmes hydrauliques et un type d'habitat apportant des solutions bioclimatiques ingénieuses.

Illustré par les données économiques, sociales et démographiques, le travail de Moulay Abdallah Odghiri montre que ces transformations ne sont pas seulement quantitatives, mais que c'est la nature même des modalités d'établissement humain dans le Sahara qui se modifie et se reconfigure.

Ces changements ont incontestablement une dimension exogène. L'intégration de la société oasienne à la société globale se réalise à une double échelle : celle du royaume marocain et celle de la mondialisation. En faisant de Tinghir une place administrative, la volonté étatique de prendre en charge les territoires sahariens pour y diffuser sa logique de développement est manifeste. À une échelle encore plus grande, les conséquences de l'intégration de Tinghir à la société du monde sont également devenues réelles. Émigrations vers l'Europe, développement d'une économie touristique, généralisation des réseaux internet, la mondialisation agit sur Tinghir et redéfinit les références de l'appartenance et des imaginaires qui en découlent.

Les cités sahariennes sont aussi mues par une dynamique endogène. Certes, si les agents et groupes sociaux sont agis par la société globale, avant d'agir, ils sont aussi porteurs de stratégies propres dont le poids est indéniable dans les mutations en cours (croissance démographique, nouvelles aspirations de vie, modification des structures familiales et sociales).

Facteurs exogènes et endogènes se combinent et modifient en profondeur un équilibre longtemps maintenu. Tinghir, comme de nombreux ksour-oasis, est aujourd'hui le résultat de la rencontre entre ces deux types d'intervention, ces deux types de logique.

Société en transition, Tinghir vit un entredeux : celui du passage d'une société fondée sur les solidarités familiales, claniques et villageoises à une société urbaine caractérisée par l'anonymat et l'impersonnalité des relations sociales. Si à Tinghir les survivances des solidarités traditionnelles continuent de peser dans l'organisation sociale et politique de la ville, de nouvelles urbanités s'inventent et le lien sociétaire tend à l'emporter sur le lien communautaire, de nouvelles logiques recomposent le lien social et ouvrent la voie à de nouvelles représentations sociales.

À partir de l'ancien chapelet des ksour, une conurbation s'est développée, devenant la trame urbaine avec un modèle de construction propre aux villes du Nord et remettant en cause un savoir vernaculaire millénaire. Le nouveau modèle d'aménagement qui s'impose néglige la prise en compte des conditions écologiques particulières de la région et rompt avec les éléments fondamentaux de l'urbanisme saharien.

L'ouvrage pointe ainsi les limites d'une approche par le haut, celle du modèle institutionnel, tout en ouvrant la réflexion sur le développement durable et la transition écologique encore trop absente des modèles institutionnels.

Moulay Abdallah Odghiri nous montre comment une société urbaine en transition redéfinit les modalités du lien social. Les modes de vie, les pratiques et les temporalités urbaines, les représentations sociales et les imaginaires induits ou générés par la ville, le rapport entre l'espace conçu ou voulu et l'espace vécu, les appropriations des espaces publics, la question de la gestion quotidienne des cadres de vie, les mobilités et ancrages résidentiels, sont autant de thèmes qui questionnent sur les urbanités qui se construisent. C'est dans ce cadre en pleine transformation que se mettent en scène les rapports sociaux et que s'expriment ces manières d'être *de* et *dans* la ville contemporaine, dans un monde de plus en plus globalisé.

Cet ouvrage nous montre enfin que, plus que jamais, la question de la ville saharienne ou de la ville au Sahara reflète les ambiguïtés de la manière dont se posent les défis liés aux nouvelles vulnérabilités provoquées par le changement climatique et les nouvelles fractures sociales.

Saïd Belguidoum
Sociologue
Aix-Marseille Université
Chercheur à l'Institut des Mondes arabes et musulmans.
IREMAM–Aix-en-Provence

Introduction

L'urbain est devenu mondialement majoritaire, c'est aussi l'une des caractéristiques et presque la norme de notre civilisation contemporaine. Selon les Nations unies[1], le nombre des citadins dépasse déjà la moitié de la population mondiale et est prêt à atteindre les 60 % en 2030. La généralisation de l'urbain et des pratiques urbaines, dans un monde connecté, renforce leur homogénéisation et leur standardisation à l'échelle mondiale. La notion de l'exception locale et de la singularité territoriale commence donc à se perdre, même s'il y a un réflexe, une tendance chez les citadins à s'accrocher au local et à renforcer leur spécificité dans le contexte local.

Le Maroc a connu lors de la deuxième moitié du XXe siècle une croissance démographique qui a aidé à la structuration de l'armature urbaine nationale et à l'émergence de beaucoup de petites villes, comme Tinghir dans la région de Draa-Tafilalet. L'étalement urbain s'est donc intensifié au Maroc dans les années 1980, quand le flambeau du dynamisme urbain est passé des métropoles aux petites villes grâce, entre autres, à la volonté déclarée des autorités d'animer et d'équilibrer le tissu urbain national, en adoucissant la force de polarisation et d'attraction qu'exercent les grands pôles urbains nationaux. Sa position d'espace intermédiaire, articulant l'urbain et le rural, a renforcé le choix de Tinghir par l'État comme pièce du maillage administratif pour l'encadrement du monde rural autour d'elle. Le réseau des villes moyennes au Maroc, dont Tinghir fait partie, participe activement au processus d'urbanisation du Maroc présaharien et à la diffusion de l'urbain dans le monde rural. En général, les villes de taille moyenne ont activement participé à la réorganisation de l'espace à l'échelle nationale, ce qui se traduit par un étalement urbain inédit, suivi de profonds

---

[1] World Urbanisation Prospects, *The 2005 Revision, Fact Sheet 3*. New York: Population Division, Department of Economic and Social Affairs, United Nations.

changements dans le Maroc présaharien. Cependant, comme c'est le cas de toute cette catégorie de villes au Maroc, Tinghir reste dans l'incapacité de répondre réellement au phénomène d'émigration massive des habitants de la région vers l'étranger, ou vers les villes et les zones atlantiques du royaume, qui sont nettement plus riches.

L'originalité du cas de Tinghir, qui vient de son milieu parfaitement tribal et de ses mutations socio-spatiales intenses et rapides, a été la première impulsion à l'émergence du sujet de notre thèse. Ajoutons que nous portons une grande attention au particularisme local de Tinghir tout en prenant en compte cette autre réalité : cette commune est connectée au monde, et elle est prise comme tant d'autres dans des mouvements de globalisation plus ou moins importants.

Le présent travail se fixe pour but d'étudier les dynamiques urbaines au Maroc présaharien en se focalisant sur le cas de la ville de Tinghir et de sa périphérie rurale, qui baignent, comme précisé plus haut, dans un milieu tribal. Cette étude de cas microsociologique, avec des outils scientifiques et des procédés méthodologiques, nous permettra de partir de données simples en apparence, pour pénétrer dans la complexité du monde social, explorer sa face cachée, comprendre l'espace urbain qu'il a produit ces dernières années, et par la suite comprendre la territorialisation des ethnies et tribus qui l'habitent. Il s'agit en fin de compte de définir l'identité des habitants de la ville, de connaître les acteurs qui participent à la production de celle-ci, et de découvrir la façon dont ils s'approprient l'espace urbain. C'est pourquoi nous allons ensuite nous focaliser sur l'appartenance tribale comme agent responsable en partie de l'évolution socio-spatiale de cette région, et sur les effets de ces mutations sur les groupes humains eux-mêmes. Une attention particulière sera aussi portée à l'attachement des individus à leurs communautés, et aux réactions d'adaptation ou de contournement qu'ils entreprennent face aux transformations de leur société et de leurs espaces. L'oscillation de la société, entre l'attachement à ses racines et sa culture tribale d'une part, et l'influence d'autres modes de vie venus du monde extérieur d'autre part, sera aussi traitée et analysée dans ce travail. Autrement dit, une des ambitions de l'étude est d'exposer la nouvelle urbanité inventée et vécue par cette population, encore continuellement tiraillée entre « la vie bédouine et la vie citadine » pour reprendre les mots de Jacques Berque en 1958, cité par Abderrahmene El Maliki (1990, p. 267).

L'urbanisation est si récente au Maroc présaharien, son processus est si violent et si rapide, que les espaces se sont formés trop vite, et l'émergence de l'identité des lieux est en pleine construction, mais avec un rythme moins accéléré. Cette identité se nourrit de l'espace urbain où elle a émergé, mais aussi de la diversité des origines et des affinités culturelles et identitaires des citadins. Cependant les populations se reconnaissent et s'identifient encore à leurs origines lignagères, et continuent de s'attacher aux groupes ethniques autour desquels leurs vies avaient été organisées pour longtemps. Une bonne partie des néo-citadins gardent et nourrissent un contact continu avec leurs origines, et la territorialisation tribale dans l'espace urbain caractérise cette ville. La substance sociale de la ville est donc, comme l'a indiqué Pierre Sagnol, fondamentale pour une meilleure compréhension des processus d'urbanisation dans la ville de Tinghir, et des dynamiques qui l'animent.

La persistance des facteurs tribaux comme référents identitaires importants et visibles nous interpelle de prime abord, dès qu'on entre en contact avec cette ville présaharienne, et nous pousse à poser la question du rôle de ce facteur dans la composition de ses tissus urbains ainsi que de la place exacte et du rôle de la tribu dans l'organisation sociale et politique, et dans les dynamiques urbaines de la ville. L'organisation spatiale et la structuration progressive des territoires de la vallée de Todgha sont indéniablement dépendantes des politiques de l'État, mais les facteurs géographiques et historiques sont très importants, et restent les moteurs principaux des dynamiques territoriales que connaît Todgha, et Tinghir en particulier. S'intéresser aux dynamiques urbaines et à l'urbanisation dans la région veut dire qu'on doit faire appel à l'urbanisme, qui est une science multidisciplinaire, et que l'analyse ne doit en tout cas pas avoir lieu seulement dans l'étroite chambre d'une seule discipline. On ne peut donc pas étudier les dynamiques urbaines et l'évolution de l'habitat dans cette ville sans faire appel aux facteurs physiques, humains et spatiaux qui les influencent. C'est pourquoi notre démarche sera pluridisciplinaire, associant l'urbanisme et l'architecture aux sciences humaines : sociologie, anthropologie et géographie.

Ce travail est structuré en six chapitres :

Le premier chapitre expose notre posture épistémologique, nous y présentons la démarche méthodologique adoptée, ainsi que les instruments mobilisés pour la collecte et l'analyse des données.

Le deuxième chapitre porte sur les spécificités **géographiques** et les structures **socio-spatiales** de l'espace d'étude. Nous proposerons aussi d'observer comment la structuration de l'espace a évolué ; pour cela, nous partirons de l'équilibre entre nomades et sédentaires, en lien avec le commerce caravanier transsaharien, pour arriver au contrôle territorial par l'État central et son administration.

Le troisième chapitre, intitulé « Du chapelet des ksour à une conurbation polynucléaire », met en avant **l'architecture et les espaces urbains** de la vallée. On s'est efforcé dans ce chapitre d'analyser les étapes principales de la genèse de la ville en défrichant la structure sociale de ses quartiers, et en nuançant plus particulièrement la gestion du foncier urbain et les conditions d'accès à la propriété foncière dans le périmètre urbain.

Le quatrième chapitre, intitulé « L'inscription spatiale de la tribu dans le tissu urbain tinghirois », a pour ambition de comprendre la territorialisation de l'appartenance tribale dans la ville de Tinghir. Dans cette partie de notre thèse, nous avons mis l'accent sur la dimension urbaine des pratiques sociales liées aux différentes ethnies présentes dans la ville. Nous y avons aussi exposé les démarches et les outils utilisés pour la production d'une carte de répartition des ethnies dans l'espace urbain tinghirois. **Le travail cartographique** illustrant la projection des rapports lignagers sur l'espace a nécessité à lui seul sa propre partie empirique, une première descente sur le terrain a été faite indépendamment, spécialement pour la cartographie de la tribu dans la ville (la méthodologie sera exposée plus loin dans ce chapitre).

Le cinquième chapitre se consacre quant à lui à l'urbanité et aux pratiques urbaines à Tinghir, aux expressions de la nouvelle vie urbaine et à la genèse de l'identité urbaine à Tinghir. L'extension de l'urbanité dans la périphérie rurale de Tinghir et la présence significative de la ruralité en centre-ville ont également eu leur part d'attention dans ce chapitre.

Le sixième chapitre, intitulé « Tinghir dans la mondialisation », est consacré à la marche irréversible de la vallée vers la mondialisation. Le focus porte ici sur la relation qu'ont les nouveaux citadins de la nouvelle ville de Tinghir, née sur les ruines des anciens Ksour de la vallée, avec le reste du monde, et sur la multiplication des échanges avec l'extérieur.

CHAPITRE I :

Posture épistémologique et cadre méthodologique

Comme le nom de sciences humaines l'indique, l'objet de toute étude des phénomènes sociaux est la société ainsi que les relations entre les hommes. Le fait que le scientifique fasse lui-même partie de la société « objet de son étude » implique qu'une certaine interaction entre l'observateur et l'objet observé est inévitable. L'appartenance du chercheur à la société complique la tâche des sciences sociales, et nécessite des méthodes transparentes, des systèmes de vigilance et des mécanismes d'autocontrôle. Les techniques des sciences sociales sont importantes, mais doivent toujours être adaptées aux conditions particulières de chaque objet. Un travail de réflexion permanent sur sa propre démarche est donc une nécessité absolue pour le chercheur, afin d'être capable d'exposer et montrer la façon dont la connaissance scientifique est produite, d'où l'intérêt du choix méthodologique. Jean Stoetzel[1] disait : « La méthodologie peut être définie comme l'art d'apprendre à découvrir et analyser les présupposés et procédures logiques implicites de la recherche de façon à les mettre en évidence et à les systématiser. » Il continuait ainsi : « On verra qu'aucune technique, aucune solution mécanique et aveugle ne peut être utilisée, que toute mesure requiert de la part du chercheur une réflexion sur les données particulières du problème. »

C'est d'ailleurs la raison qui a fait dire à Lazarsfeld[2] que : **« La sociologie étudie l'homme en société, la méthodologie étudie le sociologue au travail. »**

---

[1] Jean Stoetzel cité par, Raymond Boudon et Paul Lazarsfeld, 1965, pages 3 et 4.
[2] Paul Lazarsfeld, cité par Raymond Boudon, 1971, page 124.

1. Étude critique de la bibliographie

Selon Paul Beaulieu et les grandes indications qu'il propose dans son ouvrage *Le Projet de Thèse*[3] :

> « Écrire c'est d'abord lire, se positionner, être conscient et souligner ce qui est nouveau dans son apport, critiquer et comparer avec d'autres analyses, vérifier les articles de revues, les auteurs et les communications portant sur des sujets analogues. »

C'est la raison pour laquelle on s'est mis dès le début à la recherche des sources écrites sur Tinghir et la vallée de Todgha en général.

1.1. Sources écrites sur le Todgha et Tinghir

La plupart de ces sources portant sur le Todgha, Tinghir ou le Maroc présaharien en général, sont rédigées sous la plume de colonialistes français. Les géographes ou historiens arabo-musulmans qui ont cité ou traité la région en général ou Todgha en particulier se comptent sur les phalanges d'un doigt. On peut ainsi citer les récits de ces géographes arabo-musulmans, comme al-Bakrî au XIIe siècle, Yakout au XIIIe siècle, ou l'historien et philosophe Ibn Khaldoun au XIVe siècle. Il faut attendre Hassan Ibn al-Ouazzane (Léon l'Africain) au XVIe siècle pour que Todgha soit enfin cité par son nom dans ces sources. La piste d'accès à la région sera ouverte aux Français par Charles de Foucauld à la fin du XIXe siècle ; les premières œuvres en science sociale, en revanche, remontent à 1903, date de création à Tanger de la Mission scientifique du Maroc, par Alfred Le Chatelier[4]. Cet organisme de recherche, voulu par les autorités françaises, a été créé à l'aube de leur intervention au Maroc. Son rôle fut tracé par le général Lyautey en personne :

> « Les notices établies dans les différentes régions sur la condition ethnologique, historique, sociologique, économique et administrative des villes et des tribus du Maroc, et les autres travaux des agents du Protectorat sur la sociologie, ou la politique indigène, seront mis à la disposition de la mission scientifique du Maroc, chargée spécialement

---

[3] *Le projet de thèse*, 2017, Paul Beaulieu et Michel Kalika, page 194, université Jean Moulin, Lyon.
[4] Officier français, premier titulaire de la chaire de sociographie musulmane au Collège de France (1855-1929).

de la préparation d'une collection documentaire publiée sous les auspices de la résidence générale[5]. »

Cette mission est renforcée juste après, en 1920, par la création de l'IHEM (l'Institut des hautes études marocaines), par le général Lyautey à Rabat. Le nouvel institut prenait la suite de l'École supérieure des langues et littératures arabes et d'études dialectales berbères, fondée en 1912, dès le début du Protectorat. Cette dernière était « instituée pour introduire les administrateurs coloniaux à la civilisation marocaine[6] ».

L'IHEM faisait un pas de plus au service de l'administration coloniale, il devait « regrouper l'élite des chercheurs du Protectorat qui travaillaient de concert avec les services de la Résidence et orientaient leurs travaux en fonction des besoins de la conquête et de la gestion coloniale[7]. » Cette première littérature en notre possession était en bonne partie encadrée par des établissements et des missions scientifiques, qui n'étaient pas scientifiquement neutres et avaient pour premier but de faciliter la colonisation et de la rendre peu coûteuse. D'ailleurs, la plupart des sociologues engagés dans cette mission étaient des chefs militaires ou des contrôleurs civils convertis à la sociologie sur la demande des autorités coloniales (Abderrahmene El-Maliki 1990, p. 5).

Il faut donc relire ces sources écrites en gardant la distance et le recul nécessaire, et en adoptant une analyse critique et pertinente à la fois. Il est primordial de noter que des sociologues avaient, à l'époque, pris leurs distances avec le colonialisme et sa sociologie, comme Jacques Berque ou Charles Le Cœur ; cependant, beaucoup d'autres chercheurs étaient fortement engagés aux côtés de ces autorités, comme Michaux Bellaire, mais aussi Robert Montagne, ancien officier de marine et auteur de *Les Berbères et le Makhzen*.

Le bulletin de l'IHEM fut remplacé dès 1921 par la revue *Hespéris*, qui devint elle-même plus tard *Hespéris-Tamuda*. La revue existe

---

[5] Le général Lyautey cité par Georges Nicolas, 1961, page 528.
[6] Jeanne-Marie Gentilleau citant Kamar Bendana, 2000, in *Sociologie* de Robert Montagne, sous la direction de François Pouillon et Daniel Rivet, Maisonneuve et Larose, Paris, pages 41-53.
[7] Jeanne-Marie Gentilleau citant Dahane Mohammed, 2000, *La Sociologie musulmane de Robert Montagne*, sous la direction de François Pouillon et Daniel Rivet, Maisonneuve et Larose, Paris, 288 pages.

toujours sous ce nom : désormais publiée par la section recherche de la faculté des lettres et des sciences humaines de l'université Mohamed V à Rabat, elle est aujourd'hui consacrée à l'étude du Maroc (Jeanne-Marie Gentilleau 2016, p. 27). Beaucoup d'officiers des affaires indigènes y ont publié, comme François de La Chapelle, Marcel Niclausse et Georges Spillmann – qui étaient lieutenants ou capitaines en poste dans la vallée du Drā – ou le capitaine Raoul de Mont de Savass en poste à Tinghir, ainsi que le capitaine Martel du bureau régional du territoire du Tafilalet.

1.2. Le cadre théorique de notre étude

Le présent travail, qui traitera du facteur tribal et de son rôle pour la compréhension des dynamiques urbaines de cette ville présaharienne, s'inscrit dans la continuité des études et travaux déjà réalisés sur la question de « la tribu dans la ville » dans les milieux désertiques, et plus particulièrement dans les confins du Grand Sahara. Néanmoins l'approche que nous avons adoptée pour cette thèse est un peu différente ou nouvelle : le focus ne porte pas seulement sur le tourisme et/ou les spécificités oasiennes, qui constituent la majeure partie des ouvrages scientifiques existant sur la région.

On est conscient que mettre les projecteurs sur le facteur tribal comme indicateur particulier, rompt avec les habitudes de beaucoup de chercheurs. La dimension de ce facteur particulier dépasse les simples approches générationnelles, socio-professionnelles et résidentielles, souvent choisies. Diverses études ont par ailleurs nuancé ce thème et ont enrichi la recherche, et quelques-unes ont retenu notre attention, comme le travail de Françoise et Jean Mitral en 1989 : ces derniers ont mis l'accent sur la projection spatiale des structures lignagères sur la ville de Sokhné en Syrie et ont étudié « le droit de la cité qui est soumis à l'ordre tribal et qui ne peut s'obtenir que par intégration ou assimilation à l'ordre tribal » (Françoise et Jean Mitral 1989, p. 165).

L'article de Jean Bisson sur la ville d'El Abiodh Sidi Cheikh en Algérie, en 1986, s'est articulé sur la disposition des quartiers de la ville : il a pu démontrer qu'ils se calquent sur l'organisation de l'espace nomade.

Les travaux de Riccardo Bocco sur les villages bédouins en Jordanie prennent l'exemple du village Mwaqqar qui est devenu une ville de la banlieue d'Amann et n'a pas échappé à la règle de la territorialisation de l'ethnie dans l'espace, puisque chacune des trois ethnies composant la communauté – Kraysha, Abid et Tiyahah – a son propre quartier dans la ville.

Les travaux de Mohamed Ben Attou et Ahmed Belkadi portent sur la ville de Guelmim Oued Noun, un territoire dont les tribus des Ait Ba Amrane, des Ait Moussa Ou Ali et des Zaouafet se disputent l'appropriation. Toutes ces études ont un point en commun : elles ont mis en lumière la particularité de ces villes divisées et communautarisées, et ont rendu visibles par le moyen cartographique les traits de clivage sur le tissu urbain de la ville. Cependant, la plupart des études se sont limitées au travail d'illustration du fait tribal dans les villes et de son caractère socio-spatial singulier.

En 2006, dans son étude de la ville mauritanienne Tijikja, Vincent Bisson s'est appuyé sur la cartographie de la répartition sectorisée des habitants par affinité lignagère pour mieux analyser et comprendre l'organisation spatiale et les dynamiques urbaines de ce lieu. L'auteur parle de « l'entrée tribale comme clé de compréhension des dynamiques spatiales » permettant ainsi une évolution de la discipline géographique vers une volonté d'ouverture aux sciences sociales et politiques (Vincent Bisson 2006, p. 35).

Pour arriver à une conclusion satisfaisante dans une étude qui porte sur les dynamiques urbaines et les processus d'urbanisation, comme c'est le cas de notre actuelle thèse, il faut nécessairement s'inscrire dans une logique multidisciplinaire et adopter une approche transversale. L'urbanisme, comme déjà signalé dans l'introduction, est une science multidisciplinaire qui dépasse le petit plafond d'une seule discipline. On ne peut donc pas étudier les dynamiques urbaines et l'évolution de l'habitat dans cette ville sans faire appel dans nos analyses à d'autres disciplines comme l'architecture et diverses sciences humaines : sociologie, anthropologie et géographie, en plus de l'urbanisme. En effet le retour aux conditions physiques, humaines et spatiales est toujours obligatoire pour pouvoir situer chaque problématique.

1.3. Les notions et les concepts de base de notre recherche

Pour éviter toute confusion et tout désagrément, il est pertinent et même impératif, de commencer par définir quelques notions qui seront utilisées dans l'hypothèse de recherche et ultérieurement dans la thèse. Cela nous permet de définir précisément de quoi on parle afin de se mettre d'accord sur les notions et concepts qui seront mis en œuvre, pour éviter de tomber dans l'écueil des défauts majeurs et récurrents[8]. L'objectif est aussi d'éviter « tout caractère descriptif restreint qui empêche généralement les résultats d'être mis à disposition pour pouvoir enfin passer à la généralisation[9] ». La définition des notions utilisées dès le début est donc nécessaire pour bien clarifier les objectifs de notre question de recherche et avoir en fin de compte un travail avec des concepts-clés bien précis.

L'urbanisation : pour l'urbanisation, on va s'aligner sur les deux définitions qui englobent à notre avis ses caractéristiques. Voici celle du dictionnaire de sociologie d'Yves Alpes et co-auteurs : l'urbanisation « désigne à la fois l'accroissement du nombre et de la taille des villes et l'augmentation continue du pourcentage d'urbains dans la population totale » (Alpes Yves *et al.*, 2005, p. 318). Pascale Nédélec quant à elle propose la définition suivante : « Le terme d'urbanisation désigne le processus de concentration de la population et des activités dans des villes, et fait donc référence aux origines historiques de la constitution de la ville. » (Pascale Nédélec 2017, p. 34.)

La mobilité : on emploie ce terme pour parler du changement de lieu de vie, et de standard de vie. La mobilité peut être divisée en trois situations : la situation de départ, le mouvement et la situation d'arrivée. Bien sûr, la mobilité ne peut pas être réduite au déplacement dans l'espace et sa dimension sociale doit être considérée. « La mobilité, ce n'est pas seulement le déplacement, c'est aussi la possibilité, la potentialité, la virtualité de déplacement. Nous sommes impliqués dans le mouvement même lorsque nous sommes arrêtés. » (Lévy Jacques 2004, p. 302.) Cependant, la mobilité sociale est un concept sociologique qui analyse la circulation des individus entre les différentes positions de l'échelle sociale. Elle peut aussi désigner le changement de position sociale d'une personne par rapport à celle de

---

[8] Richard Daft, 1995, "Why I recommended that your manuscript be rejected and what you can do about it", in L. L. Cummings and P. J. Frost (eds.), *Publishing in the Organizational Sciences*, Thousand Oaks, CA, Sage, pp. 164–182.

[9] Gephart, 2004, "From the editors: Qualitative Research and the Academy of Management Journal", *Academy of Management Journal*, vol. 47, n° 4, p. 454–462.

ses parents (mobilité sociale intergénérationnelle) ou au cours de sa vie (intragénérationnelle).

Le péri-urbain : Vu morphologiquement, le péri-urbain est la partie non agglomérée des aires urbaines, où l'étalement urbain est éclaté et présente des pleins et des vides. Alors que beaucoup le considèrent comme un tiers espace entre l'urbain et le rural, Jacques Lévy l'assimile à un gradient d'urbanité ou gradient d'intensité urbaine intermédiaire entre le centre et le suburbain.

L'étalement urbain : c'est le phénomène d'extension des aires construites, et d'élargissement de l'espace occupé par la ville, en partant du centre urbain ; il est souvent compris comme le développement incontrôlé et corrélé à la mauvaise gestion urbaine et à beaucoup de facteurs négatifs comme la prédation des terres agricoles et l'atteinte à l'environnement. Les nouvelles zones d'étalement, souvent caractérisées par une densité lâche et par un manque d'infrastructures, sont donc dépendantes de l'automobile. On adoptera la proposition de Bruegmann de : « définir l'étalement urbain de la façon la plus basique et objective possible en tant que développement urbain de faible densité, dispersé, sans planification systématique de l'aménagement du territoire de grande envergure ou à l'échelle régionale[10] ».

Les dynamiques urbaines : Les dynamiques urbaines sont l'ensemble des éléments faisant état de la perception du caractère évolutif, plus ou moins statique, de la ville, à travers les transformations, les changements qui s'opèrent sur le plan social, économique, mais aussi urbain. Elles sont, selon le sociologue Said Belguidoum, « les résultats des pratiques sociales organisées ou spontanées, explicites ou implicites, mises en œuvre par les groupes sociaux agissant dans la ville réelle ».

La tribu : La définition de la tribu adoptée par notre présent travail découle de celles présentées par deux sociologues. P. R. Baduel, qui la considère comme « un mode d'organisation socio-politique à base de manipulation des signes de la parenté », et Riccardo Bocco, pour qui la tribu est un ensemble de parents qui revendiquent leur ascendance à un ancêtre commun selon une règle d'affiliation unilinéaire. La tribu

---

[10] Buegmann Robert Sprawl, 2005, *A Compact History*, Chicago, University of Chicago Press, page 18.

est pour ses membres le socle identitaire solide, puisque l'appartenance à une tribu signifie la possession d'une référence commune pour interpréter les expériences quotidiennes et en orienter l'action.

L'acculturation : On s'alignera sur le *Lexique des sciences sociales* d'Arlette et Roger Mucchielli[11], qui a défini l'acculturation comme « le processus par lequel un individu apprend les modes de comportements, les modèles et les normes d'un groupe de façon à être accepté dans ce groupe et à y participer sans conflit ».

Les valeurs : La définition sociologique des valeurs désigne les idéaux ou les principes régulateurs des meilleures fins humaines, susceptibles d'avoir la priorité sur toute autre considération. Cependant, beaucoup de sociologues parlent de systèmes de valeurs différents, mais pas de valeur universelle, et soulignent que l'individu peut mettre en place plusieurs systèmes de valeurs qu'il mettra en œuvre selon la situation vécue, sans rester enfermé dans l'un d'entre eux. La neutralité axiologique de Max Weber ou « **Wertfreiheit** », qui signifie littéralement la liberté à l'égard des valeurs, a été conçue pour éviter tous les jugements de valeur afin de pouvoir s'en tenir à l'observation de ce à quoi les groupes humains accordent eux-mêmes de la valeur (ce que Weber appelait le « rapport aux valeurs »).

Le changement social : on retiendra la définition de Guy Arthur Auguste Rocher, qui voit le changement social dans « toute transformation observable dans le temps, qui affecte, d'une manière qui ne soit pas que provisoire ou éphémère, la structure ou le fonctionnement de l'organisation sociale d'une collectivité donnée et modifie le cours de son histoire ».

L'individualisme : c'est un processus d'émancipation qui accroît l'autonomie de l'individu par rapport aux règles collectives, par lequel ce dernier s'affranchit des normes imposées par d'autres, des tutelles traditionnelles qui pèsent sur son destin. Des sociologues comme Durkheim y voient un danger pour la cohésion sociale, et font ainsi le parallèle avec la crise du lien social. En effet, le refus de toute entrave au choix personnel et individuel, et le rejet des valeurs et des normes communes, ainsi que de tout ce qui peut être imposé par d'autres,

---

[11] Arlette et Roger Mucchielli, 1969, *Lexique des sciences sociales*, par Entreprise moderne d'édition, Éditions sociales françaises, Paris, 196 pages.

implique automatiquement le déclin de certaines institutions morales qui fédèrent toute société, et des sociétés traditionnelles en général.

2. Problématique et hypothèses de notre recherche

Notre actuelle étude de l'aire urbaine de Tinghir devra être articulée avec une réflexion plus générale sur les dynamiques urbaines contemporaines qui façonnent les villes présahariennes. Comme on l'a déjà signalé dans le paragraphe 1.2 de ce chapitre intitulé « Le cadre théorique de notre étude », le présent travail s'inscrit dans la continuité des études et travaux déjà réalisés sur la question de « la tribu dans la ville » dans les milieux désertiques, et plus particulièrement dans les confins du Grand Sahara. Il doit interroger et mettre en avant les dynamiques urbaines à l'œuvre dans les villes du Maroc présaharien. La prise en compte des considérations tribales et ethniques s'est vite révélée indispensable pour comprendre les réalités urbaines tinghiroises, ce qui explique la présence de l'analyse tribale. Comme l'analyse de Bocco pour la Jordanie, je place mon étude de Tinghir dans une approche de sociologie urbaine. Mettre en interférence identité tribale et mondialisation dans cette vallée, c'est exposer la nature de l'articulation entre banalité urbaine et singularité régionale et locale.

La ville de Tinghir est habitée par des ethnies et des confédérations tribales bien précises, et il n'est pas difficile pour le visiteur de la ville de remarquer la présence et la persistance de la tribu et des aspects tribaux. Les codes vestimentaires, la gestion des ressources naturelles comme l'eau de la palmeraie, le droit coutumier qui est encore l'outil juridique auquel on fait appel de temps en temps pour régler quelques conflits : tout fait référence à la tribu. Erwan Delon disait :

> « À Tinghir tout le monde ou presque appartient à une tribu. Le monde tribal est un univers secret, et il est d'autant plus difficile pour moi Occidental, d'en saisir toute la complexité et d'arriver à le pénétrer tant soit peu [...] L'aspect tribal est donc très prégnant et chaque tribu garde ses spécificités aussi bien culturelles que sociales. » (Erwan Delon 2018, p. 113.)

Il est indéniable que le facteur tribal est un élément clé pour la compréhension des dynamiques urbaines dans cette ville présaharienne. En croyant à la pertinence du cas de Tinghir, notre ambition est de nous associer aux résultats scientifiques qui ont élargi et élargissent encore la connaissance sur les villes marocaines de toutes catégories. Avec l'étude de ce cas, nous tentons d'arriver à une meilleure compréhension de la variété et de la multitude des cas urbains au Maroc, pour peut-être aider à surmonter les obstacles d'une théorisation de la ville moyenne marocaine.

Le but de notre étude sur la ville de Tinghir est de conforter les diverses études géographiques et sociologiques citées précédemment, et de vérifier la thèse montrant l'espace urbain dans les milieux arides comme projection des structures lignagères, mais aussi projection des rapports sociaux et politiques. Le processus ne s'achève sûrement pas avec la territorialisation de l'ethnie dans l'espace urbain. La genèse d'une ville clivée, qui est aussi connectée aux réseaux globaux de commerce et de communication, suscite des questions sur le rôle de la mondialisation, sur l'identité urbaine en pleine composition et sur l'urbanité dans ces villes singulières. Comprendre le rôle des solidarités tribales dans les dynamiques spatiales et dans la régulation du jeu politique local est aussi un des buts de cette étude. Nos questions ne pourront être pertinentes que sur le terrain, en étant empiriques et en mettant les techniques méthodologiques à l'épreuve du terrain, pour enfin conforter notre idée du cadre méthodologique adopté. Comme nous l'avons déjà indiqué au début de ce chapitre, nous sommes obligé d'adopter des mécanismes de vigilance et d'autocontrôle permanent pour faire face à la problématique de méthode et de méthodologie qui revient en permanence dans tout travail empirique. À partir de ces données, nous avons défini les deux orientations principales qui guideront notre interrogation dans cette étude. La première orientation concerne la dimension géographique de l'urbanité, et l'expression spatiale du processus d'urbanisation dont découle la première question principale :

1– Quel est le rôle de l'appartenance ethnique dans la fabrication de l'urbanité et dans le maintien des frontières invisibles entre les territoires communautaires de la ville ?

Et les questions secondaires qui en découlent : Quel est le rôle des espaces communautaires dans la structuration de l'espace urbain ? Quels sont les mécanismes de mutations de ces territoires privatifs des communautés ? Comment l'attachement à la culture d'origine fabrique-t-il une nouvelle urbanité autour de pôles symboliques propres à chaque groupe ? Comment la mobilité individuelle des nouvelles générations pousse-t-elle les frontières invisibles entre ces territoires communautaires ?

La deuxième orientation quant à elle s'intéresse à la substance sociale de la ville, notamment à la relation entre l'identité et les pratiques urbaines des citadins, elle s'intéresse aussi au processus d'appropriation des espaces urbains à caractéristiques intrinsèques dans un monde globalisé. Cette orientation est résumée dans la deuxième question principale de cette thèse qui est la suivante :

2– Comment l'identité de l'objet spatial « la ville » interagit-elle avec la dialectique entre identités des individus et identités des groupes ?

Et les questions secondaires qui en découlent : Quelles sont les pratiques urbaines des habitants selon les diverses temporalités quotidiennes ? Quelles sont leurs habitudes de mobilité ? Comment se développe le sentiment d'appartenance à la ville et/ou à un groupe d'habitants précis ? Dans quelle mesure ce processus émotionnel est-il suivi d'un engagement civique et/ou politique ? Quelles sont les spécificités de la ville de Tinghir et quelles sont ses caractéristiques urbaines communes avec le monde urbanisé ?

Répondre à ces questions nous permettra de mesurer le dynamisme et la taille de recomposition du paysage urbain de la ville de Tinghir et d'expliquer ses mutations socio-spatiales. Il nous paraît donc plus adéquat de commencer notre étude par un travail cartographique qui doit illustrer la présence des tribus sur l'espace urbain de Tinghir. En effet, la réponse aux questions posées précédemment nécessite tout d'abord de connaître le poids démographique de chaque groupe et de son espace communautaire dans la ville, s'il en a un spécifique, ainsi que ses zones urbaines d'attraction.

Les va-et-vient entre la littérature scientifique et le terrain pendant notre pré-enquête nous ont dévoilé qu'il existait un grand sentiment d'appartenance à Tinghir qui ne cesse de se propager : ce sentiment d'appartenance diffuse une culture et un mode de vie qui fédèrent les habitants autour des mêmes valeurs et des mêmes symboles. Ce nouveau fait culturel identitaire, bien lié à cette ville et à son territoire, est devenu le facteur commun des habitants de Tinghir, quelles que soient leurs origines. Dans le même temps, la référence au système lignager dans les relations sociales continue de perdre son importance. Les origines ethniques, en revanche, sont encore et toujours des outils efficaces de manipulation et de lobbying utilisés à des fins lucratives par les politiciens, les autorités et par tout autre acteur essayant d'exercer son influence et de défendre ses intérêts. Nous sommes enfin parvenus à formuler l'hypothèse suivante, qui répond respectivement à notre deuxième question et à notre première question, posées ci-avant :

– Les pratiques de l'espace urbain se réinventent en permanence à Tinghir. Elles nourrissent le sentiment d'appartenance à une ville commune, fédèrent les Tinghirois, toutes origines comprises, autour des mêmes valeurs et des mêmes symboles, et affaiblissent la référence au système lignager dans les relations sociales.

– Cependant, les appartenances tribales, même cachées derrière le fait d'être Tinghirois, renaissent de temps à autre de leurs cendres et peuvent affecter le quotidien des habitants.

3. La méthodologie de recherche en sciences sociales

Les sciences sociales se veulent différentes de la philosophie, et l'empirisme est leur marque de distinction par rapport à la mère des sciences. C'est le terrain qui nous a permis de construire notre rapport personnel comme chercheur avec notre objet, pour nous conduire vers la réalité mesurable cherchée, laquelle peut nous être totalement inconnue au préalable. Cependant, notre mission sur le terrain n'était pas une affaire simple ou banale. Elle est passée par plusieurs phases, en commençant par la préparation théorique et la consultation bibliographique, qui nous ont mis en contact avec les expériences et l'héritage scientifique dans le domaine, et avec notre sujet. La consultation d'autres recherches et les visites exploratoires de terrain ont fait surgir des questions pertinentes et nous ont aidé à construire la problématique de travail. Mais la recherche scientifique ne s'est pas arrêtée là, l'empirique et le retour sur le terrain ont suivi pour réussir la transformation de notre sujet social en un sujet sociologique structuré.

Choisir l'enquête sur le terrain comme outil de recherche sociale signifie automatiquement l'adoption de la méthode empirique d'extrapolation, qui a pour but de conclure à une règle générale à partir d'observation, d'étude et de collection d'informations de cas individuels séparés :

« Les sciences naturelles recourent au laboratoire dans leurs démarches scientifiques, mais les sociologues font appel aux enquêtes de terrain pour collecter les informations. Ces informations seront soumises à l'analyse et au traitement pour être transformées en faits et présentées sous forme de données. En suivant des techniques propres aux sciences sociales, les faits qui en résultent seront alors conjugués en théories et en règles généralisées[12]. » (Abderrahmene Elmaliki 2015, p. 131.)

L'objet social ne peut être compris que par l'observation participante, où nous nous introduisons comme observateur dans le groupe étudié et partageons ses expériences. On part donc de l'individu pour comprendre le groupe, car les événements sociaux dérivent des actions et des représentations individuelles. Ce qu'on fait donc, c'est comprendre et analyser le monde de l'individu en partant de la conviction que chaque individu représente une situation humaine unique. Notre travail, comme sociologue, est de déchiffrer ensuite les constantes communes des événements sociaux à partir des cas individuels qui sont mutants et différents. À partir de là, on passera à la généralisation qui permettra de comprendre le sens des actions et des représentations.

L'outil empirique disponible pour les sociologues est la comparaison, et les grands sociologues comme Durkheim, Weber ou Simmel ont toujours fait appel, et de manière systématique, à cet outil. Durkheim disait : « La sociologie comparée n'est pas une branche particulière de la sociologie, c'est la sociologie même » (Émile Durkheim 1986, p. 169). Elle est donc la base fondamentale de raisonnement en sciences sociales puisque « ... en sciences sociales, la comparaison tend à servir de dispositif de preuve ; la comparaison se fait alors dans un but précis, celui de valider ou d'invalider une hypothèse formulée » (Cécile Vigour 2005, p. 191).

Pour échapper au conditionnement des scientifiques par les préjugés dès qu'ils sont en face d'un phénomène social, Durkheim préconise la comparaison, qu'il considère comme performante comme méthodologie en sciences sociales, puisqu'elle relativise les idées reçues sur l'objet étudié.

Pour Madeleine Grawitz, « la méthode comparative présente trois caractéristiques communes aux sciences sociales :

---

[12] Citation traduite de l'arabe par nos soins.

- Elle ne dispose pas de procédure technique particulière, et elle est utilisée par toutes les sciences sociales ;
- Elle est employée à tous les stades de la recherche ;
- Elle trouve sa place à tous les niveaux de recherche. » (M. Grawitz 1996, p. 380.)

3.1. Préparation du terrain

La première mission de cette thèse était de cartographier la répartition des habitants par affinité lignagère, en milieu urbain ; cette phase du travail nous a permis de prendre connaissance de manière approfondie avec le terrain et sa réalité. Et grâce à cette première incursion dans les lieux, nous avons eu moins de difficultés à définir l'approche que nous choisirions pour analyser les résultats de notre enquête, laquelle était la deuxième mission à accomplir. Nous nous sommes en effet longuement interrogé sur le choix à faire pour analyser le contenu des données de nos entretiens et de notre travail sur le terrain ; et c'est après avoir fait d'autres allers-retours sur le terrain que nous avons fini par trouver des raisons suffisantes et confortables pour adopter l'analyse thématique. À partir des données et des conclusions du terrain, nous avons pu définir les deux axes principaux de notre *Guide d'entretien* qui sont en plus des renseignements sur la personne interviewée :

1. La dimension spatiale de l'urbanité qui détaillera les questions d'urbanisation, ainsi que la question des communautés et de l'identité urbaine.

2. L'urbanité et la substance sociale de la ville, qui s'occupera de l'urbanité, la citadinité et la mondialisation.

3.2. Les outils méthodologiques de notre enquête

Pour faire une enquête sociologique, on doit choisir un paradigme parmi le nombre important de théories que compte ce domaine, et établir une typologie des paradigmes sociologiques que compte la sociologie se révèle une tâche complexe. On peut se permettre de restreindre la liste aux deux paradigmes élémentaires et principaux, le premier, structuraliste, d'Émile Durkheim et le deuxième, celui de l'action individuelle, défini par Max Weber. En choisissant l'entretien **semi-directif** pour notre sujet, nous avons automatiquement adopté la vision qui se base sur l'individu pour expliquer tout phénomène social. La rationalité de l'acteur est centrale dans ce cas, elle est à la fois le principe et l'objet des recherches sociologiques. Cette rationalité de l'acteur devient le moyen idéal pour la compréhension de l'action sociale, et l'outil parfait pour pouvoir l'expliquer.

3.2.1. Les personnes-ressources de notre enquête

Dès le début de l'enquête, nous étions conscient de la nécessité de varier le nombre de cas pour assurer des résultats performants ; c'est la raison pour laquelle notre échantillonnage est resté ouvert, et c'est pour cela aussi que les décisions sur sa quantité et sa qualité ont été prises au fur et à mesure de l'avancement de notre enquête sur le terrain. Nous n'avons fermé la liste que lorsque les réponses et les cas commençaient à se répéter, et le nombre d'entretiens que nous avons pu réaliser à la fin, et à partir de ces données, s'élève à 84. Cependant, le nombre des personnes interviewées dans notre enquête, c'est-à-dire la quantité d'unités d'analyse, ne joue pas le même rôle que la qualité de l'échantillon pour l'optimisation des résultats de l'enquête.

Choisir d'interviewer un grand nombre d'habitants de Tinghir peut impliquer des retombées négatives sur la qualité de nos données et sur la pertinence de l'enquête. En effet, pour un échantillon dont la grande dimension n'est pas justifiée, on collectera moins d'informations par cas puisque l'augmentation de volume de travail impliquera une répétition des entretiens et du suivi des enquêtés, ce qui influencera la qualité de notre travail d'enquêteur. De plus, les délais de la collecte et le traitement de l'information vont automatiquement augmenter.

Il est d'une grande importance pour nous que l'échantillon soit qualitatif et représentatif pour notre sujet et que les interviewés soient tous des personnes habitant Tinghir depuis plus de cinq ans. Les femmes et les hommes, ainsi que les principales composantes ethniques et quartiers de la ville, y sont représentés (voir détail dans l'annexe 3). Nous avons aussi pris soin d'avoir les acteurs de la société civile représentés, ainsi que les secteurs productifs de la ville : mines, artisanat, tourisme, agriculture, commerce et coopératives. Les choix de diversification de représentation sont faits et justifiés en tenant compte d'un processus de codage, de catégorisation et de classification qui suivra juste après. Le but est de comprendre la genèse de l'identité urbaine et de l'urbanité, dans cette ville en pleine métamorphose dans un monde globalisé, et chez ses habitants qui sont quasiment tous de culture rurale ou des ruraux d'origine, récemment installés à Tinghir. Il est aussi question d'exposer l'influence de facteurs tribaux sur les pratiques urbaines locales. Cela explique cette insistance de notre part sur l'échantillon qualitatif et sur l'atteinte du seuil de saturation. Ce concept de saturation est souvent corrélé aux noms de Glaser et Strauss (1967), ou Bertaux (1981), même si le concept remonte à l'école de Chicago, et exactement à Znaniecki, qui disait que dès que l'analyse d'un ensemble de données est bien faite, « nous n'avons plus rien d'important à apprendre sur le groupe que ces données concernent, par une accumulation supplémentaire de données appartenant au même groupe » (cité par Elsa Ramos 2015, p. 53).

3.2.2. L'entretien semi-directif

L'entretien semi-directif, ou entretien libre, se base sur les techniques propres à l'approche qualitative. Ces techniques sont l'observation participative et l'approche biographique. Cet outil a la capacité de s'adapter aux changements de situations sur le terrain avec la flexibilité qu'il faut pour faire face aux conditions imprévues. Nous avons ainsi décidé de laisser plus de liberté aux interviewés pour passer d'un sujet à l'autre indépendamment de l'ordre des questions, tout en gardant le sens du contenu commun et des notions identiques. Le but de cet espace de liberté laissé aux interviewés est d'être à l'écoute en laissant un espace libre à la spontanéité de leur discours et en faisant sortir le plus possible d'informations, et de la façon la moins conditionnée possible. Nous avons donc préparé un guide d'entretien dont le contenu découle de la problématique principale de l'étude et des thèmes qui en dérivent. Les axes principaux de l'interview portent sur :

– Urbanisation, communauté et pratique urbaine

– Urbanité, citadinité et mondialisation

Nous avons fait appel à notre talent de communication et à notre savoir-faire en matière de relations humaines et sociales. S'agissant de sujets plus ou moins tabous, nous avons pris soin de nous isoler avec chacun de nos interlocuteurs et de leur prodiguer le confort et l'intimité indispensables à une fluidité unique d'échanges qui nous a permis à la fin de collecter les informations nécessaires pour notre enquête, dans les conditions optimales, tout en les laissant sortir satisfaits de leur entretien. Nous avons eu une relation d'échange exceptionnelle, où nos interviewés ont pu sentir l'effet de ces rencontres, en arrivant à objectiver leurs réalités, qui étaient considérées au début comme un fait normal et qui n'étaient jamais soumises au questionnement.

3.2.3. Recherche empirique et collecte des données sur le terrain

Nous sommes parti des données du terrain pour développer une méthodologie optimale et pour adapter notre positionnement conceptionnel, afin de répondre aux questions principales de la thèse. Notre ancrage personnel dans cette ville nous a donné une avance et une connaissance des tissus sociaux et des ethnies sur place, mais nous a posé un défi, celui de la neutralité par rapport au sujet traité.

L'enquête de terrain a une place de choix dans la construction du projet de cette thèse. Elle a duré au total onze mois, et a été menée au cours de plusieurs séjours effectués entre janvier 2017 et mars 2020. Un premier séjour de cinq semaines en octobre-novembre 2016 nous a servi de préparation intensive. Les deux dernières semaines de notre dernier séjour, au début mars 2020, ont été utilisées pour peaufiner et clôturer l'enquête. La présence continue sur le terrain d'étude était possible grâce à notre propre logement sur place. C'était une des conditions nécessaires pour avoir un travail satisfaisant et atteindre l'authenticité des résultats en explorant de près les perspectives propres des résidents. Notre travail de thèse s'est alors étalé sur cinq ans, la grande partie de terrain a été réalisée en 2017 et 2020, comme le résume le tableau 1. Le travail a été constamment émaillé de notes de terrain et de réflexions théoriques : l'approche empirique sur le terrain nous a permis la mise en œuvre opérationnelle des concepts, et leur mise en examen sur le terrain nous a aidé à peaufiner les questions aux interviewés pour mieux nous adapter à la particularité du contexte.

L'aire urbaine de Tinghir dans sa totalité a été retenue comme aire d'étude, même si l'aperçu historique nous a imposé d'élargir cette aire aux limites géographiques de la vallée de Todgha. Pour illustrer l'interconnexion et la hiérarchisation des espaces dans un gradient d'urbanité, nous avons aussi préféré comparer le centre urbain de Tinghir aux agglomérations limitrophes d'Ait Atta.

Le manque de moyens de transport en commun dans cette ville est un obstacle majeur, mais l'utilisation d'un véhicule personnel nous a facilité la tâche pour couvrir l'aire d'étude : on pouvait mieux se déplacer et parcourir les distances entre les quartiers éclatés ainsi que dans les agglomérations limitrophes.

En ce qui concerne la langue choisie, la plupart des entretiens ont été réalisés en amazighe, quatre en darija selon les personnes interviewées. Les citations ont occupé une place importante dans le corps de la thèse, surtout dans le chapitre V : c'est une manière de faire entendre les positions des Tinghirois et d'offrir un matériau nécessaire pour aborder l'analyse des discours et des représentations. Elles sont traduites en français. Dans le cas d'une emphase ou d'un jeu de mots, et afin de comprendre les phrases dans leur expression originale et de retranscrire leur effet, elles sont présentées dans la langue correspondante entre guillemets.

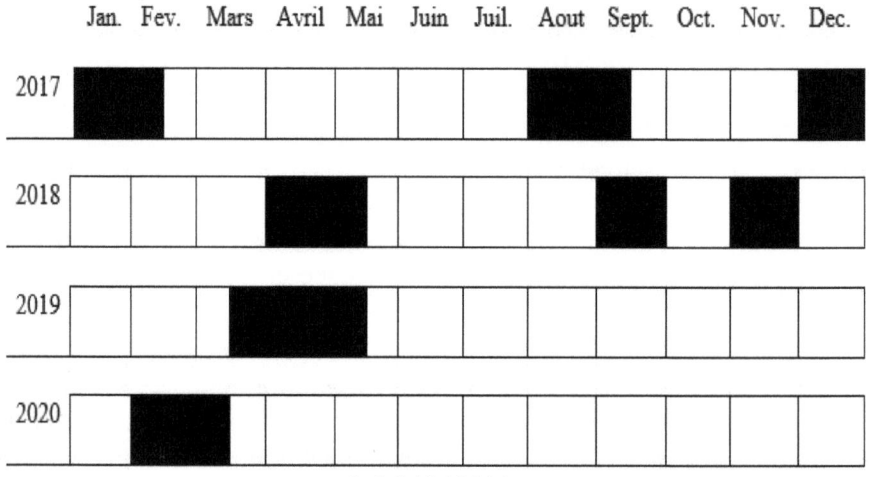

Tableau 1 : Séjours successifs à Tinghir.

© Odghiri 2021.

Les entretiens qui ont été réalisés avec des acteurs urbains – des élus, des représentants des terres collectives, des fonctionnaires territoriaux, des militants de la société civile et les rares acteurs du secteur privé – avaient des grilles flexibles pour correspondre aux responsabilités et aux particularités sectorielles de chacun des interviewés.

Sur un échantillon qui comprenait un total de 84 personnes, les interviewés sont tous des femmes et des hommes habitant Tinghir depuis plus de cinq ans ; issu des principales composantes ethniques et des principaux quartiers de la ville, ce panel a été choisi à dessein, car il représente aussi les diverses classes de la société. Ils ont tous le même questionnaire (exposé dans l'annexe), avec le même objectif : mettre les projecteurs sur chaque cas afin d'abord de comprendre les liens interactionnels entre l'individu et l'espace avec lequel il vit et se trouve en interaction. Comme précisé avant, la rédaction finale des résultats de recherche s'est faite à l'aide de l'analyse thématique corrélée avec l'analyse comparative entre les thèmes de l'interview.

Ces deux tableaux comparatifs nous montrent que le profil des interviewés dans notre échantillon est assez proche du profil moyen des habitants de Tinghir. Le tableau de genre présente un écart visible. Cela s'explique par la nature très conservatrice de la société tinghiroise et par la difficulté de tisser les contacts avec le genre féminin pour réaliser une interview.

Tableau 2 : Statistiques des habitants interviewés, comparées au rapport hommes-femmes dans la population de Tinghir.

	Pourcentage parmi les interviewés	Pourcentage parmi la population
Hommes	63,10 %	49,65 %
Femmes	36,90 %	50,35 %

Les statistiques/rapport hommes-femmes viennent de la monographie de Tinghir © Odghiri 2021.

Tableau 3 : Répartition ethnique d'échantillon, comparée à la répartition ethnique de la population de l'aire urbaine de Tinghir.

	Ait Todgha	Ait Atta	Autres
Répartition ethnique des interviewés	76,20 %	17,85 %	5,95 %
Pourcentage réel de la répartition ethnique	71,40 %	21,70 %	6,90 %

La répartition ethnique provient de la carte tribale de Tinghir réalisé par nos soins © Odghiri 2021.

On considère pourtant que l'échantillon reste représentatif de la population qui investit les espaces publics de la ville, et qui est concernée par les pratiques sociales et spatiales constituant le cœur du sujet de cette étude.

3.2.4. Cartographier les tribus : principes élémentaires et méthodologie

La production de cartes et de photos pour bien illustrer les sujets traités et compenser le manque de littérature actuellement en notre possession a été une grande priorité pour nous dans ce travail. Dès que nous avons eu besoin d'appuyer ou de renforcer notre argumentation, et de soutenir nos analyses par des éléments graphiques, nous nous sommes directement investi pour produire des réalisations photographiques et cartographiques originales. Les statistiques sur la population à Tinghir et ses composantes ethniques diverses sont rares, voire inexistantes. La plupart des chiffres que l'on peut rencontrer ici et là sont produits dans des circonstances bien précises et pour un but précis, et il nous est difficile de les proposer dans ce travail comme argument pour défendre notre thèse. L'écrivain américain Samuel Langhorne Clemens alias Mark Twain a corrélé les statistiques aux mensonges grotesques dans sa fameuse phrase : « *lies, damned lies and statistics* ». La production d'une carte illustrant la présence des tribus sur l'espace urbain tinghirois est donc d'une nécessité absolue pour cette thèse, si l'on veut bien définir le vrai poids de chaque communauté dans son milieu urbain et identifier le rapport de force entre les différentes composantes de la société tinghiroise. Nous sommes tout à fait conscient que la production de cette carte nécessite un travail empirique colossal, puisque le risque d'erreur n'est pas du tout négligeable. La difficulté de cette entreprise avait déjà été décrite par Vincent Bisson : « Lorsque l'on entreprend de cartographier la répartition des tribus au sein d'une ville, mieux vaut ne pas savoir à quoi l'on s'engage [...] mieux vaut être totalement inconscient. » (Vincent Bisson 2006, p. 53.) Il est donc primordial de définir la méthodologie de travail sur le terrain et de fixer les critères d'identification et d'appartenance tribale des Tinghirois, pour être sûr, à la fin, des résultats obtenus.

Pour nous, il était clair dès le début que notre choix des critères d'appartenance tribale devait être compatible avec celui des tribus et ethnies locales. L'appartenance tribale d'un foyer est donc calquée sur celle du père de famille, même si le chef de famille avec enfants est une femme veuve ou divorcée, puisque les logiques patri-lignagères de la région veulent que les enfants soient automatiquement rattachés au groupe ethnique de leur père. Sur la carte seront présentés les habitants de logements, propriétaires ou locataires, même si les locataires sont rares.

Notre source principale d'information pour cette partie était les personnes habitant leur quartier depuis assez longtemps pour bien le connaître, mais surtout les moqqadems[13] des quartiers. Ces derniers connaissent leur quartier, famille par famille, maison par maison. Carte cadastrale sur la table, nous avons fait le tour des rues, des maisons individuelles et des maisons collectives de tous les quartiers en question. Après production des cartes de ces quartiers, des contrôles et vérifications de quelques logements ont été faits par nos soins sur place, de façon aléatoire, pour nous assurer de l'exactitude des informations fournies par les moqqadems.

3.3. Les approches d'analyse de notre enquête

L'enquête est le moyen efficace des scientifiques pour appliquer la méthode expérimentale aux faits sociaux. Ghiglione et Matalon (cités par Landry Ebang 2013, p. 126) nous proposent la définition suivante pour l'expérimentation dans les sciences sociales :

> « L'expérimentation peut être définie comme une interrogation particulière portée sur une situation créée et contrôlée par le chercheur [...] cette interrogation est à but de vérification (d'une hypothèse ou d'un corps axiomatique dont l'hypothèse est le produit). »

En considérant cette définition, et après avoir défini notre objet d'étude, notre enquête aura donc comme mission de répondre à nos questions de recherche, précises, concises et pertinemment formulées dès le départ.

Les entretiens sont principalement soit non directifs et libres, soit semi-directifs et guidés. Il existe aussi d'autres formes d'entretien qu'on ne juge pas nécessaire de citer dans cette petite introduction. Le talent de communication de l'enquêteur, son charisme, ses origines ou son genre peuvent influencer légèrement les réponses des interviewés. Les préjugés du chercheur peuvent aussi tuer sa neutralité et par conséquent agir sur sa lecture et son analyse des discours des interviewés. Il est important donc de garder la balance et de bien réguler la distance sociale entre enquêteur et enquêté, et de mettre régulièrement sa neutralité à l'épreuve, pour encourager les enquêtés à

---

[13] Adjoint de cheikh, représentant des autorités dans un quartier.

se confier. Le scientifique doit toujours rester professionnel et convaincant, et doit avoir une certaine affinité avec les relations humaines. L'enquêteur doit toujours garder le double regard sur des pratiques effectives et des modèles théoriques, comme l'a défini (Jean-Louis Dufays, 2006) :

> « Confronter les concepts aux pratiques réelles est pourtant nécessaire à un triple titre : on ne peut agir sur une situation que si on la connaît, la théorie n'a de sens que reliée aux faits, et l'induction est l'un des plus solides garde-fous contre l'idéologie. »

La corrélation de l'empirique obligatoire et du théorique nécessaire reste donc l'outil efficace pour optimiser les résultats de l'étude.

3.3.1. Approche historique

L'approche historique que nous avons adoptée pour l'étude des mutations va de pair avec la singularité de cette ville et la composition unique de ses tissus urbains : le fait que ceux-ci soient issus de différentes périodes historiques – avant, durant et après le Protectorat – conforte notre choix. L'analyse sera donc faite en trois étapes, en suivant des phases historiques distinctes : la période de l'ordre tribal qui a précédé l'ère coloniale et l'arrivée des Européens ; puis, la phase du Protectorat, la greffe coloniale et la nouvelle logique de l'occupation de l'espace ; enfin, la genèse de la ville présaharienne contemporaine et l'émergence d'une nouvelle forme d'urbanité dans un milieu exclusivement tribal à l'origine.

L'adoption de l'approche historique impose une étude sur le temps long, des premiers établissements humains dans la vallée à nos jours, ce qui nous permet d'analyser les modes de vie sur chaque période historique, et l'évolution des premières pratiques urbaines.

3.3.2. Analyse de contenu

La collection des données est une phase très importante de l'enquête, mais l'analyse est aussi d'une importance non négligeable pour arriver aux résultats espérés. L'analyse était présente dans toutes les étapes du travail sur le terrain, et de façon permanente, pour répondre aux questions théoriques posées et pour mieux comprendre les réalités sociales, et enfin pour bien les reconstruire théoriquement ensuite. Pierre Paillé et Alex Mucchielli (cités par Krief Nathalie, Zardet Véronique, 2013, page 220) ont résumé ce processus compliqué : « L'analyse de données qualitatives se définit d'abord par son objet : le chercheur tente de dégager le sens d'un texte, d'une entrevue, d'un corpus à l'aide ou non d'outils informatisés. »

Krief et Zardet continuent en citant Tesch et Wanlin : « Il s'agit d'un processus d'identification de thèmes, de construction d'hypothèse (idée) et de clarification de liens. » Elles rajoutent la citation de Mucchielli : « Une méthode qualitative s'efforce d'analyser comment un phénomène se produit et pour quelle finalité », avant de conclure : « Elle analyse aussi l'organisation globale du phénomène et ses conséquences. » (Krief Nathalie, Zardet Véronique 2013, p. 220.)

Avant d'analyser, on doit d'abord collecter par le moyen que nous avons choisi, qui est l'entretien. Nous étions conscients dès le début des difficultés et de la sensibilité que représentent la façon d'approcher les sujets et la manière de les faire parler. Nous nous sommes bien préparés pour investir cette phase, l'entretien, qui se distingue des autres outils dont le sociologue dispose, par sa complexité. Il présente plus de complexités que les différentes phases de travail empiriques des sciences sociales. On ressent quelquefois les limites de ce moyen (l'entretien) et on se pose la question, après chaque entretien, des vrais rapports des paroles des interviewés à la réalité. C'est d'ailleurs la raison d'être de l'analyse de contenu, qui s'intéresse au statut qu'il faut donner aux paroles des gens puisque les entretiens ne nous offrent pas des faits, mais seulement des paroles, comme Demazière et Dubar l'avaient souligné : « La question qui se pose alors est celle de savoir comment extraire de leurs paroles, récits ou témoignages les "bonnes raisons" qui rendent compte du sens qu'ils attribuent subjectivement à leurs pratiques. » (Didier Demazière et Claude Dubar 1997, p. 15 ; Abderrahmen El Maliki 2015, p. 143.)

L'objet d'étude, dans notre cas, est un objet conditionné qui parle et pense. Il est influençable et n'est pas neutre, il est un acteur infléchissant qui produit des réalités sociales. En conséquence, il est primordial de prendre en compte les rapports de l'individu à son milieu, c'est ce qu'on appelle la « **définition de la situation vécue** » ; Thomas et Znaniecki[14] évoquent cette complexité qui lie l'individu à son milieu :

> « Dans cette interaction continuelle entre l'individu et son environnement, on ne peut dire que l'individu est le produit de son milieu ni qu'il produit son milieu ; ou plutôt, on peut dire les deux

---
[14] Cités par Christine Delory-Momberger, 2004, page 181.

choses à la fois. Car l'individu ne peut en effet se développer que sous l'influence de son environnement, mais d'un autre côté, il modifie cet environnement au cours de son développement en définissant des situations et en leur trouvant des solutions en rapport avec ses aspirations et ses tendances. Son influence sur l'environnement peut n'être qu'à peine perceptible socialement et n'avoir que peu d'importance pour les autres, mais elle est importante pour lui-même puisque, comme on l'a dit, le monde dans lequel il vit n'est pas le monde tel que le voient la société ou l'observateur. »

On comprend dès lors combien il est nécessaire d'analyser le contenu des paroles de l'objet étudié, quand il essaye de nous faire parvenir ce qu'il a vécu, à partir de son expérience personnelle et selon sa vision du monde. **L'analyse de contenu** doit donc être une étude profonde et pénétrante, capable d'imaginer et de faire parler les faits en utilisant la raison et en évitant toute distorsion. C'est pourquoi **l'étude qualitative** ne s'efforce pas d'arriver à une généralisation, mais se donne pour objectif de mettre le projecteur sur un cas, ce qui se rapproche le plus de « **l'étude de cas** » ou simplement des « **récits de vie** » ou de « **l'étude biographique** ».

Il n'y a pas, en fin de compte, de règle prête à être utilisée dans l'analyse de contenu, et tout dépend de la nature des paroles et des personnes interviewées auxquelles nous faisons face. À chaque sujet et terrain sa technique. C'est une sorte de combinaison et de co-construction entre le produit et les textes des entretiens d'une part, et le travail d'analyse d'autre part.

Sachant que les catégories de l'analyse de contenu sont nombreuses dans la sociologie, nous avons fait le tri parmi les plus répandues, qui sont l'analyse contextuelle, l'analyse par entretien, l'analyse thématique, l'analyse proportionnelle du discours, l'analyse des relations par opposition et l'analyse structurale d'entretiens. En vue d'une reconstruction optimale des faits sociaux procédant de façon scientifique pour une meilleure compréhension de sujet, nous avons fait appel à l'analyse thématique.

Le principe de **l'analyse thématique** est de regrouper et codifier les thèmes comme unités sémantiques de base par catégorie, sans se référer aux jugements ni aux affections. Les composantes affectives seront traitées et définies par la suite, si elles existent. Cette méthode est ouverte et non rigide, idéale pour l'analyse des données de terrain intensives, et elle est à notre avis plus compatible et plus convenable pour la sociologie que pour les autres sciences humaines. Elle brise l'unicité du discours et coupe verticalement chaque fois qu'il s'agit du même sujet d'un entretien à l'autre. Elle donne la priorité à l'harmonie du sujet de l'étude sur l'harmonie et la logique de chaque entretien. Nous avons donc parcouru tous les entretiens pour localiser les thèmes et nous avons choisi les mots-clés et les idées principales de chacun des entretiens pour commencer le tri et la structuration. Nous avons alors classé les dossiers par thématique, directement après avoir fini de classer les unités thématiques en principales et secondaires et nous avons doté chacune d'elles d'un mot-clé qui la représente. La transversalité que nous avons suivie ici ne veut pas dire qu'on ne peut pas revenir parfois à la totalité de l'interview et le relire dans sa globalité pour apprécier le contenu de l'entretien dans son contexte global. Cet espace de liberté que nous nous autorisons fait l'originalité et l'essence même de l'étude qualitative. C'est le meilleur moyen pour harmoniser, optimiser et perfectionner le traitement des divers éléments d'analyse. Voilà une phase importante de l'enquête, qui vient d'être achevée et qui va nous permettre de récolter les fruits du travail effectué jusque-là. L'aventure de découverte continue, et nous commençons alors de façon progressive et structurée, du thème principal au thème secondaire, à comparer les données thématiques extraites en mettant en avant les points communs identiques et les points de contradiction qui les opposent. L'analyse et la catégorisation évoluent avec les nouvelles données du terrain ; c'est l'essence même de notre nouvel outil, propre à ce stade de l'enquête, **les réseaux d'analyse.**

« **Les réseaux d'analyse** » sont un outil d'analyse et d'explication qui nous a facilité la tâche et nous a ouvert le chemin vers notre but, tant attendu, à savoir des résultats scientifiquement démontrés. Pour réussir l'opération de regroupement et de codification des thèmes, comme le préconise l'analyse thématique, nous avons fait appel à deux processus systématiques, le *codage et la catégorisation.*

Dès que nous avons eu fini la catégorisation, nous avons commencé le codage harmonieux et définitif de la matière collectionnée. Cela nous a permis d'avoir une lisibilité optimale de la catégorisation de toutes les données thématiques extraites des entretiens. Bertaux a exposé un des grands avantages de la catégorisation, puisqu'en classant les données en diverses unités thématiques, ils peuvent représenter chacune une partie indépendante de notre document final (Bertaux, 1997, page 91).

3.3.3. Présentation du contenu

La catégorisation, qui est une sorte de classement des données, nous a permis de réduire les faits compliqués au sein de catégories qui les ordonnent, les divisent et les classent. Le long de l'enquête, on s'est forcé à cohabiter avec le sujet d'étude sans rigidité ni fermeture, ce qui a laissé la porte ouverte à l'enrichissement du sujet au fur et à mesure de l'avancement, en permettant aux nouveaux éléments d'alimenter notre thématique. La théorie se façonne donc et prend forme sur le terrain, en construisant progressivement et continuellement des notions et en définissant les spécificités et les relations, jusqu'à la rédaction des conclusions et à la présentation de résultats convaincants : des résultats sous forme de théorie, enracinés, documentés, argumentés par des données collectées à partir d'origines diverses, par de la littérature et des statistiques, jusqu'à l'observation directe et l'entretien. La comparaison continue a accompagné nos procédures dans l'analyse qualitative jusqu'à la saturation théorique. L'analyse thématique est toujours corrélée à une sorte d'analyse comparative entre sujets, qui permet de faciliter la rédaction finale de la recherche.

CHAPITRE II :

Aperçu historique et structure socio-spatiale de la vallée de Todgha

« Vivre au Sahara, c'est plonger dans le royaume du silence et de l'immobilisme. Angoisse du manque d'eau, angoisse lorsqu'on ne parvient pas à trouver un puits. À la tombée de la nuit, aussi, lorsqu'on réalise que l'on n'est qu'un grain de sable au milieu d'une immensité de huit millions de kilomètres. Ce pays est une forge. Rien ne sert de s'endurcir, il faut s'y simplifier. Parce qu'au fond, le désert rend humble : on n'en triomphe qu'en lui obéissant. » (Jean-Marc Durou, 2003, page 41.)

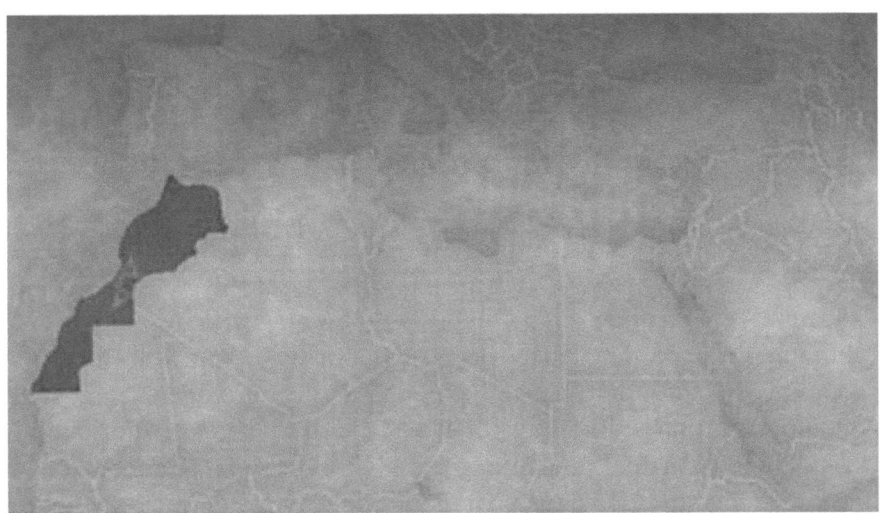

Situation Maroc/Afrique-méditerranée.

Figure 1 : Carte du Maroc, situation Tinghir/Todgha © Odghiri 2017.

Dans ce chapitre qui exposera les spécificités anthropogéographiques de la vallée de Todgha, nous commencerons par découvrir les propriétés géographiques de cette vallée, puis nous poursuivrons notre étude des lieux avec un aperçu historique de l'installation humaine, pour finir avec les établissements humains dans l'aire de l'étude. Il nous paraît pertinent de définir ce qu'est l'anthropogéographie, en reliant le mot à son étymologie grecque « anthropos » qui signifie « l'être humain » : l'anthropogéographie est une branche de la géographie qui s'intéresse à la répartition géographique de l'homme ou des groupes humains sur un territoire, mais aussi aux causes historiques, culturelles et écologiques de cette répartition, ainsi qu'aux relations entre les sociétés et leur environnement physique. L'anthropogéographie est, en bref, déterminée par deux branches qui sont les deux principaux sujets dans ce chapitre : la géographie physique d'une part et d'autre part la géographie humaine qui se tourne vers l'homme et la société. Le chapitre s'intéressera également au développement des structures socio-politico-spatiales depuis le début du siècle dans cette forêt de palmiers-dattiers avec ses 68 ksour, qu'est la vallée de Todgha. Nous nous pencherons aussi sur les pratiques ancestrales de ses habitants, comme l'agriculture et la mobilisation de l'eau.

1. Spécificité géographique et géomorphologique

La vallée de Todgha, qui se situe dans la province de Tinghir, région de Draa-Tafilalet, est un lieu central dans la région, à peu près à mi-chemin des deux villes principales, Ouarzazate et Errachidia, mais aussi à mi-chemin des deux grandes oasis Draa et Tafilalet. Rétrécie en amont et plus large en aval, sur un parcours de presque 50 kilomètres, cette vallée occupe les plateaux et rives tout au long de l'oued de Todgha, depuis ses sources aux pieds de l'Atlas, jusqu'à sa disparition dans les plaines arides et semi-désertiques de Ghellil.

Todgha est structurée par trois principales « communes » héritières de trois districts (territoires) : la commune rurale de Todgha El Oulia au nord, la commune urbaine de Tinghir au milieu et enfin Todgha as-Sufla au sud, ainsi que celle de Taghzout n'Ait Atta tout au bas de Todgha, occupée par une fraction de la tribu d'anciens nomades, Ait Atta.

Photo 1 : Vue panoramique de la vallée de Tinghir et de la vallée de Todgha © Odghiri 2017.

Cette poche verte est le refuge idéal de toute forme de vie dans l'immense paysage semi-désertique du Présahara. Elle abritait plus de 60 villages fortifiés, appelés « ksour ». Les populations de ces villages sécurisés, qui étaient historiquement indépendants les uns des autres, sont d'origines ethniques différentes et forment une mosaïque singulière de divers groupes humains sur un territoire assez réduit. En plus des produits de son agriculture nourricière, l'immigration constitue la principale source de revenus dans cette oasis.

1.1. Situation géographique enclavée

Ce qui a permis aux tribus humaines d'exister et de se pérenniser, c'est l'équilibre entre les besoins des hommes et leur capacité à assurer le renouvellement de leur environnement pour que ce dernier s'adapte à leurs besoins. La localisation géographique de notre objet d'étude dans la vallée de Todgha nous permet de prendre en compte les conditions spatiales naturelles qui affectent la forme de cette vallée. En effet, l'interaction entre l'homme et son environnement est très déterminante, et les rapports complexes et mutuels entre les milieux et les populations qui y habitent affectent le territoire et le mode de vie de ces hommes.

> « Depuis les temps les plus reculés de l'humanité jusqu'à aujourd'hui, les activités aussi simples que se nourrir, se loger, se protéger ou se

déplacer ont conduit et conduisent toujours à agir sur l'environnement, de même qu'elles ont été et demeurent encore conditionnées par lui. » (Beck Corinne, Luginbühl Yves et Muxart Tatiana 2006, p. 316.)

Les auteurs continuent ainsi :

> « Il est communément admis que, par leurs activités, leurs modes de vie, leurs organisations sociales, leurs croyances, leurs perceptions et leur connaissance de ce qui les entoure, les êtres humains, individus isolés ou regroupés en société, entretiennent des relations étroites avec l'espace et les milieux – "naturels" et désormais presque exclusivement anthropisés – dans lesquels ils vivent et avec lesquels ils interfèrent. » (Samuel Robert et Robert Chenorkian 2014, p. 11.)

La succession de deux chaînes de montagnes, celle du Haut Atlas et la partie orientale de l'Anti-Atlas (Gwnat et Saghro), a créé une bande paysagère tampon de 150 kilomètres de longueur entre les plateaux atlantiques à climat steppique et la zone saharienne à climat subtropical désertique. La vallée de Todgha fait partie de cette bande coincée entre le flanc sud du Haut Atlas et les strates sédimentaires au nord-ouest du Sahara. Cette dernière appartient elle-même au vaste territoire oasien qui s'appelle le Maroc présaharien et occupe 15 % de la superficie totale du pays. Ces territoires semi-arides et ouverts sur le Grand Sahara, l'un des espaces les plus inhospitaliers pour la vie humaine à l'échelle mondiale, ont pourtant toujours été, en partie, appropriés et maîtrisés par les humains depuis des millénaires (Yaël Kouzime 2007, p. 48).

> « La région des oasis du Sud marocain s'étend selon une diagonale sud-ouest/nord-est, depuis le nord du Sahara jusqu'aux pieds du Haut Atlas et Anti-Atlas (Jbel Saghro, Jbel Grouz), de l'est du Souss à la hamada (plateau rocailleux) du Guir, de Tiznit jusqu'à l'oasis de Figuig, englobant le Drâ, le Dadès, le Ziz et le Tafilalt. Le Haut Atlas est la frontière physique nord de cette région. » (Jeanne-Marie Gentilleau 2016, p. 41.)

Le rôle de la majestueuse chaîne du Haut Atlas, comme obstacle physique gigantesque qui bloque toute influence atlantique sur le Draa-Tafilalet, est souligné par beaucoup d'auteurs comme Djinn Jacques-Meunié[1] « ... les crêtes du Haut Atlas oriental peuvent être considérées comme étant la limite septentrionale du Maroc saharien ». Cachée derrière cette énorme barrière géographique qu'est le Haut Atlas, la région semi-aride de Draa-Tafilalet abrite aussi d'autres chaînes de

---

[1] Djinn Jacques-Meunié, citée par Jeanne-Marie Gentilleau, 2016, page 54.

montagnes (essentiellement la chaîne de l'Anti-Atlas, comme Saghro et Gounate), qui présentent des potentialités que l'humain a toujours exploitées et dont il a tiré des moyens de subsistance.

Au total, ce sont trois espaces géographiques différents qui façonnent la vallée de Todgha : le Haut Atlas, le Jebel Saghro (partie de l'Anti-Atlas), et la dépression du sillon Sud-Atlasique où l'oued de Todgha s'est fait une trajectoire. L'oasis de Todgha s'étend donc entre les hauteurs calcaires du Haut Atlas et le Jbel Saghro. Les hautes crêtes du Haut Atlas central et ses plateaux courbés sont les principaux facteurs géomorphologiques qui ont tracé les contours de l'oasis de Todgha pour lui donner sa forme actuelle. Autour de la vallée, à des attitudes assez basses, se multiplient des pâturages naturels proches les uns des autres, et exploitables par saison, conditions de base idéales pour le mode de vie des nomades.

Du côté nord, ce sont les chaînes du Haut Atlas qui limitent le Todgha, de son côté nord avec des altitudes magistrales dépassant les 3 200 mètres, comme c'est le cas d'Ighil n Tizi-Mqqurn, qui atteint les 3223 mètres. Le Jbel Saghro, partie du massif montagneux de l'Anti-Atlas, forme quant à lui le deuxième bord entourant la vallée, avec des sommets qui peuvent atteindre des altitudes de plus de 1 600 mètres, comme c'est le cas de Jbel Ouaklim, 1 669 mètres (Mohamed Naim 1996, p. 74). Entre les deux, s'étale le couloir dit sillon sud atlasique, où Todgha s'est implanté, et qui avait historiquement servi de voie caravanière reliant Tafilalet à Marrakech (Djinn Jacques-Meunier 1982), ce qui a mis cette vallée au milieu des chemins et a renforcé sa position comme station-relais incontournable durant des siècles.

La position géographique de Todgha dans un carrefour et son rôle de station-relais a facilité son peuplement par diverses ethnies venant de divers horizons. Malgré la situation actuelle d'enclavement partiel, Tinghir était plus ou moins lié à différents points stratégiques du royaume :

– Le col de Tizgi et Amedghous lui assurait la connexion aux plaines du Maroc au nord-ouest, y compris le Tadla et le Melouyia.

– L'oasis de Ferkela à l'ouest faisait partie de son couloir d'accès à la grande oasis influente de Tafilalet.

– La vallée de Dadès était son étape d'accès au grand Draa, autre oasis puissante, qui a d'ailleurs servi à beaucoup de dynasties de

Marrakech comme base et point stratégique pour contrôler les commerces transsahariens.

Les contraintes énormes d'aridité, et le danger imminent d'avancée accélérée du désert mettent l'écosystème de ces territoires, déjà fragile, sous une pression permanente. Ces divers facteurs animent un processus de dégradation, qui affecte la quasi-totalité des oasis de la région et implique même la mort de beaucoup d'entre elles. Lorsqu'une oasis disparaît, c'est toute l'activité humaine qui y existait depuis des siècles qui ne peut plus se poursuivre, faute de support physique.

Photo 2 : côté Todgha El Oulya, topographie accidentée et réduction de l'espace constructible © Odghiri 2021.

1.2. Climat semi-aride

Le climat semi-désertique de la région est une source d'inconfort permanent pour les habitants de la vallée. Un climat caractérisé essentiellement par les hautes intensités des radiations solaires, des températures diurnes de l'air élevées, des taux d'humidité bas, la faiblesse des précipitations, l'irrégularité interannuelle du régime pluviométrique et le grand contraste entre les températures diurne et nocturne. La différence de température entre le jour et la nuit est principalement due à la clarté du ciel et aux vents froids qui soufflent souvent sur la vallée. La fluctuation et la faiblesse des précipitations (145 mm/an en moyenne[2]) influencent le débit de l'oued de Todgha et le rendent aussi irrégulier.

Aux contraintes de précipitations s'ajoutent des contraintes thermiques résultant de la nature présaharienne du climat, avec une forte chaleur en été et un froid relatif en hiver.

La vallée connaît de temps en temps des périodes de sécheresse qui pèsent lourdement sur les ressources agraires, végétales et animales, ce qui affecte la vie humaine.

1.3. L'eau et les conditions d'accès à la ressource hydrique

L'histoire des luttes entre groupes ethniques et tribus à Todgha est principalement liée à la propriété de la terre et à l'accès aux ressources en eau. L'accès à l'eau rare pour boire, et à l'eau abondante pour cultiver, est primordial pour le maintien de tout établissement humain, surtout dans les milieux arides. Puisqu'aucune activité agricole n'est envisageable sans l'apport d'eau d'irrigation, les populations, dans la province de Tinghir comme dans le reste des zones arides, ont développé des systèmes hydrauliques d'irrigation faisant preuve d'une « technicité étonnante » (Yaël Kouzmine 2007). Les hommes ont adapté leurs pratiques en fonction des spécificités topographiques et hydrauliques locales (Yaël Kouzmine 2007). En effet l'eau, par sa rareté, passe avant la terre dans la hiérarchie des facteurs de production (Jean Bisson 1994). Divers systèmes d'accès à l'eau ont alors coexisté dans la région, que ce soit pour les eaux pérennes ou les eaux de crue. Les eaux souterraines, quant à elles, sont prélevées par des khettaras[3] ou par des pompes diesel sur forages et puits.

> « L'oued Todgha, qui intervient au nord dans le Haut Atlas calcaire, traverse le bord sud de la montagne dans la gorge monumentale de Todgha, qui alimente le parcours de la rivière sur environ 10 kilomètres. Là où l'eau de la rivière déversée pour l'irrigation s'assèche, les puits, les Khettaras et, plus récemment, les petites pompes à moteur, puisent

---

[2] Valeurs enregistrées par les capteurs de la station météorologique Ait Boujjane à Tinghir.
[3] Galerie drainante qui amène l'eau de la nappe phréatique à la surface du sol, par gravité, elle sera nuancée plus loin dans le 1.1.3 de cette partie.

dans l'aquifère proche de la surface. Ces systèmes d'approvisionnement en eau, comme on les trouve de la même manière partout dans le Nord de l'Afrique et au Moyen-Orient, sont en général quasi similaires[4]. » (Hans-Joachim Büchner 1986, p. 60.)

L'oued Todgha, qui présente des débits variables au cours de l'année, est la principale source d'eau dans la vallée. Sur les premiers 18 kilomètres à partir de sa source à Tizgui, l'écoulement est sous forme d'eaux pérennes durant toute l'année. Pour le reste du parcours de l'oued, l'eau coule pendant la saison des hautes eaux, c'est-à-dire en automne et au printemps, alors que les débits sont faibles ou inexistants en hiver et en été. Les habitants sont alors obligés de faire appel aux eaux souterraines pour répondre à leurs besoins. La pluviométrie et les enneigements sur les montagnes qui entourent Todgha, ainsi que les eaux des oueds en temps de crue, assurent l'alimentation des nappes souterraines de la vallée. La demande en eaux s'accroît avec l'explosion démographique et le changement de standard de vie des habitants de la vallée. Les techniques les plus courantes d'exploitation de ces eaux sont les puits, les khettaras et plus récemment les motopompes.

La surexploitation des eaux souterraines était déjà remarquablement grande dans les années 1970, même si le recours au pompage abusif n'était pas encore généralisé. Ruhard écrivait en 1971 :

« Les débits prélevés par rhéttara[5] dans le Todgha sont en moyenne de 12,5 m³/an, soit 25 % des ressources exploitées dans la région. Les rhéttaras tendent à surexploiter les nappes (souterraines), en déprimant progressivement leurs réserves. À long terme, leur exploitation est de moins en moins rémunératrice, car elle est grevée par l'entretien d'une galerie abductrice de plus en plus longue et l'obligation de forer des puits de plus en plus profonds. » (Jean-Pierre Ruhard 1971, p. 374.)

Pour la population de la vallée de Todgha, beaucoup de facteurs et de conditions déterminent l'utilisation de l'approvisionnement en eau, notamment le rythme d'irrigation requis par les cultures principales connues, mais aussi les règles de la loi coutumière auxquelles les parcelles en question sont soumises.

L'importance de l'eau peut se lire partout, même dans les unités de mesure de propriété qui lient toujours l'eau à la terre. Une terre sans

---

[4] Traduit par nos soins, le texte original est en langue allemande.
[5] La transcription de *Khettara* en latin dans le texte original utilise la lettre r au lieu de k.

eau n'a aucune valeur, l'activité humaine dans la région, qui a toujours suivi les traces de l'eau, est d'ailleurs réduite à moins de 5 % de la totalité de l'assiette foncière de la région. Le « taggourt » est une unité de mesure bien répandue dans notre aire d'étude qui illustre ce lien indissociable entre la terre et l'eau. Sa dimension et son volume varient selon les circonstances : ce qui est pris en compte, c'est la pluviométrie et l'importance des travaux de mise en valeur nécessaires. La valeur moyenne d'une unité de taggourt dans la vallée de Todgha correspond à peu près à un quart d'hectare de terre, mené d'une demi-journée d'eau de Targua, par tour d'eau de 16 jours[6]. Le capitaine de Monts de Savasse a bien décrit le processus de partage des terres entre les tribus des Ait Atta de l'annexe de Tinghir[7] et l'attention portée à l'accès à l'eau lors de chaque division :

> « Ils évaluent les surfaces, la nature des terrains, leurs situations par rapport aux points d'eau, à la profondeur de la nappe phréatique, etc. Compte tenu de ces éléments, ils doivent diviser la vallée en un nombre de zones variables, parfois deux, généralement trois, ces zones s'étagent le long du lit de l'oued [...] Dans le partage d'une vallée en trois portions, nous aurons donc une zone amont, une zone centrale, une zone aval. » (Le capitaine Raoul de Monts de Savasse 1951, p. 25.)

Après le partage du terrain, souvent en trois parties, chaque propriétaire d'une taggourt aura droit à une part de chacune des trois zones, partant des berges de l'oued et se dirigeant perpendiculairement à l'axe de ce dernier, vers l'extérieur de la vallée, encadrée à gauche et à droite par les champs des propriétaires des Taggourts voisines. Le capitaine de Monts de Savasse continue :

> « Il s'agissait de découper les vallées importantes en portions de valeurs égales, le plus souvent par tranches perpendiculaires au cours de l'oued et de constituer un grand nombre de lots équivalents [...] donc de la rivière à la montagne, d'où l'expression locale définissant les droits du propriétaire foncier : *"zeg iselman ar oudaden"*, des poissons aux mouflons. » (Le capitaine Raoul de Monts de Savasse 1951, p. 28.)

La division se fait de façon équitable en garantissant à chacun l'accès à l'eau. Aujourd'hui, ce sont les voies de communication qui sont devenues totalement indispensables et qui ont remplacé les cours

---

[6] La division d'eau des oasiens se fait suivant les cycles/tour d'eau d'une moyenne de 16 jours entre les ayants droit.
[7] Les Ait Atta dépendaient du bureau des Affaires indigènes du centre de Tinghir.

d'eau dans leur importance. Pour que la division du foncier soit équitable de nos jours, il faut qu'on assure à chacun son accès aux nouvelles artères de la vie : les voies de circulation.

1.4. L'agriculture et la végétation

Plus au moins enclavé, Todgha a la forme d'une île verte isolée dans un environnement aride et hostile. C'est l'eau de la source de Tizgui et la facilité d'accès à cette ressource qui ont rendu la pratique de l'agriculture irriguée possible, et l'établissement humain durable.

C'est d'ailleurs partout la règle au Maroc présaharien : les oasis avaient toujours été les matrices incontournables des processus de l'urbanisation, et toutes les villes de cette région sont associées à un ou plusieurs systèmes oasiens. L'oasis rassemble en elle beaucoup de facteurs canalisateurs de dynamique urbaine : en plus de son agriculture nourricière, l'oasis a la vocation qui a toujours été la sienne, celle de relais et d'étape sur des itinéraires commerciaux, de carrefour d'échanges et d'interactions socio-économiques. Cette fonction de relais, qui est une résultante du positionnement géographique optimal dans le nœud des voies de communication, sera, dans le contexte contemporain, reprise par la ville présaharienne moderne, ce qui lui permet de conforter sa position dominante à l'intérieur de son réseau urbain et dans le maillage économique régional et national.

2. L'établissement humain dans la vallée de Todgha

Les oasis étaient les centres de vie et donc le point de départ de toutes les colonies dans le Maroc présaharien. Les nomades les utilisaient comme lieux de commerce, et les caravanes comme points d'approvisionnement importants.

Toute vie humaine dépendait de ces quelques endroits, que l'on pouvait trouver partout dans les confins du Sahara : l'existence humaine devient rare dès qu'on rentre dans les grands déserts de sable. La culture dans les oasis a fait émerger une unité de vie et d'environnement qui n'a pas cessé d'évoluer pendant des milliers d'années. Selon les circonstances, les établissements pouvaient atteindre des tailles différentes. La forte dépendance à l'égard de l'environnement aride a néanmoins limité l'expansion des activités humaines dans ces vastes territoires. L'agriculture nourricière locale produisait et produit principalement des palmiers dattiers plus que d'autres plantes. Leurs fruits, les dattes, ont servi de base à la vie humaine en raison de leur richesse en nutriments et de leur durée de conservation.

La vallée de Todgha ne faisait pas exception parmi les oasis, elle était même d'une grande importance économique et stratégique pour le Maroc présaharien, et cela était dû à son positionnement géographique au milieu d'un carrefour historique qui a toujours lié l'Afrique subsaharienne à la côte méditerranéenne. Les ressources pérennes et agricoles importantes et l'emplacement stratégique de cette vallée sur une ancienne route commerciale sont des raisons supplémentaires qui ont toujours favorisé sa position dans la région.

La lutte entre les groupes ethniques pour le contrôle des sources hydriques de l'oued Todgha et des terres cultivables qui l'entourent a toujours façonné les relations interethniques dans la vallée. Le schéma actuel de projection spatiale des ethnies sur la vallée et la répartition des différents groupes humains sur les agglomérations de Todgha reflètent précisément le résultat final de longues luttes interethniques pour la suprématie et le contrôle de ces ressources vitales.

2.1. Les premiers habitants de Todgha

L'histoire de Todgha remonte aux temps précédant la conquête musulmane au VIIIe siècle, et beaucoup de spécialistes du Maroc présaharien confirment que la présence de l'homme dans la région remonterait à des époques plus lointaines (M. Ait Hamza 2001 ; de Haas 2003). Cependant, les traces historiques sur les origines avérées des établissements humains dans la vallée de Todgha se font très rares et on manque de littérature là-dessus.

D. Jacques-Meunié faisait référence à des manuscrits hébreux du XIIe siècle, qui parlaient d'un royaume de Noirs, « les Kouchites », qui aurait régné sur le Drâa, du Xe au Ve siècle avant notre ère, elle évoque cette époque :

> « En ce qui a trait au Maroc saharien avant le VIIIe siècle, on ne sait presque rien de sûr. Pour cette époque, les sources les plus anciennes seraient des manuscrits hébreux du XIIe siècle de notre ère [...] on ne peut donc être certain que le texte publié soit authentique. » (D. Jacques-Meunié 1972, p. 141.)

L'archéologue et géologue du Quaternaire, Mohssine El Graoui, confirme par la découverte des sites rupestres de Jbel Bani, que l'histoire du peuplement de la vallée du Drâa remonte à la préhistoire :

> « Bien avant la construction des casbahs de la vallée du Drâa, les rives de cette grande rivière ont été occupées par des populations préhistoriques. La vallée du Drâa représente ainsi la plus importante concentration de l'art préhistorique au Maroc. Les sites se trouvent tout le long de la vallée et dans les contreforts du Jbel Bani. Des milliers de gravures rupestres, de styles et de techniques divers, rendent compte des différentes étapes de l'évolution de cet art, allant de l'époque des chasseurs à l'époque des pasteurs, en passant par l'âge des métaux et finissant par les périodes protohistoriques. » (Mohssine El Graoui 2005.)

Gabriel Camps, le spécialiste de l'histoire des Berbères, précise que le Sahara, dans sa globalité, fut d'abord occupé par des Noirs, de type éthiopien, bien longtemps avant l'arrivée des divers groupes, majoritairement berbères. Par la force militaire, ces derniers auraient obligé les indigènes à céder leurs terres, limité leur mouvement, et restreint leur activité à une agriculture nourricière, en les contraignant à être métayers, voire en les réduisant à l'esclavage :

> « Ainsi l'examen rapide des fresques sahariennes permet d'établir que les mélanodermes (Négroïdes vrais ou Éthiopiens) ont toujours occupé le Sahara, mais que les éléments europoïdes deviennent progressivement plus importants aux époques plus récentes et surtout à partir de l'introduction du cheval à la fin du IIe millénaire. Mais jamais les populations mélanodermes ne furent éliminées. » (Gabriel Camps 1970, p. 39.)

Djinn Jacques-Meunié, à son tour, confirmera cette thèse en 1982, en écrivant :

> « L'un des éléments ethniques les plus anciens, peut-être le plus ancien, est représenté par les Noirs ou Négroïdes qui se trouvent principalement aujourd'hui dans les oasis au sud de l'Atlas, à la lisière du désert ; sédentaires et jardiniers, ils s'adonnent aux soins des palmeraies. Cette population forme un groupe ethnique très particulier – surtout dans le Draa oriental – et ne doit pas être confondue avec les esclaves, ou les descendants d'esclaves soudanais au Maroc. » (D. Jacques-Meunié 1982.)

C'est exactement le contraire de ce que Mohamed Ait Khandouch affirmait, en se référant à la toponymie locale. Il explique quant à lui que le nom du village d'Amzaourou, occupé par des Imazighen, signifie « le premier » en tamazight et décrit l'espace :

> « Il est situé en aval de Todgha, où l'espace agricole est plus vaste et le sol est plus fertile. Ensuite viennent les Ait Snan, dont le nom coïncide avec ouissin qui veut dire le "deuxième", installé à l'amont de Todgha, espace agricole restreint et relief vallonné. » (Mohamed Ait Khandouch 2017.)

Cependant My Ahmed Al-Idrissi, explique que « amzaourou » signifie l'endroit spatial en langue berbère, ce qui est d'ailleurs le cas d'Amzaourou vu topographiquement, et exclut l'hypothèse qu'Amzaourou représente le premier établissement humain de la vallée : autrement il devrait s'appeler Amzouarou[8] et non Amzaourou (My Ahmed Al-Idrissi 2018).

Cette contradiction persistante sur l'origine des différents groupes et ces disputes sur le prestige de premier arrivé dans la vallée ont été traitées par de Haas et El Ghnajou en 2000. Ils ont lié la différence des récits à la différence des origines ethniques des narrateurs. Les deux auteurs soulignent dans leur synthèse l'absence de toute source fiable ancienne et de toute découverte qui pourrait jeter une lumière sur l'histoire ancienne du Todgha ; voici le texte original en anglais :

> « *Several local traditions exist on the origin of the different groups, often focusing on the prestige question 'who was first'. Of course, these accounts differ according to the ethnic background of the narrator. Apart from very brief and general descriptions by early travellers like Leo Africanus and Marmol, no ancient reliable sources have been uncovered which may throw a light on the ancient history of the Todgha.* » (De Haas & El Ghanjou 2000.)

Todgha, comme le reste du Maroc présaharien, était quoi qu'il en soit, habitée par une population diversifiée, depuis la nuit des temps. C'était la plus peuplée des oasis du Nord-Afrique au début du XXe siècle, elle comptait une concentration de 1 647 habitants au kilomètre carré (Büchner 1986).

2.2. La vallée de Todgha, après l'introduction de l'islam

L'arrivée de l'islam dans la vallée au VIIIe siècle n'a rien changé au statut de la langue berbère ni à l'application du droit coutumier, et

---

[8] Amzouarou signifie littéralement « premier » en langue berbère, tandis que Amzaourou signifie « endroit spatial ».

l'utilisation du tamazight comme langue unique reste encore la règle dans la région. Au VIII⁰ siècle, Todgha était l'une des principautés les plus prospères d'Al-Maghreb Al-Aqsa[9], principalement grâce à l'agriculture florissante assurée par l'oued de Todgha ; le commerce caravanier a aussi participé à la prospérité de la principauté, sans oublier l'exploitation des mines d'argent d'Imiter, non loin de Tinghir, ainsi que l'artisanat lié au travail de ce métal, qui lui ont permis entre autres de battre sa monnaie. Mohamed Naim a cité Mme Jacques-Meunié sur ce sujet :

> « La première monnaie connue ayant été frappée à Todgha [...] porte la date de 780, elle est donc antérieure au règne du Khalifa Haroun ar-Rachid de Bagdad (786-809). Par la suite, cet atelier fournira des dirhams au nom d'Idriss Ier, de Khalifa Ibn al Mad'a et Idriss II. » (Mohamed Naim 1996, p. 88.)

Cette prospérité n'a pas duré longtemps, le coup d'arrêt lui a été donné par le royaume de Sijilmassa, lorsqu'il a annexé Todgha en 757.

La ville resta ensuite sous l'autorité centrale des diverses dynasties qui se sont succédé sur le trône du royaume, jusqu'à l'arrivée des tribus bédouines Beni Maâquil au XIV⁰ siècle, qui ont apporté avec elles le désordre généralisé, et l'ont semé partout dans la région. On ne sait pour quelles raisons, ils ne s'y sont jamais installés ni n'ont essayé d'y gérer leurs affaires. En revanche, ils ont imposé des tributs à toute la vallée. Marçais évoque en détail « l'arrivée des Maâquils par lesquels la contagion du désordre gagna le Drâa et Sijilmassa, faisant alors du Sud marocain le foyer de toutes les révoltes et le refuge tout préparé des prétendants malheureux » (Georges Alfred Marçais 1913).

La deuxième moitié du XVI⁰ siècle sera le début d'une nouvelle ère, durant laquelle Todgha sera conquise et protégée par la dynastie des Saadiens de Marrakech jusqu'à la nouvelle irruption de l'anarchie, au début du XVIII⁰ siècle. Du fait de sa position géographique entre les deux oasis influentes de la région (Draa et Tafilalet), Todgha a longtemps été au centre d'événements politiques plus ou moins importants. Elle fut le refuge de Moulay Rachid quand il était en train de se préparer à la quête du pouvoir central. Beaupère avait documenté cet événement en écrivant : « À la mort de Moulay Chérif, le premier Alawite en 1659, son fils, Moulay er Rachid, redoutant son frère,

---

[9] Al-Maghreb Al-Aqsa, l'Extrême Occident en français était le nom sous lequel était connu le Maroc.

Moulay Mohammed, quitte le Tafilalet et se réfugie au Todgha avant de se rendre à Demnat et à la Zawiya de Dila. » (L. Beaupère 1931.)

La vallée était impliquée dans des alliances avec les autorités makhzeniennes, mais aussi avec d'autres tribus en quête de suprématie. Là aussi, c'est Beaupère qui est notre source, il avait écrit :

> « En 1692-93, les gens du Todgha, du Ferkla et du Gheris aident Moulay Ismail en prenant à revers les Berbères du Feznae, les Ait Ouamalou, les Ait Yafelman et les Ait Sri, pendant que le Sultan les fait attaquer de face par le Tadla et le Moulouya. » (Lieutenant Beaupère 1931.)

En 1927, la région plongea encore une fois dans des conflits sans fin. Diverses organisations tribales et puissances politiques se sont infatigablement engagées dans des combats acharnés pour garantir le contrôle de ce territoire. C'est le décès du sultan Moulay Ismail qui a mis le feu à cette poudrière : ses successeurs à Fès, ainsi que les Aït Atta et les Aït Yafelmane, se ruèrent alors sur la région comme des prédateurs affamés. L'alliance au milieu du XIXe siècle des Ait Merghad, fraction des Ait Yafelman, avec le sultan Moulay Slimane a conforté les Ait Merghad et leur a procuré un avantage vraiment décisif pour conquérir les territoires d'autres tribus sédentaires et/ou nomades. Pour se protéger et construire une barrière face à leurs attaques, les habitants du Todgha permettront alors à quelques fractions de la confédération tribale guerrière des Aït Atta de construire leurs ksour sur des terres au débouché de la vallée.

Les habitants du Todgha étaient divisés, depuis une époque immémoriale, en deux ligues ou leffs qui se faisaient constamment la guerre : les Aït Guemat et les Aït Salah. Chaque ksar appartenait à une ligue ou à l'autre, sauf quelques-uns, comme Tinghir ou Afanour, où cohabitaient des membres des deux ligues (C. de Foucauld 1884, Spillmann G. et Beaupere 1931, H. J. Büchner 1986). Aujourd'hui, la majorité des habitants de Todgha ignorent totalement l'existence de ces ligues. Tous les interviewés de moins de 50 ans n'en avaient jamais entendu parler et sont incapables d'expliquer leur raison d'être ou leur origine. Ce n'est que chez les plus âgés qu'on peut encore trouver une petite information ou indication, ici et là.

Les attaques des nomades, mais aussi, d'un ksar todghaoui sur un autre, étaient monnaie courante chez les Todghaouis. La crainte d'une attaque et les précautions de protection qui vont avec marquaient le quotidien de ces oasiens, et avaient un impact sur leurs pratiques. Cet état de guerre permanent façonnait leur comportement et leur pratique de l'espace tout en renforçant leur esprit communautaire. Charles de Foucauld, qui était de passage à Todgha à la fin du XIXe siècle, nous a transmis dans ses récits l'atmosphère d'insécurité que les Todghaouis vivaient à l'époque :

> « Les guerres, fréquentes ailleurs, sont continuelles au Todra ; ainsi, point de précaution qu'on ne prend : chaque localité est resserrée dans un étroit mur d'enceinte et de toutes parts se dressent des agueddims[10]. Durant le temps que j'ai passé à Taourirt, ce qçar était en guerre avec son voisin, Aït Ourjedal ; chaque jour on se tirait des coups de fusil ; les fenêtres, les lucarnes des maisons, étaient bouchées ; on n'osait monter sur les terrasses de crainte de servir de point de mire : les deux localités sont si proches que, malgré le peu de portée des armes, on s'atteignait de l'une à l'autre. » (Charles de Foucauld 1884.)

Huit ans après ce moment décrit par Charles de Foucauld et lors du passage du sultan Moulay Hassan à Telouat en 1892, Madani Glaoui est nommé représentant de l'autorité centrale sur les territoires de Dra et Tafilalet. Une nouvelle ère commence alors sur le Todgha, l'ère des Glaoui, qui sera synonyme de la soumission de Tinghir à l'appareil militaire français. La France avait décidé de sous-traiter les actions militaires à la famille Glaoui. Cependant soumettre la vallée n'est pas une affaire aussi simple que les Glaouis l'imaginaient. Il faut attendre 1918 pour que Tinghir passe sous leur commandement. La plupart des chefs de villages des Aït Todgha prêtent alors serment de fidélité au sultan et au Protectorat le 2 février 1918, mais les Aït Atta refusent quant à eux d'y participer et se soulèvent quelques jours plus tard. La rébellion dura jusqu'à l'intervention directe de l'armée française en 1931.

C'est à partir de cette année-là que Tinghir devient le centre administratif de la vallée du Todgha. Un Bureau d'affaires indigènes (aujourd'hui devenu siège du Pacha) est bâti à proximité du ksar, ainsi que quelques autres constructions. La kasbah du Glaoui est également agrandie et une caserne française construite à côté, sur la colline.

Le 25 mars 1933 marque le début de l'ère de « pacification française », durant laquelle tous les territoires de la province actuelle sont rentrés définitivement sous la tutelle des autorités coloniales,

---

[10] Une tour ou un bourg en langue berbère un *agoudim*, l'équivalent du mot *borj* en arabe.

après la bataille de Bougafer[11] qui a mis fin à la résistance farouche des tribus d'Ait Atta. Cette époque coloniale sonne le glas du droit coutumier, du pouvoir tribal et des institutions ethniques ; c'est aussi le début de l'ouverture au monde extérieur, suivie par des bouleversements spatiaux et sociétaux. La vallée est divisée en plusieurs fractions administratives ou « Machiakhat » : Tizgui, Aït Senan, Aït Iggourtane, Tinghir, Aït Tammast, Imziwra, Ihwarine, El Hart et Aït Atta. Et un notable de chaque fraction est choisi comme cheikh tout-puissant.

À cette époque, le ksar de Tinghir comptait environ 300 foyers regroupés en trois quartiers : Ihartane, Aït Abdellah et Ait El Haj Ali. Entre les deux premiers se trouvait un mellah[12] de 70 foyers. En ce qui concerne les juifs de Tinghir, ils quittèrent le pays juste après la guerre des Six Jours, comme l'ont fait la plupart des juifs marocains.

C'est à partir de 1970 que les grands bouleversements du tissu spatial de la vallée ont été déclenchés. L'étalement urbain a été animé, en premier lieu, par les fonds transférés d'Europe par les émigrés : ceux-ci étaient présents dans la plus grande partie des foyers tinghirois.

Tinghir continua de grandir pour compter 30 000 habitants dans les années 1990 et absorber les ksour environnants dans sa toute nouvelle aire urbaine. Elle fut d'abord élevée à la catégorie de commune urbaine, pour devenir capitale de la province en 2009 (Mohamed Naim, 1996).

Les sédentaires oasiens avaient toujours l'indépendance alimentaire, mais ils avaient besoin d'échanges avec les nomades pour diversifier la palette de leurs produits de consommation et assurer le luxe d'une alimentation variée et riche, digne de la vie d'un sédentaire. L'agriculture nourricière était la principale source de revenus et le moyen de subsistance traditionnel des sédentaires de Todgha. Ce moyen était souvent combiné avec des activités complémentaires comme les échanges avec les tribus nomades et/ou le commerce caravanier de longue distance.

Mais ils avaient depuis toujours, et comme tout sédentaire oasien, un point faible qui est la sécurité. L'absence d'alliance entre leurs ksour, et l'affaiblissement ou l'inefficacité de leurs structures

---

[11] La bataille de Bougafer ou bataille de Saghro a débuté le 13 février 1933 et s'est terminée par un cessez-le-feu le 25 mars de la même année.
[12] Quartier juif des villes marocaines.

organisationnelles les rendaient vulnérables et dépendants des accords avec les nomades, qui pouvaient leur être quelquefois désavantageux.

Les deux sociétés étaient très différentes et les territoires des sédentaires étaient très contrastés avec les terres de parcours pastoraux. Henry Marchat dans son article paru en 1957 souligne cette impression de passer d'un monde à un autre :

> « Montagne observe qu'à première vue, si l'on s'en tient aux formes les plus apparentes de l'existence matérielle, on est tenté de croire que le pays des sédentaires n'a pas de limites précises et qu'il se prolonge jusqu'au centre du désert, mais qu'en réalité, dès qu'on franchit la crête de l'Anti-Atlas, on a, pour la première fois, l'impression d'entrer dans un monde nouveau. Ainsi l'avait déjà noté Charles de Foucauld, et dans les mêmes termes, dans le récit qu'il nous a laissé de sa célèbre reconnaissance du Maroc en 1884. » (Henry Marchat 1957, p. 638.)

2.3. Les nomades autour de la vallée

Le nomadisme était présent dans la région depuis la nuit des temps. Le mode de vie adopté par les nomades était la réponse optimale et la solution adéquate pour assurer une survie dans ces steppes immenses et arides qui entourent le Jbel Saghro et le Todgha. L'élevage de toutes sortes de bétail était donc le moyen idéal choisi pour tirer profit des ressources rares de ces territoires. Les populations qui se sont succédé sur ces vastes territoires limitrophes à la vallée de Todgha, pauvres en eau d'irrigation et en végétation, ont toujours été des nomades. Chacun des groupes transhumants avait des activités complémentaires, selon le contexte historique et géographique, mais aussi selon ses compétences défensives et ses moyens d'organisation. La quasi-totalité de ces groupes complétait ses revenus par le commerce ou la razzia.

Rachid Bellil a fait référence à cette activité de razzia que les nomades entretenaient avec les sédentaires en nuançant le cas des oasis de Gourara, sous influence de Tafilalet à l'époque. Il écrivait en 1999 :

> « Ainsi, qu'[elles] agissent pour leur propre compte ou comme force d'appoint des pouvoirs centraux, les tribus nomades participent à l'entretien de la violence et à la montée de l'insécurité sur les axes caravaniers. Par leur indépendance, ces nomades renforcent la tendance (existant en milieu sédentaire) à l'éclatement et au repli de chaque ksar sur lui-même. Cette fermeture des ksour sur les limites de

leurs oasis explique que l'armée envoyée par le saâdien Ahmad al-Mansour a été obligée de combattre les ksour un par un. » (Bellil Rachid 1999, p. 154.)

2.4. Le développement démographique dans la vallée

Tinghir est l'épicentre de l'explosion démographique qu'a connue la vallée de Todgha depuis le milieu du siècle dernier. La vallée comptait déjà à peu près 14 300[13] habitants en 1885 ; ils sont 18 200 en 1931.

L'arrêt total des petites guerres interksouriennes avec « la pacification française », l'amélioration des conditions de vie et surtout des conditions sanitaires, ainsi que la baisse du taux de mortalité, ont été suivis d'une explosion démographique et d'un étalement urbain sans précédent. La population de la vallée a atteint le chiffre de 44 000 habitants en 1982 et a largement dépassé les 61 000 en 1994, pour atteindre les 68 000 habitants en 2004 (Tableau 1). Cette explosion démographique est le principal moteur de l'urbanisation galopante qui modifie les paysages de la vallée. Cela confirme la théorie de Milton Santos sur l'urbanisation dans les pays sous-développés :

> « Dans les pays sous-développés, il n'y a pas eu passage de la population du secteur primaire au secteur secondaire puis au secteur tertiaire ; l'urbanisation y est d'une autre nature : c'est une urbanisation tertiaire... » (Claval Paul 1972, p. 145.)

En face de ce phénomène de croissance hallucinante dans la commune de Tinghir, on observe en revanche que la population reste presque constante dans la commune de Todgha Oulya, au nord de la vallée, où on manque d'espace pour la construction des maisons, ce qui va de pair avec les prix inabordables de l'immobilier dans cette commune.

Quant à la commune rurale[14] de Taghzout n'Aït Atta, investie par les Ait Atta, une ethnie différente des Ait Tdoght habitant le reste de la vallée, elle a également connu le même rythme exponentiel que Tinghir : l'augmentation s'élève dans son cas à plus de 260 % en 40 ans.

---

[13] Chiffres déduits par Büchner en 1986 : il avait combiné les données de Foucauld en 1885 sur le nombre des hommes portant les armes dans la vallée, et le premier recensement fait par les autorités françaises en 1936 qui a fixé la taille moyenne d'une famille de Todgha à 4,6 personnes par famille, dont 1,2 homme porteur d'armes par famille.

[14] Pour nous, le centre de Taghzout, même s'il est classé administrativement comme rural, est urbain ou au moins, semi-urbain, grâce à la concentration de la population et des services qu'un centre urbain peut offrir.

Commune	1952	1971	1982	1994	Augmentation en %
Todgha El Oulya	2 804	3 774	5 686	5 953	112,30
Tinghir	9 226	14 498	18 247	30 471	230,27
Todgha Essoufla	4 976	7 054	11 686	13 594	173,19
Taghzout n'Ait Atta	3 252	6 091	8 481	11 695	259,62
Population totale	20 258	31 417	44 100	61 713	204,64

Tableau 4 : augmentation de la population de Todgha entre 1952 et 1994.
Source, Hein de Haas & Hassan El Ghanjou, 2000, basé sur les statistiques officielles HCP et Büchner 1986.

Cette augmentation est due principalement à l'arrivée des nouvelles populations originaires des territoires ruraux enclavés d'Ait Atta, venues s'installer le long de la route nationale n° 10, entre Ghellil et Ait Aissa Oubrahim. Habiter au milieu d'Attaoui permet de bénéficier de la proximité du souk de Lakhmis et des voies de communication, ainsi que de la liaison directe au grand centre urbain de Tinghir ; ce sont tous des facteurs qui encouragent les nouvelles populations à choisir leur nouveau foyer dans les territoires de la commune de Taghzout n'Ait Atta. D'autres nouveaux arrivants, principalement agriculteurs issus de diverses ethnies, ont acheté des terrains sur la plaine de Ghellil, des terres dépendantes de l'administration de la commune de Taghzout et connues essentiellement pour leur potentiel agricole.

Les habitants de Todgha ont un profil d'âge très jeune, 44,5 % de la population ayant moins de 15 ans, et la fécondité des femmes reste encore grande. En revanche, on assiste à des différences remarquables entre les communes. Tandis que le nombre moyen d'enfants vivants par femme mariée est de 4,6 dans toute la vallée, Tinghir ne dépasse pas les 3,5 ; quand Todgha El Ouliya arrive à 3,9 et que Todgha Essoufla grimpe pour atteindre 5,29, Tghzout atteint le chiffre record de 6,16 (Hein de Haas 2003). C'est à Tinghir éponyme le chef-lieu de la province de Tinghir, que la croissance a été spectaculaire après l'indépendance, notamment au cours des dernières décennies. La population est passée de 14 500 en 1971 à 36 400 en 2004 et à 42 044 en 2014. L'explosion démographique a pour conséquence une extension rapide du bâti, qui a suivi une orientation sud-ouest, le long de l'axe Tinghir-Ouarzazate. Le dynamisme de son urbanisation a été accompagné d'une concentration accrue des activités dans les secteurs du bâtiment, des services et du commerce.

3. Organisation sociale et mode de vie dans la vallée

3.1. La composition multi-ethnique de la population de la vallée

On a vu précédemment que la vallée de Todgha ressemble, dans sa géographie, à une île verte au milieu d'un océan désertique. Il s'avère aussi qu'on peut la considérer comme une enclave de mosaïque ethnique, perdue dans un vaste territoire sous contrôle de deux grandes confédérations tribales du Maroc (fig. 3). Ce mélange ethnique sans unité identitaire a réussi à imposer son indépendance et à vivre dans sa vallée sans être soumis à aucun pacte de protectorat avec les tribus guerrières qui encerclaient son territoire.

La diversité des groupes humains, la richesse des paysages urbains et ruraux et la multitude des organisations sociétales reflètent l'unicité des faits, des circonstances et des parcours historiques qui ont forgé l'image contemporaine de la vallée comme on la connaît actuellement.

Les différentes ethnies ont toujours cohabité sur les mêmes territoires, avec un système de cloisonnement parfait, qui écartait toute hypothèse de fusion interethnique. Malgré l'uniformité relative, acquise après l'islamisation, l'hétérogénéité des populations reste l'une des caractéristiques fondamentales pour la compréhension du fonctionnement de la région.

Les principaux groupes humains vivant actuellement dans la vallée sont les Ait Tdoght, dont le nom est calqué sur celui de la vallée. Ils représentent la majorité des habitants et occupent une bonne partie des ksour de la vallée. Les Ait Atta quant à eux détiennent le bas de Todgha où étaient implantés leurs ksour.

Les Ait Tdoght représentent une grande variété de groupes ethniques, notamment les Imazighen qui détiennent l'autorité sur la vallée et sur la majorité des ksour de Todgha. Les Iqabline restent minoritaires et répartis sur quelques ksour, tandis que les Imrabtene à l'Hart, dans le bas-Todgha, les Igourramne et les Chorfas sont dispersés sur divers ksour, ainsi que les juifs, qui ont quitté le pays après l'indépendance comme indiqué ci-avant.

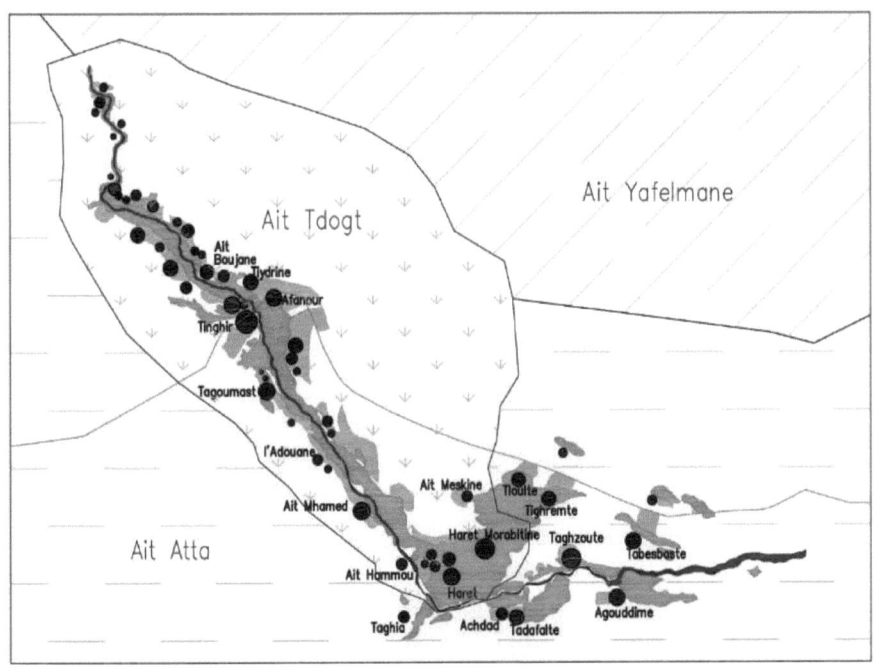

Figure 2 : Situation de la vallée de Todgha entre les deux tribus Ait Atta et Ait Yafelmane © Odghiri 2017.

3.1.1. Ait Tdoght, ou ceux de la vallée de Todgha

Les Ait Tdoght sont des berbérophones, occupant la majorité des ksour de la vallée. Ce n'est pas une tribu au sens de Riccardo Bocco (1995) : ils ne revendiquent pas leur ascendance à un ancêtre commun selon une règle de filiation unilinéaire[15], et manquent d'une identité commune forte, comme peuvent en avoir les Ait Atta. Les Aid Tdoght sont composés de différentes races et différents groupes ethniques qui se sont organisés en communautés dans des agglomérations pour mieux se défendre (Ubach et Rackow 1923) : ils comprennent les Imazighne et les Haratines, auxquels s'ajoutent les minorités des chorfas (descendants du prophète Mohamed), les Imrabtene (descendants des saints/marabouts) et les juifs (qui ont totalement

---

[15] La référence à un ancêtre commun souvent mythique est un principe de base pour une identité commune de la tribu. Ce qui n'est pas le cas d'Ait Tdoght dont le nom fait référence avant tout au lieu géographique, le Todgha, comme l'ont fait remarquer de Haas et El Ghanjou en 2000. Le territoire de l'Ait Tdogha (y compris l'Iqabline d'El Hart) coïncide exactement avec la terre irriguée par les eaux de surface du Todgha en hiver.

quitté la vallée[16]). Chacun des ksour de la vallée des Ait Tdoght avait son Jemaa[17] et son Amghar[18] propre, et gardait son indépendance totale vis-à-vis des autres ksour, sauf dans les moments d'insécurité extrême, où tous les Amghars se rassemblaient sur la colline « Ighir n'Mehalt[19] » pour coordonner leurs positions et en cas de besoin pour préparer leur défense (Büchner 1986).

Ils étaient répartis sur trois communes : deux communes rurales, Toudgha El Oulia en amont et Toudgha Essoufla en aval, ainsi que la municipalité de Tinghir au milieu. Les composantes d'Ahl Todgha par ordre chronologique d'arrivée dans la vallée sont :

Les Iqabline ou les Ihartane [20] : c'est une population à la peau plutôt foncée, qui vivait de l'artisanat et de la culture des palmeraies. Ce groupe est une constante dans toutes les oasis du Maroc présaharien, et beaucoup de spécialistes de la région les considèrent comme étant les premiers habitants de la vallée (Camps 1970, Meunié 1972, de Hass et El Ghanjou 2000). L'idée qui règne chez beaucoup des Imazighen de Tdoght est que cette population était ramenée par les Imazighen pour leur servir de « Khammès[21] » ou de métayers. On les confond aussi souvent avec les descendants d'anciens esclaves.

Les deux Ksour L'Hart n'Iâmine et L'Hart n'Imrabtene sont habités uniquement par les Noirs, respectivement les Iqablines et les Imrabtene et sont ainsi l'exception entre les Ahl Todgha, aux côtés de Taourit N'imzinlne, qui était initialement partagé avec les juifs (avant leur départ). Par ailleurs, les deux Ksour de L'Hart forment une enclave ethnique et une zone tampon entre les Ait Tdoght du Haut Todgha et les Aït Atta du Bas Todgha. Aucun habitant de peau claire n'habite ces

---

[16] Contrairement à la définition adoptée par Ait Khandouch dans sa thèse de 2017, les Ait Tdoght n'ont pas tous la peau claire, blanche. Ait La Hart et Ait Taourirt sont des Ait Tdoght et n'ont pourtant pas la peau claire.
[17] Assemblée des notables d'un ksar.
[18] Chef de l'assemblée des notables, chargé de faire exécuter les décisions prises par l'assemblée. Également titre de respect servant à désigner différents dignitaires.
[19] Colline abritant l'actuel hôtel Saghro à Tinghir.
[20] Pluriel du mot berbère Ahartane, équivalent de Haratine en arabe, que Henri Terrasse (1938) considère comme une « race à part », qu'il ne faut en aucun cas confondre avec les descendants éventuels d'esclaves noirs.
[21] Veut dire le 1/5 en arabe, mais désigne les hommes libres, liés au propriétaire de la terre et de l'eau par un contrat de métayage : les quatre cinquièmes de la récolte reviennent au propriétaire et le cinquième restant est pour eux.

ksour, à l'exception d'une famille de Chorfa de Ouzzane qui habite l'Hart n'Iâmine. Comme c'est la règle à Todgha, les mariages interethniques entre les habitants de L'Hart et ceux du Haut de Todgha sont rares, voire inexistants. Les auteurs De Haas et El Ghanjou vont très loin, et pensent que les habitants des deux l'Hart pourraient être les premiers colons de la vallée. L'argument qu'ils avancent pour défendre cette hypothèse est le pouvoir exceptionnel et l'indépendance dont disposaient les Ait l'Hart[22], grâce notamment à leurs propriétés foncières signifiantes et leur accès direct aux ressources hydrauliques de l'oued de Todgha. Je vous propose la citation originale des deux auteurs en anglais : «... Iqabline of El Hart are among the oldest settlers in the Todgha. They possess a certain independence and power, as they have direct access to the water resources of the Todgha and they possess land... » (de Haas and El Ghanjou 2000.)

Malgré leur appartenance au grand groupe d'Ait Tdoght, les Ait Lhart avaient néanmoins des conflits d'accès à l'eau avec les autres ayants droit à l'oued de Todgha, généralement aux saisons sèches et souvent avec les ksour en amont et au milieu de la vallée, qui pouvaient aller jusqu'à des émeutes ou des petites guerres (Steinmenn 1993).

Imazighen : Ce sont des berbérophones à peau claire, dont la date d'installation dans la vallée reste une énigme. Selon Beaupère (1931) et Büchner (1986), 28 ksour de la vallée sont exclusivement habités par les Imazighen, tandis que d'autres Imazighen Todghaouis partagent l'espace avec les Iqabline[23] dans d'autres ksour de la vallée.

On croit qu'ils sont en grande partie issus de diverses tribus de Melouiyya, du Moyen Atlas et des plateaux d'Azilal. Leur arrivée dans la vallée ne s'est pas faite par clans ou groupes organisés, mais de façon individuelle, ce qui explique l'absence de liens forts et d'identité de groupe chez eux. Nos raisons pour ces hypothèses sont les suivantes :

---

[22] L'argument des auteurs n'explique pas à lui seul le pouvoir des deux l'Hart, en effet L'Hart n'Igourramene a aussi un pouvoir religieux. Il faut noter qu'au cours des journées de Moussem Annuel de Sidi Lhadj Amar, l'Hart est le seul à être servi, et l'oued reste à sa seule et unique disposition. L'accès aux eaux de l'oued est interdit aux autres ksour durant ces jours.
[23] Henri Terrasse (1938) considère les Haratines comme une « race à part », qu'il ne faut en aucun cas confondre avec les descendants éventuels d'esclaves noirs.

- La relation est encore vivante entre les Imazighen d'Ait Tdoght et ces lieux géographiques dont ils seraient originaires ; c'est pourquoi ils y achètent dans les années 70 des propriétés agricoles, dès que leurs moyens financiers l'ont autorisé (argent du transfert des migrants en Europe). Ce qui n'est pas forcément le cas chez les autres groupes du Maroc présaharien :

> « Il en va de même dans les villages d'Ait Snan où certaines familles de migrants ont acheté depuis 1970, sur le haut plateau de Moulouya. Ensuite, l'effet d'entraînement a engendré une implantation massive des migrants dans cette région et dans le Moyen Atlas et le Dir de Beni Mellal. » (Mohamed Ait Khandouch 2017.)

Beaucoup de noms de lignées et de familles des Ait Tdoght présentent des similarités avec des noms de tribus et de lieux de ces supposées origines, comme les Ait Zilal qui ont le même nom que le lieu Azilal, où la lignée Ait Sekoukou du bas de Todgha qui porte le même non qu'une grande tribu dans la périphérie de la ville de Mrirt au Moyen Atlas.

D'autres hypothèses sur les origines de quelques familles Todghaouis méritent d'être citées :

- Les Ait Bouhlel de ksar Ait Lhajj Ali, qui passent pour être des Chorfa, sont sûrement des Arabes berbérisés. Comme leur nom l'indique, ils seraient originaires de la tribu arabe de Banu Hilal (Erwan Delon 2018).

Beaupère défendait l'hypothèse que les Imazighen d'Ait Tdoght pouvaient être en grande partie d'origine arabe banu Mâaqil, ce qui est difficile à croire parce qu'on ne trouve pas de traces linguistiques signifiantes qui peuvent nous renvoyer à l'origine arabe de ce groupe, contrairement aux Ait Maamer, qui sont eux-mêmes des descendants des Banu Maaquil. Habitant l'oasis de Ferkla à 50 km de Todgha, qui est un milieu majoritairement berbérophone, ils parlent aujourd'hui une sorte de dialecte mélangeant le berbère local et le darija[24] marocain.

On peut quand même conclure que les Imazighen d'Ait Tdoght, maîtres de la vallée depuis des siècles, ont sûrement des origines diverses et variées et manquent de liens d'ascendance communs, mais

---

[24] Dialecte arabe marocain.

ont réussi à trouver la formule magique pour défendre leur règne sur le Todgha malgré la force de leurs adversaires.

Les juifs : la plupart des historiens s'accordent pour dire que la présence des juifs dans la vallée remonte à la découverte des mines d'argent. Ils sont venus par vagues successives, dont la dernière était l'arrivée des Megorashim expulsés d'Andalousie après la « Reconquista ». Les quatre ksour de Todgha qui abritaient les Mellah et les communautés juives sont Ait El Haj Ali, Taourirt n'iMzilne, Aït Ourjdal et Asfalou. Foucauld a compté 170 foyers juifs dans la vallée en 1888, d'autres comme Beaupère et Raclot limitaient ce nombre à 150 foyers, dont la grande majorité habitait Tinghir et Asfalou. L'activité des juifs était principalement l'artisanat, le commerce et les prêts. Haim Zafrani[25] nous a donné plus de détails en ce qui concerne ces activités, notamment le monopole qu'ils avaient sur la cire d'abeille ou le traitement des peaux. Zafrani a aussi précisé qu'ils travaillaient des métaux précieux, surtout l'argent à Todgha, et battaient la monnaie. Pierre Flamand en 1959 soutient l'hypothèse selon laquelle la paysannerie et la propriété de la terre sont aussi connues chez quelques grandes familles juives de Todgha, ce qui est une chose inimaginable ailleurs. En revanche, ils n'avaient pas le droit de prendre les armes et ne sont pas représentés dans la Jmaa. Chacun de leurs clans était relié à un clan Amazigh, qui était chargé de défendre ses intérêts (Ubcha et Rackow 1923, Flamand 1959, Büchner 1986). La plupart sont partis en Israël après la guerre des Six Jours, d'autres se sont convertis à l'islam et s'appellent jusqu'à maintenant Ihamchiyn[26]. Les habitants du ksar d'Ait Lahcen Ou Ali et les lignées des Ihatouchen dans le ksar de Tinghir sont désignés comme étant des Ihamchiyne, et sont les victimes d'une forte ségrégation qui ne dit pas son nom.

Les Igourramene[27] et les Chorfa

Les **Igourramene** sont des descendants de saints religieux (marabouts) d'origines diverses. Leur identité intra-raciale dépasse la couleur de la peau ; ils peuvent être originaires d'Imazighene ou

---

[25] *Les juifs du Maroc. Vie sociale, économique et religieuse de la fin du XVe siècle au début du XXe siècle. Études de Taqqanot et Responsa*, Haïm Zafrani, Paris, Geuthner, 1972.

[26] Dérivé du mot arabe *Hamichiyyin*, ce qui signifie « les marginaux », pour désigner les juifs locaux convertis à l'islam.

[27] Équivalent de Mourabitine en arabe, marabout en français, on préfère utiliser le terme berbère utilisé par les locaux.

d'Iqbline. La vallée de Todgha compte trois ksour d'Igourramene au total. L'un des ksour d'Igourramene, au nord, abrite encore la fameuse Zaouia[28] de Sidi Abdel-Ali ainsi que celle d'El-Wali Sidi Lhadj Amer au sud. Les Igourramene de Le Lhart croient que Sidi Lhadj Amer, « leur ancêtre », est venu de Souss en 855 pour s'installer et construire l'actuelle Zaouia. Un festival annuel (Mousem) se tient chaque année en l'honneur de ce dernier. Jean Brignon (1967), quant à lui, date l'arrivée des Igourramene dans la vallée et l'implantation de leurs deux ksour de 1053-1054, sous l'effet de la conquête des Almoravides à Sijilmassa et dans les autres oasis présahariennes.

Les **Chorfa** sont des descendants du prophète de l'islam ; leur effectif est moindre que celui des Igourramene, mais leur statut religieux est encore plus important. Suivant la loi de cloisonnement strict entre ethnies, qui est la règle générale à Todgha, les Chorfa vivent séparés dans leurs quartiers ksouriens, principalement dans trois ksour de la vallée ; ils se composent ainsi :

— Les Aït Zillal, dont Tafilalet serait l'origine la plus probable.

— Les Aït Yaâla, corfa idrissite, qui se disent aussi d'origine filali.

— Les Aït Mhamed, d'origine Draa.

Les Igourramene et les Chorfa ne font pas partie des Imazighen, ils ne portaient donc pas d'armes et n'étaient jamais impliqués dans des guerres. Leur sainte ascendance leur donne un prestige religieux, conforte leur position sociale, et rend leur neutralité plus crédible. Leur vocation et leur statut de médiateurs, en cas de litiges entre ethnies, tribus ou ksour, sont toujours acceptés par tout le monde (Jacques-Meunié D. 1958, Büchner 1986).

---

[28] Édifice religieux musulman qui constitue le centre autour duquel une confrérie soufie se structure.

Photo 3 : Sidi Lhadj Amer © Odghiri 2018.

Photo 4 : Sidi Mhand Ou Abdellah © Odghiri 2018.

3.1.2. Ait Atta, les nomades sédentarisés

Les Aït Atta sont une tribu guerrière, avec une identité commune et forte, bien organisée et suffisamment homogène, réputée pour être la plus puissante de toutes les tribus de la région. Les territoires de leur influence dépassaient même la région. Formant aujourd'hui une confédération de cinq grandes fractions, la tribu des Aït Atta est puissante. Les historiens suivent leurs origines jusqu'au XIIe siècle et les situent originairement au cœur de la montagne de Saghro qui abrite le siège de leur « Amghar n'oufella[29] », c'est-à-dire leur capitale, Ighrem Amazdar. À partir du XVIIe siècle, ils sont descendus progressivement de leur fief à Saghro pour rejoindre les plaines environnantes. Les vastes territoires occupés par les fractions de cette confédération tribale sont des preuves vivantes de leur suprématie militaire sur leurs voisins.

La légende de naissance de cette confédération, racontée par les Ait Atta eux-mêmes, remonte au XVIe siècle, aux origines de la tribu, et à un seul ancêtre commun qui s'appelait Dadda Atta. Ce dernier avait plusieurs enfants et la bénédiction du grand Cherif Moulay Abdallah Ben Hsaïn de Tameslouht (Mezzine 1987). Mais les faits disent autre chose : la confédération était née par un traité d'amitié de deux clans/tribus qui ont reconnu l'intérêt vital d'une défense commune face à la grande menace que présentaient les Banu Mâaqil, tribu mercenaire arabe qui travaillait entre autres pour le compte de Makhzen. Les deux tribus à avoir signé ce traité étaient les Ait Wahlim et les Ait Isfoul, et c'étaient aussi les deux premières fractions ou la cinquième de la confédération. Moulay Abdallah Ben Hsaïn avait donné sa bénédiction, une sorte de légitimation religieuse nécessaire pour la continuation de l'accord. Quelques années après, les Ait Iâaza ont rejoint le traité, puis deux autres fractions les ont rejoints pour former à la fin cinq grandes fractions, qui se sont élargies à leur tour, après chaque conquête ou accord de protectorat. Les Ait Atta avaient toujours tendance à assimiler les nouveaux conquis dans leurs rangs, ce qui leur a permis non seulement de continuer à multiplier le nombre des Attaoui, et d'élargir leurs territoires, mais aussi par voie de conséquence d'augmenter avec le temps leur force et leur pouvoir d'influence. Leurs outils d'organisation politique et leur

---

[29] On pourrait traduire Amghar n'oufella par Président suprême.

arsenal juridique de Tiâaqqidine[30] garantissent la cohésion entre les différents groupes rassemblés autour des intérêts communs.

Le capitaine Raoul de Monts de Savasse témoignait de la force d'Ait Atta en s'efforçant d'expliquer l'origine de cette force :

> « D'où leur vint cette puissance ? Elle a pu naître du nombre et de la qualité guerrière de certains clans Ait Atta [...], mais elle fut, semble-t-il, avant tout le résultat de l'action bienfaisante de leurs institutions, de la solidité et de la personnalité de leurs coutumes. »

Il continue :

> « Ce n'est pas un mince mérite pour notre action pacificatrice d'avoir eu raison de ce bloc particulièrement résistant. Ce résultat a été atteint par un travail politique et militaire lent, patient, méthodique de division, d'effritement, de morcellement obtenu de 1919 à 1933. » (Capitaine Raoul de Monts de Savasse 1951.)

À Todgha, les Ait Atta n'habitaient que la périphérie de l'oasis et n'avaient pas d'accès direct aux eaux de l'oued, comme c'était le cas de leurs voisins des deux ksour de L'Hart. Ce fut d'ailleurs le dernier des groupes ethniques à s'installer définitivement dans la vallée. Les ksour d'Ait Atta encerclaient les deux ksour de L'Hart de tous les côtés sauf à leur frontière nord, partagée avec les fractions Todghaouis d'Ait El-Meskine et d'Ait Mhamed. On peut déduire de la forme de positionnement des Ait Atta comme barrière de protection autour des Ait Tdoght dans le bas de Todgha, que la présence attaouie avait une fonction protectrice. Nous croyons que cela était dû en partie à un accord à l'amiable, où les Ait Tdoght cédaient des terres et des ksour pour quelques clans d'Ait Atta, en contrepartie de protection contre les attaques de la tribu « makhzeniene » d'Ait Morghed[31].

D'autres ksour, comme Ighrem Aqdim et Aggoudime, étaient en revanche construits et habités au début par les Ait Tdoght, comme le confirment leurs habitants. En effet, et de façon étrange, dans ces deux ksour d'Ait Atta habitent encore des lignées d'Ait Skoukou[32], précisément reconnus comme étant des Ait Tdoght. Et c'est plus tard que sont arrivés les Ait Atta, après accord ou par le moyen de la force

---

[30] Droit traditionnel des Ait Atta, justice coutumière.
[31] Comme expliqué au paragraphe 2.1.3.
[32] Ait Skoukou, des Ait Tdoght vivant au milieu des Ait Atta, ils pourraient être les habitants originaux qui avaient été obligés de partager leurs biens avec eux, et de céder ces ksour sous la pression des Ait Atta.

militaire. La séparation des Ait Skoukou et des nouveaux arrivants Attaouis au milieu du même ksar était stricte, et tous les mariages exogènes des Ait Skoukou se faisaient exclusivement avec des membres d'autres fractions d'Ait Tdoght.

Même si les Ait Atta s'estimaient supérieurs, du point de vue de l'organisation sociétale et de la force militaire, l'endurance des Ait Tdoght et leur gestion des relations avec les tribus voisines étaient plus fortes. Les Ait Tdoght n'avaient jamais cédé et les Ait Atta n'ont réussi à mettre la main sur aucun mètre carré de terres irriguées par l'oued ni sur aucun accès direct à son eau. Ils ont été obligés de creuser, ou de faire creuser par d'autres, des khettaras très longues, qui prenaient toutes leur source dans les territoires de Todgha[33]. La dépendance hydraulique des khettara des Ait Atta à l'égard des territoires de Todgha était un autre point de pression détenu par les Todghaouis, qu'ils avaient sûrement su faire jouer au temps des conflits. C'est donc une sorte d'équilibre singulier de forces qui a marqué les territoires de la vallée et leur périphérie depuis plusieurs siècles. *Le statu quo* était ici la règle absolue jusqu'à l'ère coloniale.

3.1.3. Ancienne relation d'échanges et de rivalités incessantes entre Ait Atta et Ait Tdoght

Il y avait toujours des petites guerres et des conflits entre les Ksour d'Ait Tdoght eux-mêmes, ou entre leurs ksour d'une part et les ksour d'anciens nomades d'autre part. Mais la relation entre nomades et sédentaires dans la vallée de Todgha était particulière. Il n'y avait pas un système de protectorat clair des nomades (Ait Atta ou Ait Yafelmane) pour les sédentaires de Todgha comme c'est le cas par exemple pour l'oasis voisine de Draa. Les Ait Atta avaient la force militaire qu'il fallait pour contrôler leurs territoires et les routes qui traversaient ces territoires.

Les sédentaires todghaouis cependant, en plus d'avoir le talent pour les négociations et la diplomatie, avaient réussi à conclure des accords inter-ksouriens et intertribaux de bon voisinage qui leur avaient garanti un équilibre sécuritaire dans le cadre d'intérêts communs et

---

[33] Beaucoup de conflits dans ce sens sont encore d'actualité, par exemple, la généralisation des pompes a gravement réduit le débit de la khettara d'ighrem Agdim qui se ressource sur des terres Ait El-Meskine, et a déclenché un grand conflit entre les deux tribus.

partagés. Erwan Delon a mis l'accent sur l'affinité des Ait Tdoght avec la diplomatie dans son ouvrage récemment paru en 2018 :

> « Les Ait Todgha ne sont pas des guerriers comme les Ait Atta. Ceux-ci, fins diplomates, ont toujours préféré nouer des alliances pour défendre la vallée du Todgha des attaques des autres tribus [...] Les Ait Atta obtenant en conséquence par alliance l'argent des Ait Todgha, qu'ils n'avaient pu avoir auparavant par la force. » (Erwan Delon 2018.)

Les conflits finissaient souvent par trouver une solution ou un accord, comme ce fut le cas avec l'accord ayant eu lieu à la fin du XVIIIe siècle, que les Ait Tdoght d'Amezaourou et Lhart aiment bien citer pour montrer qu'ils étaient les seuls propriétaires des lieux et des ayants droit.

Cet accord a permis à quelques fractions de la tribu d'Ait Atta de s'installer dans des ksour et des terres au débouché de la vallée afin de construire une barrière face aux attaques des Ait Merghad, fraction d'Ait Yafelman renforcée par le soutien de Makhzen (David Hart 1981).

Cependant, Beaupère (1931) avait un autre avis sur ce soi-disant accord :

> « Les ksour de Bas-Todgha, en aval de Lhouari et du confluent de l'oued Imiter, ne sont en la possession des Ayt Atta (Ayt Bou Iknifen, Ait Aissa ou Brahim, Ait Isfoul, Ait Iazza) que depuis un siècle et demi environ et des Ahl Todgha d'Amzaourou et de Lhart conservent encore des actes de propriété, témoignages de leur refoulement par les Ait Atta[34]. »

Nous croyons que les deux versions sont en partie vraies. En effet, la version de David Montgomery Hart était confirmée par les Ait Tdoght et par les jmaa des Ait Atta[35]. Mais aussi, et selon notre

---

[34] Cité par Naim (1996).
[35] Il est important de signaler qu'en 1996 durant le conflit/petite guerre concernant les terres collectives d'Amerdoul, opposant Lhart d'une part et une partie d'Ait Iaaza fraction d'Ait Atta habitant Taghzout et Agouddim d'autre part, Ait Elfarsi (groupe, formant avec Ait Iâaza et Ait Khlifa la quatrième fraction d'Ait Atta) a témoigné en faveur de Lhart en confirmant que le tracé originaire de frontière était entre Lhart et Ait Elfarsi et que les deux fractions d'Ait Iaaza récemment installées, en accord avec les propriétaires des terres (Ait Lhart), ne peuvent réclamer que les territoires verts autour de leurs ksour (limite de l'activité sédentaire à l'époque).

enquête sur place, Beaupère avait raison dans le cas du ksar Tloult au bas de Todgha : les Ait Atta y avaient chassé les habitants todghaouis pour prendre leur place (voir plus loin dans ce paragraphe).

Tous les habitants des Ait Atta du bas de Todgha sont conscients de ces faits historiques. Les terres et la plupart des ksour qu'ils habitent actuellement étaient la propriété exclusive des Ait Tdoght.

Les résultats de nos recherches bibliographiques, combinés avec notre travail sur le terrain et les diverses interviews avec les habitants de la vallée, notamment des personnes âgées et des connaisseurs de l'histoire des conflits intertribaux, y compris les gens de Ljmaat[36] d'Ait Atta, sont sans équivoque, tout converge vers le récit suivant : divers groupes d'Ait Atta sont arrivés au bas de la vallée séparément et sous différentes circonstances, quelquefois par achat des terres sur les confins du bas de la vallée, dans d'autres cas en recevant la moitié des biens (ksar bâti, terres agricoles et eaux) en contrepartie d'une protection[37] contre les attaques sans fin des Ait Merghad de Ghris, Ferkla et Ifegh, et dans d'autres cas encore par la force des armes, en expulsant les Ait Tdoght. La dernière vague est arrivée après la perte de la guerre de Taliouine et Gheriss en 1883 contre Ait Yafelmane (docteur Linarès 1893).

Le capitaine de Monts de Savasse a exposé les moyens divers des Ait Atta pour acquérir de nouveaux territoires : « À la recherche de nouveaux pâturages qu'ils acquirent de divers moyens, la force, l'achat, l'intimidation, la diplomatie, l'échange et souvent de plusieurs manières conjuguées... » (capitaine de Monts de Savasse, 1951.)

Chacun des Ksour habités actuellement par les Ait Atta dans le bas de Todgha, était habité avant par les Ait Tdoght :

Le ksar de Tabesbast était habité par les Ait Tdoght, plus exactement par le clan des Ait Bouyahia[38], jusqu'à l'arrivée des Ait Isfoul[39]. Après accord de protectorat, le ksar et tous les biens des Ait Bouyahia, terres et eaux, étaient partagés en deux avec les

---

[36] *Ljmaat* : terme en langage courant des Ait Atta pour désigner les grands notables et responsables politiques.
[37] Delachappelle (1931), et Steinmenn (1993) avaient tous les deux fait référence à l'accord entre Ait Lhart et Ait Iaaza (terre et eaux en contrepartie de protection).
[38] Confirmé par toutes les personnes (Ait Atta habitants) interviewées dans le ksar de Tabesbast.
[39] Fraction des Ait Atta.

nouveaux arrivants d'Ait Isfoul. La grande organisation sociale des Ait Atta et la taille de leur confédération ne laissaient aucune chance d'indépendance pour toute population conquise ou sous contrat de protection. L'acculturation de ces derniers a toujours suivi l'arrivée de l'élément Attaoui dans leurs territoires. L'un des leviers de cette acculturation était le changement de toponymie[40] : ce ksar est devenu Tabesbast n'Ait Isfoul, juste après la signature du protectorat et les Ait Bouyahia sont devenus une minorité dans leur propre ksar. Ce sentiment d'être une minorité a facilité le départ des Ait Bouyahia de leur village d'origine, majoritairement par vente de leurs biens, quelquefois à des prix très bas et symboliques. Au fil du temps, les Ait Isfouls, avaient réussi à mettre la main sur la totalité du ksar, ses eaux et ses terres.

Le ksar de Taghzout était, avant l'arrivée des Ait Atta, habité exclusivement par les Ait Haddou Ouqassi, qui sont aussi des Ait Tdoght en parenté avec les Ait L'hart. Des familles du clan Ait Haddou Ouqassi habitent toujours Taghzout et les conflits de partage des terres collectives se déclenchent de temps en temps entre les Ait L'hart et les Ait Iâaza de Taghzout. Le conflit, qui s'est traduit en 1996 par une confrontation physique violente entre les deux groupes, a imposé l'intervention des forces auxiliaires pour y mettre fin. Le dernier conflit a fait suite à la publication du décret n° 2.20.232 signé par le chef du gouvernement, dans le bulletin officiel du 6 avril 2020, autorisant le partage des terres d'Amerdoul entre les Ait Iaaza de Taghzout et d'Agouddime, ce qui a suscité un grand mécontentement des Ait Lhart qui ne pouvaient pas manifester, à cause du confinement. Les Ait Lhart ont alors fait part de leur indignation par une déclaration à l'opinion publique locale et nationale, envoyée à tous les organes de la presse nationale[41].

Jusqu'à maintenant, on ne peut pas trouver de document écrit témoignant du pacte implicite de protectorat qui lie les habitants du Todgha. En revanche, les habitants de la vallée parlent du talent diplomatique des Ait Tdoght, et de leurs capacités à conclure des alliances et des relations de bon voisinage avec les Ait Atta et les Ait yafelman, tout en gardant leur souveraineté intacte ; des alliances

---

[40] Abdallah Hammoudi (1988) a expliqué que le but des Ait Atta, par le changement de toponymes, était de défendre leur enracinement dans le nouveau lieu et de faciliter la proclamation.
[41] Revue électronique Banassa. https://banassa.com/societe/23621.html.

qui pourraient être la raison de l'existence des lignées d'Ait izdeg[42] à l'intérieur de quelques ksour en amont de Todgha.

Le ksar Agouddim n'Ait Iaaza était la propriété exclusive des Ait Hamm, groupe ethnique todghaouis qui habite actuellement le village d'Amzaourou.

L'Ighrem Aqdim était une propriété exclusive des Ait Skoukou, avant qu'ils ne le partagent avec les Ait Issa Oubrahim, tribu de la fraction Ait Ouahlim, l'une des fondatrices de la confédération d'Ait Atta. Les Ait Skoukou sont jusqu'à nos jours liés socialement à leurs « co-tribaux » dans le Todgha. Pas de mariages avec leurs voisins Attaoui, tous les liens sanguins sont exclusivement avec le Todgha, et beaucoup de leurs familles gardent encore leur accent toudghaoui[43] quand ils sont entre eux, et reprennent l'accent attaoui en public.

Le ksar de Tloult était habité par les Ait Iâala (todghaouis). Les Ait Aissa Oubrahim y vivent désormais, après avoir expulsé ces derniers.

3.2. Le développement des structures socio-politico-spatiales avant l'ère coloniale

3.2.1. Les agglomérations de la vallée avant le Protectorat

Avant la pacification française, la vallée de Todgha connaissait un mode de vie traditionnel. Les tribus nomades des Ait Atta et Ait Yafelmann vivaient autour de la vallée et étaient en rivalité permanente pour sécuriser l'accès aux terres de pâturage et à l'eau. Ils exerçaient simultanément une pression sans fin sur les sédentaires de la vallée, et avaient conclu, chacun de leur côté, des accords plus ou moins importants avec les sédentaires de Todgha.

La relation entre nomades et sédentaires connaissait des hauts et des bas, ils étaient en constante recherche d'équilibre ; une sorte de *statu quo* a été atteint vers la fin du XIXe siècle et a donné suite à une sorte de symbiose fragile, de temps en temps secouée par des petites guerres d'intérêts.

---

[42] Fraction de la confédération tribale d'Ait Yafelman.
[43] L'accent de dialecte berbère chez les Ait Tdoght est singulier et fait l'objet de moqueries de la part des autres.

Mais les bénéfices de cette relation compliquée pour la continuité de l'existence humaine dans cette région sont indéniables, comme l'avait souligné Suzanne Bernus :

« Ainsi, plutôt que du passage linéaire et inéluctable d'un genre de vie "primitif" – le nomadisme – à une forme plus "évoluée" de l'occupation de l'espace – l'agriculture sédentaire – l'exemple traité ici montre une succession cyclique de périodes où sédentarité et nomadisme ont permis tour à tour, et parfois aux mêmes groupes humains, de survivre et de rétablir l'équilibre écologique dans un milieu naturel dont les contraintes étaient plus ou moins pesantes ». (Suzanne Bernus, 1981, p. 33.)

Il est sûr que les Ait Tdoght n'étaient pas des sédentaires comme les autres dans le Maroc présaharien. Ils avaient une force militaire qui était significative pour un sédentaire, mais ils avaient aussi su jouer avec les ambitions rivales des grandes confédérations pour neutraliser les dangers qu'elles pouvaient représenter et maintenir l'indépendance vis-à-vis de deux voisins pour qui les razzias étaient des activités permanentes servant à compléter leurs revenus de pastoralisme souvent insuffisants, surtout dans les années de sécheresse et/ou de famine.

Ce type de relation a fortement influencé le mode de vie des habitants de la vallée et a laissé ses empreintes dans la structure de l'espace. Les agglomérations ont reflété les structures stratifiées des populations, ainsi que la complexité des relations intertribales dans le Todgha et dans le Maroc présaharien en général. Le ksar est la forme traditionnelle courante des établissements humains dans la vallée de Todgha, par excellence ; avec, bien sûr, des différences architecturales légères, dans le volume, la forme et l'implantation, et cela d'une oasis à l'autre, selon les conditions sociopolitiques et géographiques. Le ksar est donc une agglomération fortifiée qui prend souvent une forme rectangulaire, implantée sur un terrain plat ; les variations découlent de la capacité des bâtisseurs à adapter leur ouvrage aux données géographiques, topographiques et aux contextes politiques.

Ould Eida Ahmed Mouloud fait remonter le style de fortification des ksour au XVIe siècle de notre ère (2008), sa seule raison pour défendre sa thèse est le sentiment d'insécurité qui régnait à cette époque (Ould Eida Ahmed Mouloud 2008). Nous pensons quant à nous que la forme des ksour est plus ancienne et que sa perfection est née dans l'architecture de la principauté de Sijilmassa qui a permis ensuite la généralisation de ce type d'agglomérations dans tout le Présahara, avec la multiplication des voies caravanières dans la région. Nous nous appuyons sur l'avis de Henri Terrasse (1939), Jean Hensens (1969) et Jürgen Adams (1981) : ils soutenaient tous l'hypothèse que les premières agglomérations de défense seraient apparues entre le IIe et le IVe siècle de notre ère, exactement comme l'apparition du palmier dattier dans la région (Jürgen Adams 1981). On appelait « ports du désert » ces stations-relais qui étaient implantées partout aux confins du Sahara : c'était une multitude de cités du désert qui, après avoir accumulé les richesses du commerce caravanier, étaient dans l'obligation de s'organiser pour défendre leurs biens. Les sédentaires ont construit des forteresses, des cités sécurisées comme des palais : les noms de *ksar* en arabe ou *ighrem* en berbère portent d'ailleurs en eux toutes ces significations, soulignées aussi par Marc Côte (2005). Jean-Pierre Van Staëvel, quant à lui, dans son article[44] intitulé : « Kasr (Maghreb) », nous explique la richesse des sens que prend le mot *ksar* au Maghreb, en montrant que la signification de « forteresse » y est apparue parmi d'autres : « La variété sémantique et l'emploi du terme "Qasr" permettent de distinguer quatre types de qsar : le "palais, lieu d'existence de l'autorité politique ou lieu de résidence aristocratique" ; le "site fortifié, fortin ou forteresse" ; la "forme d'habitation communautaire fortifiée" ; le "grenier collectif". » (Van Staëvel Jean-Pierre, 2007 p. 519.)

3.2.2. La ségrégation spatiale et la stratification ethnique

D'après nos recherches citées plus haut, les premiers établissements humains de la vallée de Todgha étaient fort probablement des Iqabliyne, anciens sédentaires qui vivaient de l'agriculture. Propriétaires des seules terres fertiles irriguées et productives dans un milieu vaste et aride, les Iqabliyne étaient continuellement soumis à des razzias violentes des populations voisines en quête de nourriture et de richesses et ils étaient obligés de partager leurs biens avec de nouveaux arrivants, soit par soumission soit par accord de protectorat. Les accords donnaient alors naissance à une nouvelle société sédentaire composée d'ethnies différentes, qui devenaient à leur tour les cibles d'attaques d'autres populations étrangères, souvent nomades, qui finissaient ou pas par s'installer à leur tour et trouver leur place au sein de la vallée.

---

[44] Supplément à l'*Encyclopédie de l'Islam*, 2e édition, 2007, Leiden, Brill, p. 519-520.

L'un des pactes connus et répandus entre nomades et sédentaires était Tayssa ou Takessa[45]. Le principe du pacte était l'échange de protection contre une partie de la récolte oasienne et un droit restreint de pacage[46]. Les clauses étaient rédigées après accord entre les deux parties et le pacte était souvent célébré par une cérémonie de Tagherssa[47]. Les protecteurs avaient le droit d'installer leur tente dans la palmeraie et d'y faire pâturer leurs troupeaux selon les règles locales, mais la construction en dur leur était interdite. Selon le capitaine Paul Azam (1946), la part des récoltes que le contrat assurait pour les nomades était souvent la même : « 1/14 des dattes, de la luzerne et des cultures maraîchères ; 1/30 de l'orge et du blé ; 1/18 du maïs ; 1/18 aussi de l'orge coupée en vert ou une certaine quantité de paille[48]. »

Tous les ksour des Ait Tdoght se comportent comme des républiques indépendantes les unes des autres. Chaque ksar de Todgha se compose, selon sa taille, de moins d'une dizaine de lignées ethniques, qu'on appelle en berbère, Ikhess[49]. L'Ikhess est donc l'unité élémentaire qui sert de base à l'organisation du ksar.

Dans les ksour à population mixte entre Imazighene et Iqabline, le nombre de lignées de ces derniers ne peut pas dépasser deux. Au cas où le nombre des familles des Iqabline est insignifiant, ils ne sont plus autorisés à avoir leurs propres Ikhess, mais sont obligés de se subordonner à l'une des lignées d'Imazirhene qui défendra leurs intérêts. Cette sous-lignée était très spécifique, puisqu'il ne s'agit que de la représentation ; toute autre pratique interlignée avec les Imazighene leur est interdite comme c'est le cas du mariage.

À Tdoght, on a souvent tendance à confondre ksar et Taqbilt[50], et l'existence de lignées est généralement limitée dans les murailles d'un ksar. Les solidarités inter-ksouriennes entre les différentes lignées, qui

---

[45] Équivalent de *raaya* en arabe, traduction en français : « pâturer », signifie contrat de protection entre nomades et sédentaires.
[46] Droit de faire paître son bétail dans les pâturages appartenant aux sédentaires concernés par le pacte de Takessa.
[47] En arabe dbiha, et signifie « cérémonie d'allégeance, menée au sacrifice d'un animal ». Il s'agit souvent d'un mouton.
[48] Cité par Jeanne-Marie Gentilleau en 2016.
[49] Équivalent d'âadam en arabe, signifie une lignée ethnique dans des tribus ou des agglomérations rurales du Maroc
[50] Chaque ksar a ses terres collectives, et des institutions similaires à ce qu'une tribu possède, mais diffère de la tribu comme on la connaît dans la région.

existaient largement chez les Ait Atta, étaient inexistantes chez les Ait Tdoght. Indépendamment de leur origine ethnique, ces derniers s'identifient fortement à leurs ksour et à leurs leffs[51], et le ksar reste le niveau le plus important de l'organisation politique des Ait Tdoght, juste après la lignée. Les habitants du ksar Afanour s'identifient comme des membres de la tribu d'Afanour, c'est le cas de Tiydrine, d'Asfalou ou d'autres ksour.

Le caractère stratifié de la société des Ait Tdoght est projeté dans les relations interethniques, et chaque ethnie à ses spécialités et ses propres activités. Les Ait L'Hart sont des spécialistes de la poterie, les habitants de Taouirt sont connus pour leur travail des métaux, les Igourramen et Chorfas ont plutôt tendance à exercer des métiers religieux comme imam, etc., et beaucoup de noms de familles et de lignées ou d'agglomérations font référence à ces métiers, comme Iqdaren[52], Ihjjamene[53], Imzilne[54], Ait Taleb[55]. Hammoudi avait mis l'accent sur ce point dans la vallée de Draa :

> « Autrefois, chaque groupe ethnique ou bien chaque strate sociale s'adonnait à des activités plus ou moins spécialisées. Cette répartition d'activité schématise la hiérarchie sociale : aux iherdan le travail de la terre et les activités artisanales, aux imazighen l'élevage (activité considérée comme noble) ainsi que la politique et la guerre ; enfin aux Igwerramen (familles maraboutiques) l'activité religieuse, l'écriture, la diffusion de la loi coranique et la légitimation des décisions politiques prises, en principe, par les laïques. » (A. Hammoudi, 1974.)

Le métier était toujours un baromètre du statut social. Au Maroc présaharien, il pouvait même définir l'appartenance ethnique, comme le précise Hammousi ci-dessous. Le statut inférieur des habitants de Tourirt n'Imzilne, un ksar qui est partagé entre les Iqabline et les juifs, en est un exemple parfait. Les habitants de ce ksar sont en grande partie des forgerons, métier longuement méprisé à Todgha à l'époque, ce qui nous laisse imaginer leur statut social dans la vallée. C'est d'ailleurs ce

---

[51] Les habitants de la vallée de Todgha étaient partagés en deux leffs, Ait Saleh et Ait Gumat.
[52] Potiers en langue berbère.
[53] Coiffeurs.
[54] Forgerons.
[55] Aussi Fkih qui signifie Imam.

ksar qui sera obligé d'abriter les prostituées[56], ramenées dans la vallée avec l'arrivée des troupes françaises (Raclot 1936, Büchner 1986).

Le système des leffs chez les Ait Tdoght s'explique par la nécessité de trouver l'équilibre sécuritaire dans la société. En effet, les Ait Tdoght, au contraire des Ait Atta, ne possèdent pas de lois coutumières bien évoluées et sophistiquées pour gérer leur quotidien, ni d'autre forme fonctionnelle de justice. Le recours aux armes était la seule option dès qu'un conflit apparaissait entre deux ksour. L'appartenance à l'un des deux leffs signifie qu'on ne sera jamais livré seul à un ennemi puissant lors d'un conflit armé, on aura obligatoirement la moitié de la vallée derrière soi, qui saura nous protéger en faisant jouer son poids pour conclure un accord et/ou une solution pacifique à la fin. Une sorte d'« anarchie organisée » selon Montagne (1930). Ubach et Rackow, citant leur informateur de Todgha au début du XXe siècle, décrivant cette répartition de la vallée en deux ligues, disaient qu'il n'y avait aucune option de neutralité dans un village : souvent, toutes les familles appartenaient au premier leff ou au deuxième, et les conflits pouvaient durer plusieurs jours, des semaines et quelquefois des mois. On a choisi de citer le texte original en allemand : *"Neutrale gibt es in einem solchen Falle nicht [...] in einem Dorf gehören alle Famillien entweder zu den Gruppe Ait Salah oder zu den Ait Guemat [...] Derartige Streitigkeiten dauern mehrere Tage oder Wochen, manchmal auch Monate [...]"* (Ubach & Rackow 1923, Büchner 1986.)

3.2.3. L'organisation sociopolitique avant le Protectorat

L'ordre oasien, avant l'arrivée européenne, reposait sur l'équilibre des forces politico-sociales des deux couples ville-palmeraie et nomades-sédentaires. Le bon fonctionnement dépendait de la complémentarité économique et sociale de ces quatre composantes. Dès le XIVe siècle, Ibn Khaldoun nuance la relation nomades-sédentaires et tient à nous exposer l'antériorité de la vie nomade sur la vie sédentaire :

> « Les Bédouins se contentent de satisfaire leurs besoins tandis que les sédentaires recherchent le confort et le luxe. Or, les besoins (de base) précèdent le confort et le luxe. Ceux-ci sont secondaires et superflus. Les Bédouins sont donc à l'origine des cités et ils leur sont antérieurs.

---

[56] L'installation d'un bordel au milieu de son ksar est la pire humiliation qu'on peut infliger à une communauté dans une région si conservative.

> L'homme cherche d'abord à satisfaire ses besoins. Ce n'est qu'ensuite qu'il se tourne vers le confort et le luxe. La rude vie du désert a précédé la molle vie sédentaire. Ainsi l'urbanisation (civilisation) est-elle l'objectif vers lequel tend le Bédouin. Tous ses efforts tendent vers ce but. Dès qu'il possède assez pour se préparer au superflu (surplus), il mène une vie agréable et se soumet au joug de la cité [...] La plupart des citadins sont d'anciens Bédouins des campagnes et des villages voisins, qui se sont enrichis (ont acquis un surplus), se sont sédentarisés et ont opté pour le genre de vie confortable des sédentaires. » (Ibn Khaldoun[57], traduit par Vincent Monteil, 1967.)

Géographiquement loin du pouvoir central et de la sphère de son contrôle, la vallée était le théâtre de luttes entre les grandes confédérations des tribus. C'est le pays de « siba », la dissidence – luttes entre tribus et dissidence politico-fiscale par rapport au pouvoir central –, qui durera jusqu'au XXe siècle. La lutte incessante des tribus nomades pour la domination, et l'influence et la défense continue, menée par les sédentaires sur leurs territoires et sur leurs biens, et se codifie à partir de la fin du XVIIIe siècle selon un système de protection où les habitants des ksour se mettent sous la protection des groupes nomades censés les défendre contre d'autres tribus nomades, cela étant ratifié par des contrats. C'est ainsi que quelques grandes tribus devinrent les maîtres de la vallée : elles contrôlaient les routes, s'occupaient de la sécurité des caravanes, élargissaient leur réseau et renforçaient leur influence. Michel Abitbol a mis sous les projecteurs ce rôle important des tribus et a montré combien le commerce caravanier était dépendant des alliances qui étaient faites avec les tribus puissantes tout au long des itinéraires :

> « Ainsi les itinéraires des caravanes sont-ils fixés, non seulement en fonction des conditions physiques, de la durée des étapes ou des possibilités d'échanges, d'un point à un autre, mais aussi en fonction de la couleur tribale de la zone visitée et de la présence, dans telle ou telle région, de personnages religieux influents qui bien souvent convertissent leur autorité morale en autorité politique. » (Abitbol Michel 1980, p. 8.)

Pendant cette période, certains nomades commencent peu à peu à se sédentariser. La dissidence, siba, était présente durant toutes les phases de l'histoire du Maroc, sévissant dans les campagnes. Les

---

[57] *Discours sur l'histoire universelle (Al-Muqaddima)*, traduction Vincent Monteil (Tome I), Beyrouth, 1967.

pouvoirs makhzeniens[58] gardaient les grandes villes sous leur autorité, c'est ce qu'on appelait « bled makhzen ». La gestion des grandes villes par le Makhzen ne leur épargne pas néanmoins quelquefois les attaques de tribus en quête de pouvoir ou de ressources. C'est « la pacification française » qui a mis fin au Siba.

D'un autre côté, les territoires oasiens étaient parfaitement adaptés à leurs sites et reflétaient l'image de la société. Le ksar était alors une résultante des données sociales, climatiques et géographiques, une projection spatiale des relations complexes entre les composantes des tissus sociaux et des mosaïques ethniques composant la société oasienne. La stabilité et l'équilibre de la société dépendaient du bon fonctionnement du couple sédentaires-nomades et du trio ksar-palmeraie-terre de parcours, en même temps qu'ils reposaient sur leurs complémentarités économiques et sociales. Robert Escalier avait remarqué que la société oasienne était principalement en quête de cet équilibre et de cette stabilité avant l'arrivée coloniale dans leurs territoires : « Avant l'irruption brutale de l'économie de marché et de la colonisation, les populations vivaient dans un monde clos. Toutes les forces de la société villageoise ou tribale tendaient à la recherche de la stabilité et de l'équilibre. » (Robert Escalier 1992.)

3.3. Structures administratives après la « pacification française »

Nous venons de voir par ce bref aperçu historique que l'espace avait toujours été produit et géré par les populations locales sans intervention étrangère jusqu'à l'arrivée du Protectorat. Le passé de l'établissement humain dans la vallée avait toujours été plus ou moins le reflet de l'organisation sociale locale. Après l'établissement du protectorat sur le Maroc, les tribus de la région eurent affaire surtout à un clan Glaoui, qui a régné par la terreur, ce clan, représentant des autorités coloniales.

L'instauration de l'administration coloniale et les mesures qui l'ont accompagnée ont remis en cause l'équilibre nomades-sédentaires, moteur de gestion et de contrôle de l'espace.

---

[58] Le Makhzen désigne le pouvoir marocain et par extension son administration, il tire ses origines de l'organisation administrative instaurée par la dynastie des Saadiens à la fin du XVIe siècle.

L'ère des modifications profondes commence alors : les nomades achèvent leur sédentarisation et l'intégration à la vie des villages, et un nouveau mode de vie se met en place. Et cependant, les structures et stratifications sociales, même si elles étaient touchées de plein fouet, continuent d'exister. Les relations nomades sédentarisés-sédentaires se sont réinventées, ce qui a eu et a toujours une énorme répercussion sur les espaces écologiques des anciens lieux de vie des nomades. Les transformations profondes n'ont pas épargné non plus les nouveaux espaces d'accueil de ces anciens nomades. Les effets bouleversants de l'arrivée européenne sur les divers territoires marocains et sur leur mode de vie sont mis en évidence par le géographe français Jean Dresch, quand il affirme que le Maroc est la «... dernière conquête, sous forme d'une "pacification" par l'impérialisme français d'un pays jusqu'alors indemne de pénétration coloniale profonde et brutalement transformé par les modes de production capitalistes et des techniques nouvelles, parmi les plus bouleversantes » (Jean Dresch 1979).

Après la conquête, les autorités françaises ont créé un « bureau des Affaires indigènes » et « l'annexe de Tinghir », qui englobait toute la vallée de Todgha, de l'amont jusqu'à l'aval. Ouarzazate était à l'époque le chef-lieu de la province : c'était là que se trouvait le bureau du territoire des Affaires indigènes, chargé de centraliser les affaires politiques et administratives du territoire. Le cercle[59] du Dadès-Todgha était précisément à Boumalne. Moins important que Tinghir, mais plus proche de Ouarzazate, ce cercle était donc supérieur, dans la hiérarchie administrative du Protectorat. Le Todgha a été subdivisé en plusieurs fractions administratives, calquées sur les frontières ethniques dans la mesure du possible, qui sont restées quasiment intactes après l'indépendance. Chacune de ces fractions était représentée par un cheikh au niveau de la fraction et par plusieurs Moqaddem[60] au niveau du village. Le tracé de l'ancienne route de commerce des caravanes a été conservé et les voies se sont élargies afin d'être réutilisées pour relier Ouarzazate à Errachidia en passant par Tinghir ; l'objectif était d'étendre les voies pour assurer la connexion du Maroc présaharien à Marrakech et Meknes. Peu de temps après la conquête, l'autorité coloniale a établi des services tels

---

[59] Le cercle était la plus petite unité de l'administration dans les colonies africaines de la France dirigée par un Européen. Un cercle était composé de plusieurs cantons, qui eux-mêmes se composaient de plusieurs villages.
[60] Le représentant des autorités marocaines dans un quartier.

qu'un bureau de poste, un tribunal et un dispensaire. Le choix d'implanter à Tinghir le centre administratif a eu un impact puissant visible dans le développement accéléré des services et l'étalement urbain qui a suivi dans la deuxième moitié du siècle dernier.

La colonisation a introduit de nouvelles logiques de contrôle et d'aménagement de l'espace. Le pouvoir central était efficace dans l'instauration du même ordre et des mêmes règles partout ; les groupes humains se sont alors adonnés au business et à la production de richesses uniquement, et n'ont pas eu besoin de s'occuper des affaires sécuritaires de leurs territoires, ce qui a impliqué une nette amélioration dans le niveau de vie des habitants.

C'est l'État central qui détient le pouvoir exécutif et effectif, ainsi que les outils nécessaires pour appliquer la loi officielle. La jemaâ a été remplacée par un conseil municipal élu, loin dans la forme et dans le fond de l'ancienne assemblée de notables que les habitants de la vallée avaient connue auparavant. La Jemaâ et l'Amghar ne s'occupent plus que de l'entretien des infrastructures agricoles et hydrauliques. On se trouve depuis devant « la coexistence et la confrontation de deux modes de vie, de deux économies, deux ordres de valeurs, partant de deux sociétés : l'une est symbole de modernité et de développement, l'autre symbole de traditionalisme et de sous-développement » (Abderrahmene El Maliki 1990).

3.3.1. *La structuration de l'espace et le réseau des villes de la région*

Depuis plus d'un demi-siècle[61], le nouveau contexte et les nouvelles données sociopolitiques dans la région ont été synonymes de grandes mutations qui ont bouleversé en profondeur les structures socio-spatiales. Illustrées par les données économiques, sociales et démographiques, ces transformations ne sont pas seulement quantitatives, c'est la nature même de la ville présaharienne qui se modifie (Saïd Belguidoum 2002). La multiplication des voies de communication modernes a aussi apporté de l'eau au moulin de ces mutations et le réseau routier est devenu un élément fondamental de l'organisation spatiale oasienne. Le « boulevard » sur l'axe Qalaat

---

[61] Ce paragraphe est le résumé de notre intervention au colloque international : « La marge entre discours géographique et réalité de construction et reproduction des inégalités sociales », organisé par l'Association des géographes marocains. Il a d'ailleurs fait l'objet d'une publication dans l'ouvrage des actes du colloque.

Mgouna-Dades sur des dizaines de kilomètres constitue actuellement une sorte de « marque territoriale » de la province de Tinghir. La rapidité de la croissance, la mobilité des populations et l'intensité des migrations internes intensifient les problèmes de l'urbanisme dans la région et confirment l'incapacité de l'urbanisme moderne à s'adapter à la spécificité de l'environnement des oasis (Naciri, 1988). La genèse singulière de Tinghir et d'autres agglomérations dans la province a été parallèle à l'urbanisation de ces territoires, qui ont toujours été ruraux. C'est l'occasion d'une réévaluation des notions classiques d'opposition obsolète entre le rural et l'urbain : ici, la densité des populations n'est pas importante, l'économie n'est pas variée, la palette des métiers présents sur le territoire n'est pas diversifiée et l'agriculture constitue toujours un des éléments importants de l'infrastructure urbaine de ces villes. Cette agriculture urbaine est principalement nourricière et aide à garder une bonne partie de la population sur place, et pourtant les décideurs ont toujours du mal à la prendre en considération dans leurs plans d'action.

3.3.2. La ruralité dans les villes et l'interaction rural-urbain

L'activité humaine dans la région a toujours suivi les parcours de l'eau, que ce soit de surface ou souterraine. Les khettara étaient construites là où l'eau souterraine était abondante, les ksour et les oasis étaient créés au long des oueds et autour des khettara. Les dynamiques de circulation et d'échanges ont transformé ces agglomérations en leur donnant la vocation de stations-relais de commerce ou de points d'ancrage locaux. Le changement de l'organisation de l'espace, adopté par les autorités coloniales et repris par l'État, a bouleversé le paysage oasien et a changé la vocation de ces agglomérations. Pour mieux contrôler les territoires, on a calqué de nouveaux réseaux routiers modernes sur les traces des chemins caravaniers et érigé les infrastructures militaires et administratives sur les points d'ancrage importants. La ville de Tinghir, avec Kelâat Mgouna et Boumalne du Dadès, suit alors l'axe routier de la route nationale n° 10 entre Ouarzazate et Errachidia. Toutes les trois sont des anciens postes militaires ou administratifs des autorités du Protectorat français, notamment des bureaux des Affaires indigènes. Mises en place pour la domination de la population locale, ces installations ont servi de noyaux dynamiques autour desquels se sont développées diverses activités civiles (Kagermeier 2012).

Le centre urbain post-colonial reste en continuité avec celui de l'époque coloniale, dont il reprend les tracés des tracés et des tissus, et il est dans la continuité des traces parcellaires et viaires. En revanche, au niveau des formes sociales et des formes du paysage urbain, il marque une rupture presque totale : l'accélération du développement des quartiers post-ksouriens a impliqué l'abandon total de l'ancien ksar et l'édification de quartiers en forme de lotissements sur la marge de l'espace oasien, et plus particulièrement au bord des routes.

L'immense espace présaharien rural, fractionné en territoires tribaux juxtaposés, commence à développer son petit réseau de villes, à se structurer et se hiérarchiser. Tinghir et les deux autres centres urbanisés, Kelaat Mgouna et Boumalne Dadès, sont encore le reflet de la culture locale et sont des vitrines de cette culture pour le reste du royaume. En revanche, leur rôle dans la généralisation du modèle urbain est indéniable : ces espaces urbanisés se sont imposés comme un agent de diffusion, d'uniformisation et de modernisation dans leur arrière-pays rural, même si les activités de ces pôles restent toujours liées à leurs territoires respectifs. Les relations entre la ville et son territoire rural sont fortes et les influences sont mutuelles. Ces interactions et ces liens entre l'urbain et le rural dans la province de Tinghir sont tellement solides et structuraux que des comportements qui peuvent être qualifiés de ruraux sont fortement présents dans le milieu urbain et vice versa. Beaucoup de familles citadines ont des comportements hybrides entre le rural et l'urbain, puisqu'elles entretiennent régulièrement leur attachement à leur village ou à leur ethnie d'origine, et le statut du foncier qui est dans sa quasi-totalité constitué de terres collectives gérées par des organisations lignagères perpétue cet attachement. La monographie de Tinghir montre que les terrains de collectivités tribales et ethniques occupent la plus grande partie du foncier : plus de 90 % de la totalité de l'assiette foncière de la province. La Jmaâ est seule compétente en matière de gestion de ces biens collectifs et de partage des terres entre ayants droit. On peut hésiter à reconnaître les villes du Sahara tant les caractères ruraux et urbains sont intimement mêlés (Olivier Pliez 2003). La stratégie 2020 du développement rural a d'ailleurs lié le développement de la petite ville et du bourg rural à toute une dynamisation de la politique rurale au Maroc.

3.3.3. Les réseaux de circulation et la production de l'urbain

« L'apparaître de la ville change de substance [...] comme si au lieu de se présenter par ses pleins, elle advenait à distance d'elle-même dans ses écarts et ses circulations. » (Bordreuil 1995.) La nécessité de lier les habitants aux pôles urbains, commerciaux et administratifs a donné naissance aux voies de communication et à une infrastructure linéaire. La route est devenue le nouveau vaisseau pour ravitailler la population, et la liaison à la route facilite le contact avec le monde extérieur et donne une valeur supplémentaire au foncier.

> « La route, en particulier, est devenue l'instrument majeur des interactions que nous recherchons : sa proximité et sa qualité commandent la nature et la densité des flux, sa carence signe leur atrophie. Désormais, à la répartition par plages des hommes et de leurs activités comme à leur concentration en points nodaux constitués par les villes, se surimpose une géographie linéaire animée par des réseaux qui véhiculent précisément les interactions réciproques. » (Paul Pélissier 2000.)

Le programme de lutte contre les disparités territoriales et sociales mené par les autorités dans la région Draa-Tafilalet a nettement renforcé le réseau routier. Les petites agglomérations des marges sont de plus en plus liées à leur centre de rayonnement régional, mais la globalité des tissus économiques de la région souffre de l'enclavement et de l'isolement par rapport au reste du territoire national. La multiplication des routes et la tendance à implanter les habitations le plus près possible de ces voies de communication amplifient davantage le malaise des oasis, accélèrent l'étalement urbain et accentuent la dispersion excentrique de nouvelles maisons dans tous les sens.

Des systèmes de transport intensif se sont développés partout dans la province de Tinghir, composés de fourgonnettes privées, qu'on appelle « les transits » à l'image du Ford Transit, et de taxis partagés, reliant tous les villages périphériques à leur centre urbain le plus proche, Tinghir, Boumalne ou Kelaat-Mgounat. L'extension administrative de l'espace urbain de la municipalité de Tinghir en 1992, en additionnant des ksour au périmètre administratif de Tinghir qui se sont dissous trop vite dans le tissu urbain, nécessite plus que jamais le développement d'un système de transport urbain cohérent.

La route nationale n° 10 qui lie Ouarzazate à Er-Rchidia est devenue le principal gradient autour duquel s'organise et se structure l'espace dans la province. L'urbanisation linéaire le long de cet axe a donné naissance à de nouvelles formes urbaines liant les villages proches pour former les nouveaux espaces péri-urbains. C'est le cas d'une grande partie des villages des communes de Todgha Essofla et de Taghzout n'Ait Atta qui sont quasiment liés à la ville de Tinghir. Les avantages de proximité, ainsi que l'accès aux infrastructures urbaines garanti aux habitants de ces villages, permettent de renforcer le tissu urbain de ces derniers. Cette situation engendre d'autres dynamiques, en particulier la création de nouvelles oasis d'extension : des terres vierges à Tangarfa et Ghellil sont mises en valeur pour devenir des sources de ravitaillement péri-urbain et urbain de Tinghir. Les nouvelles extensions agricoles réussies comme dans le Ghellil sont faites « à haute vitesse » et de façon archaïque et vont systématiquement, tôt ou tard, à l'échec, si le soutien technique de l'État en matière de gestion d'eau tarde à venir. C'est ce qui est déjà arrivé dans le sous- et le bas-Massa (Hassan El-Ghanjou & Hein de Haas 2000).

3.3.4. L'agriculture oasienne, une infrastructure de la ville oasienne

Les villes du Maroc présaharien sont toutes nées au milieu des oasis et doivent ainsi leur naissance, mais aussi leur continuité et leur longévité, entre autres, à cet espace d'agriculture nourricière qui leur était toujours corrélé. Ensemble, elles ont toujours constitué des parties interdépendantes et indivisibles d'un seul établissement humain vivant. Elles s'assuraient mutuellement leur existence et continuation, et on peut parler de la durabilité du couple ville-oasis. Dans les milieux arides, agriculture et ville sont historiquement consubstantielles (Lavergne 2004, Goeury et Leray 2017). Mais le développement des voies de communication et des systèmes de transport, plus au moins performants, a permis aux nouveaux citadins de s'émanciper de l'agriculture de proximité et de se nourrir de produits lointains (Goeury et Leray 2017), venant de la région de Souss-Massa. En quête permanente de modernité, les citadins oasiens commencent à changer leur comportement nutritionnel. L'agriculture est devenue pour la plupart le symbole d'une ère passée et a cessé d'être une priorité. Cependant elle est toujours source de nutrition d'une très bonne partie des citadins vu la rareté des ressources et le niveau de pauvreté considéré comme l'un des plus élevés du royaume. La pauvreté dans la province dépasse le taux de 15 % et la vulnérabilité est au-dessus des 20 %, selon les chiffres de RGPH 2014.

L'espace oasien, malgré sa fragilisation, fait désormais partie intégrante de l'infrastructure urbaine. Concilier deux réalités, à savoir la production de richesse, et les objectifs environnementaux que peuvent offrir les espaces verts intra-urbains de ces trois villes, est paradoxalement l'objectif d'un type de nouveaux agriculteurs partout dans le monde, une des réponses pour concilier l'augmentation démographique, l'autosuffisance alimentaire et le bien-être (Aubry et Consalès 2014).

L'agriculture en milieu urbain commence à trouver ses marques et ses façons de faire et continue son émergence dans le paysage urbain depuis le début de ce siècle. Elle est devenue, en effet, une sorte de résilience urbaine face aux défis environnementaux et aux crises économiques. À titre d'exemple, les autorités de Jakarta lançaient en 2010 un appel aux volontaires pour cultiver 2 000 hectares de friches urbaines (*Courrier international* 1/4/2010).

Selon les statistiques du rapport « Promotion de l'économie et développement local dans les zones excentrées du Maroc » réalisé par la GIZ[62], le secteur agricole absorbe 67,5 % de la force de travail des espaces oasiens. Mais ici, le secteur agricole reste encore à caractère familial et ne cesse de se structurer autour de la satisfaction des besoins alimentaires des ménages, en viande, lait, céréales, légumes et fruits. La persistance des traditions communautaires de coopération et de solidarité aide l'agriculture oasienne intra-urbaine à résister aux mutations spatiales que connaissait la région depuis quelques décennies. Il y a même des cultures qui dépendent toujours des techniques traditionnelles et qui sont en nette augmentation, comme la culture de la rose, qui est l'un des piliers de l'agriculture et même de l'économie dans les deux villes de Boumalens de Dades et de Kalaat M'gouna. Les statistiques du ministère de l'Agriculture, de la Pêche maritime, du Développement rural et des Eaux et Forêts de 2015 estimaient la surface occupée par les rosacées dans la province à 1 420 ha, soit une augmentation de 1,5 % en moins de deux ans. Le projet d'Afanour à Tinghir est un autre exemple réussi de régénération de l'agriculture oasienne dans le périmètre urbain, où la société civile a combiné les traditions communautaires de la Jmâa avec le bon sens, le savoir-faire de ses jeunes universitaires et les réseaux internationaux tissés par les enfants de la région immigrés en

---

[62] Deutsche Gesellschaft für Internationale Zusammenarbeit (GIZ) = Société allemande pour la coopération internationale.

Europe. Le projet créé dans les terres collectives de la tribu a en effet laissé émerger une palmeraie communautaire, avec des projets touristiques en vue. La phœniciculture, ou culture du palmier dattier, y côtoie le maraîchage et les pépinières. L'infrastructure d'irrigation, les pompes, le réseau de goutte-à-goutte, en plus du soutien technique, sont offerts aux petits propriétaires, notamment les plus vulnérables ; une sorte de kolkhoze tinghirois en milieu urbain.

Il est vrai que la diversité des statuts du foncier signifie leur complication, ainsi que la multiplication des acteurs dont ils dépendent et des lois qui les gèrent. En revanche, cette diversité est aussi la source de la richesse et de la particularité de ces espaces. La juxtaposition et l'imbrication uniques du rural et de l'urbain, parfaitement complémentaires entre eux, que beaucoup d'urbanistes appellent le rural dans l'urbain, ne sont que la ville pour les oasiens qui ne sont pas moins urbains, mais qui le sont autrement (Odette Louiset 2000, Olivier Pliez 2003). Les parcelles oasiennes, les activités et les usages qui y sont liés marquent la perdurance de traditions miliaires au milieu de ces villes. On est dans un territoire urbain avant-gardiste, il suffit que les politiques s'efforcent de trouver des idées originales et des solutions différenciées.

La ville oasienne moderne ressemblerait parfaitement à l'utopie de cité-jardin promue par l'urbaniste anglais Ebenezer Howard en 1898 dans son livre *To-morrow: A Peaceful Path to Real Reform*. Elle a été pensée comme un lieu hybride ville-campagne rassemblant les avantages de la ville et ceux de la campagne en un seul espace : une ville ceinturée par des zones rurales pour répondre au mal-être qui allait de pair avec les villes industrielles anglaises de la fin du XIXe siècle, dans une période qui connaissait l'émergence des discours favorisant le retour à la vie saine et harmonieuse de l'ère préindustrielle.

Joëlle Salomon Cavin résumait la cité-jardin dans un article en 2007 :

> « Cette cité-jardin est une petite ville, maximum 32 000 habitants [...] entourée d'une ceinture verte. C'est une communauté autosuffisante. La subsistance alimentaire doit être assurée par l'exploitation de la ceinture verte et l'autosuffisance industrielle et commerciale par l'équilibre parfait des fonctions qu'on devait y instaurer. Le tout s'appuie sur un indispensable équilibre social et démographique. » (Joëlle Salomon Cavin 2007.)

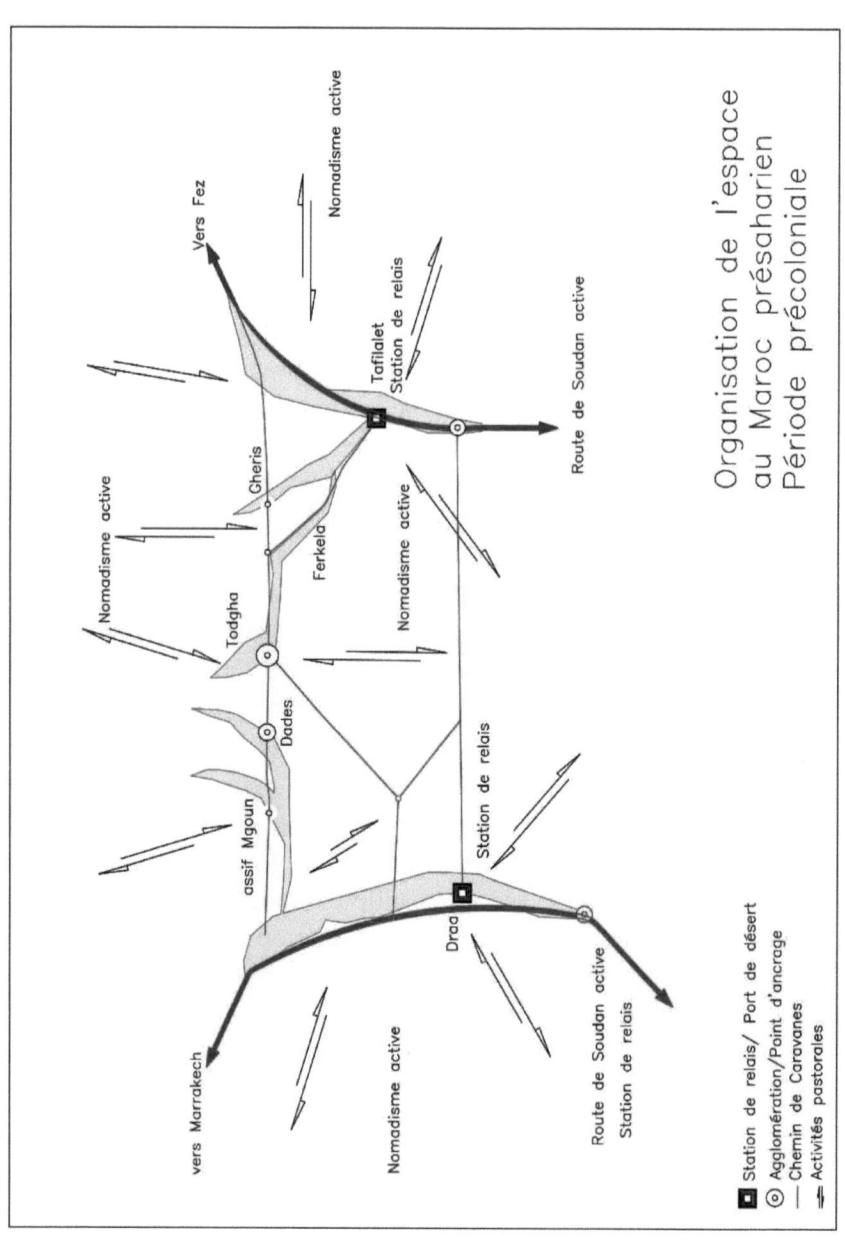

Figure 3 : Organisation de l'espace dans la région Draa-Tafilalet, Période précoloniale © Odghiri 2019.

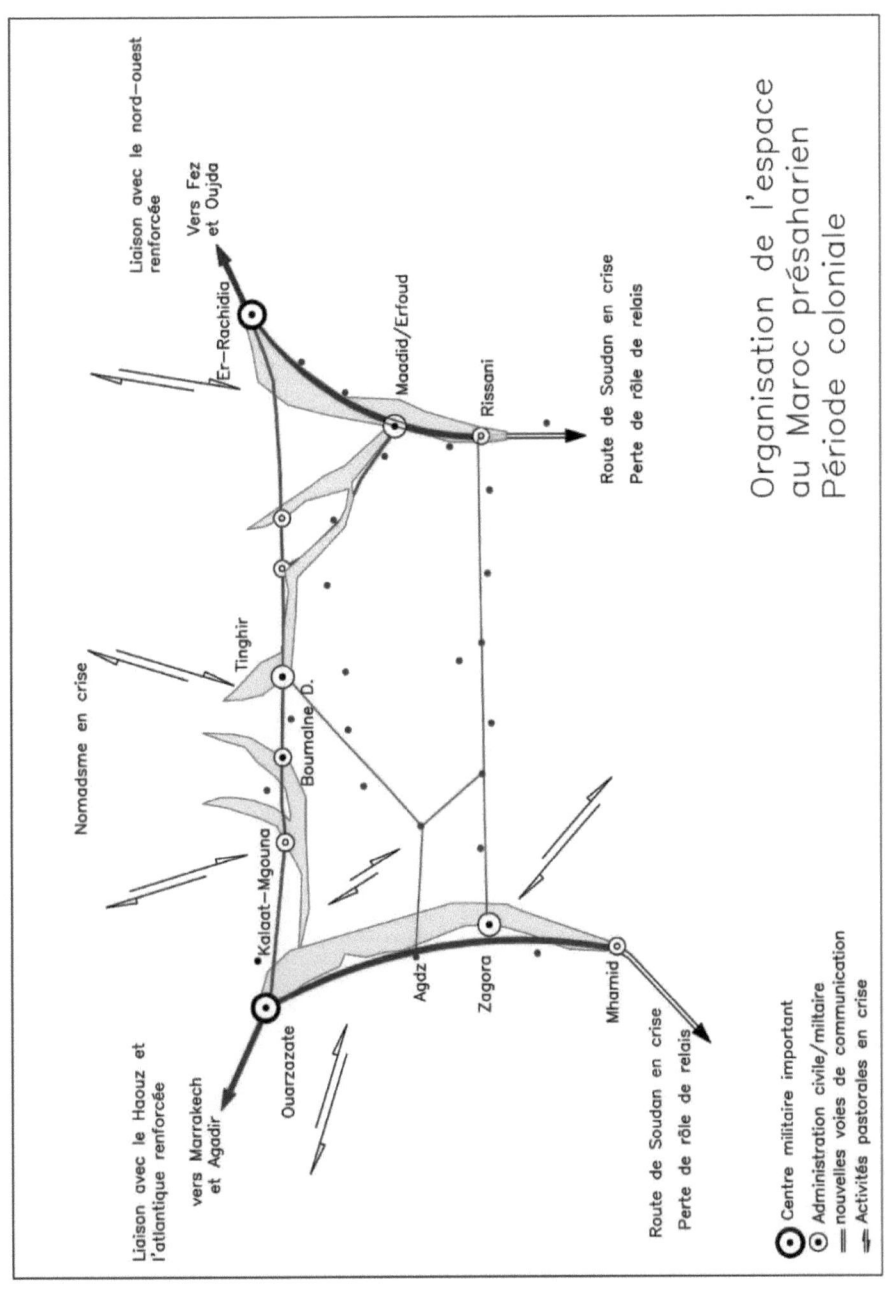

Figure 4 : Organisation de l'espace dans la région Draa-Tafilalet, Période coloniale © Odghiri 2019.

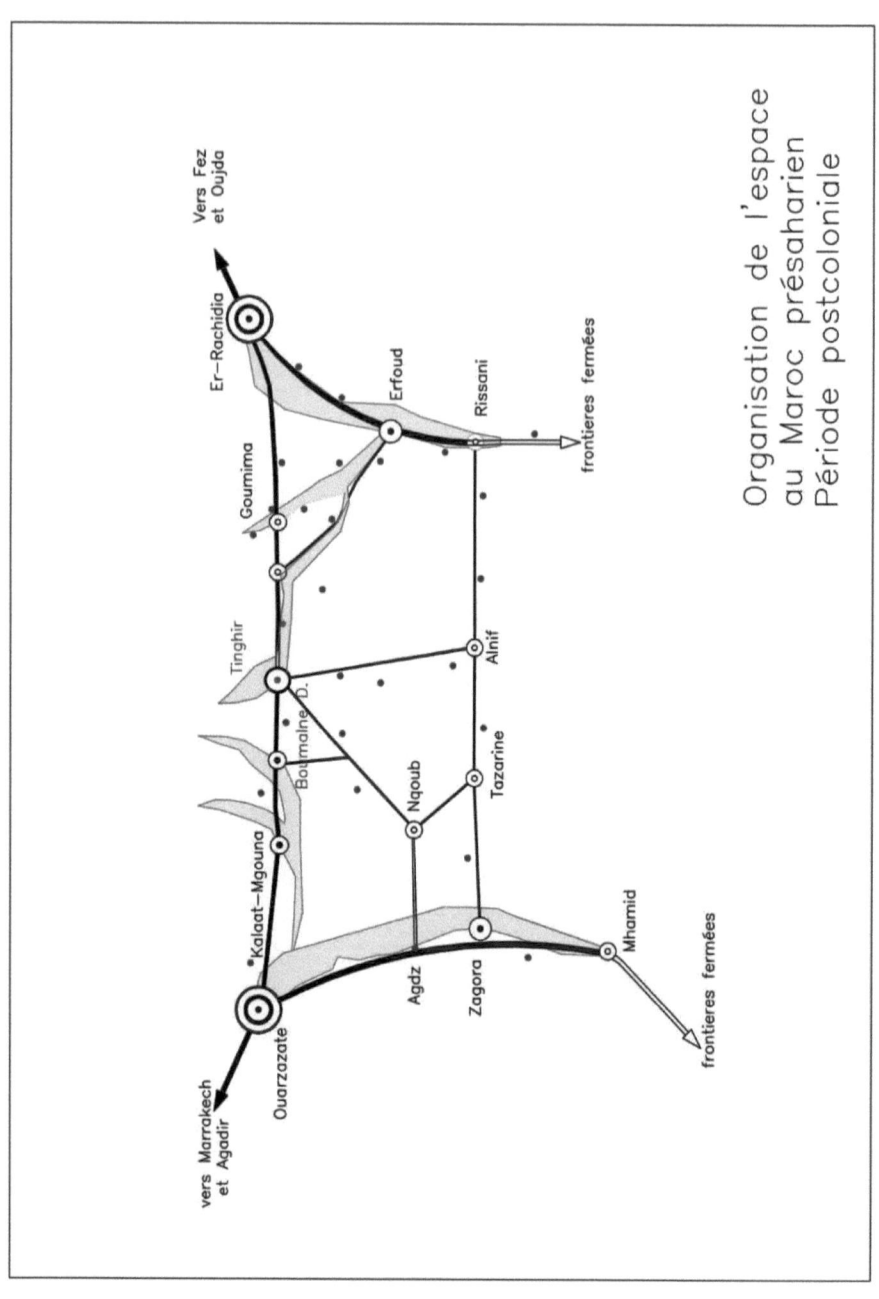

Figure 5 : Organisation de l'espace dans la région Draa-Tafilalet, Période postcoloniale © Odghiri 2019

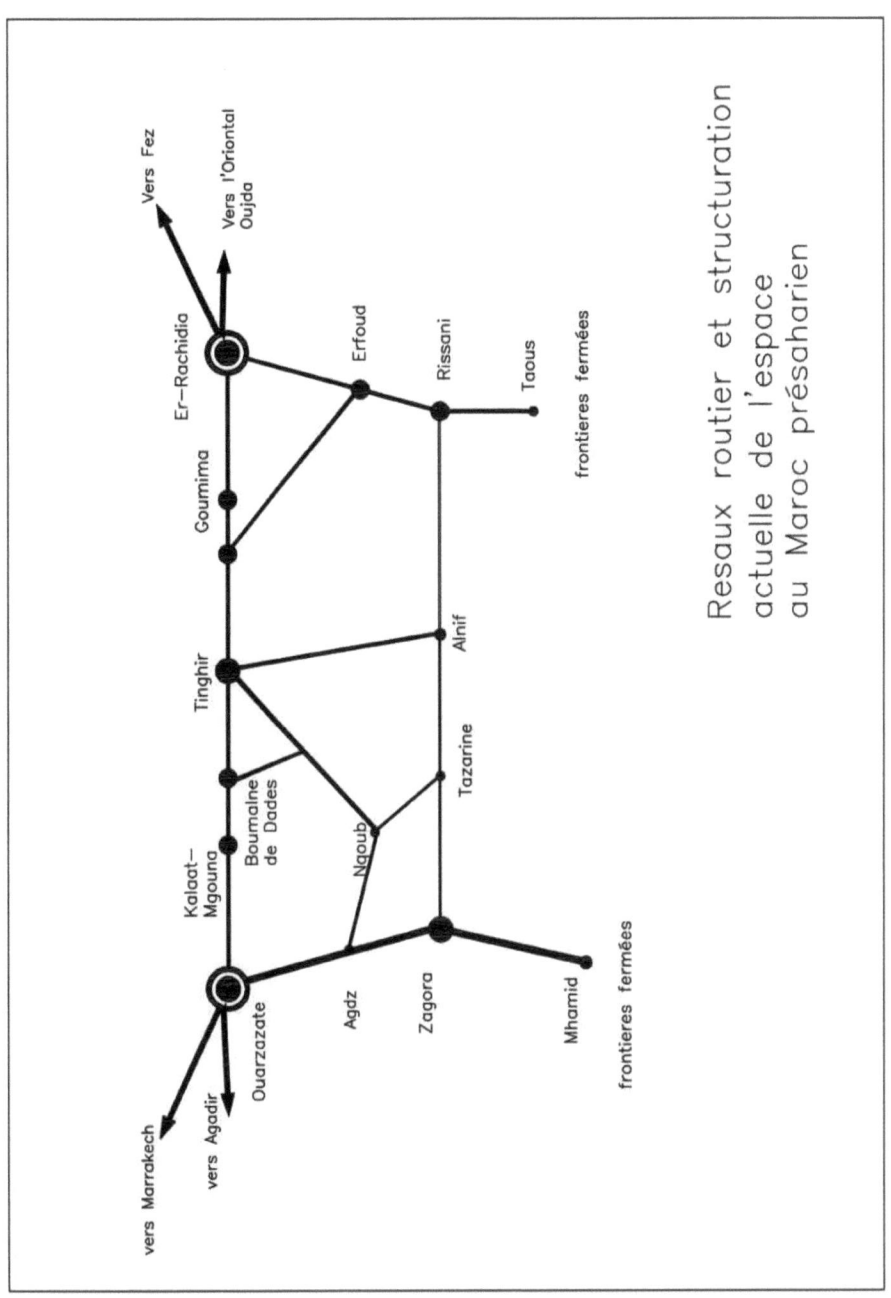

Figure 6 : Réseaux routiers et structuration actuelle de l'espace
à Draa-Tafilalet © Odghiri 2019

CHAPITRE III :

Du chapelet des ksour à une conurbation polynucléaire

1. L'adaptation des bâtisseurs ancestraux aux conditions locales hostiles à la vie

Pour survivre dans des territoires arides et hostiles à la vie humaine, les oasiens ont dû s'adapter et inventer les moyens de subsistance ainsi que les outils d'exploitation des rares ressources de leur espace de vie[1]. Ces territoires étaient donc parfaitement adaptés à leurs sites et reflétaient l'image compacte de la société. L'agglomération ou le ksar était une résultante des données sociales, climatiques et géographiques, une projection spatiale des relations complexes entre les mosaïques ethniques et les tissus composant la société oasienne.

Cette société a développé des pratiques d'aménagement de l'espace, d'organisation sociale et de gestion rationnelle de ressources naturelles exceptionnelles. Elle a accumulé un savoir-faire unique en matière d'art de la construction, acquis et hérité de plusieurs siècles d'ingénieuses adaptations à la rigueur exceptionnelle des conditions naturelles présahariennes. C'est le meilleur capital et l'atout incontestable pour tout développement durable que la région peut considérer comme un héritage de son passé.

> « Le ksar-village, ou le bourg oasien, est une agglomération durable, de taille relativement modeste, qui existe par et pour son territoire : la palmeraie. L'aire villageoise est un tout, à la fois système écologique et structure sociale, et les rapports entre le bourg et son espace dépassent l'économique, même si des correspondances peuvent exister

---

[1] Ce paragraphe a fait l'objet d'une présentation à la journée d'étude organisée par l'académie des arts traditionnels de la fondation Hassan II à Casablanca, il est aussi publié dans les actes de ce congrès (*proceedings*).

entre la configuration des quartiers bâtis et celle des quartiers de culture. La vie villageoise repose sur un équilibre, parfois tensionnel, entre des ensembles agnatiques (les familles) qui sont hiérarchisés et qui définissent des notables. Ces chapelets villageois, les ksour-oasiens, étaient en articulation étroite avec la ville citée. Chaque réseau d'agglomérations s'identifie à partir de sa cité. » (Belguidoum et Boudinar, 2015, p. 7.)

1.1. Le couple ksar-oasis

Le ksar est une agglomération saharienne anciennement construite et de tendance plutôt rurale par opposition aux structures des médinas dans les grandes villes historiques du royaume. Le ksar était conçu et construit par ses propres habitants, au milieu de son microclimat, la palmeraie, pour résister à l'hostilité de la nature. La forme défensive et militaire de son architecture est très claire, ce qui confirme la présence de facteurs d'insécurité chez les habitants. Cette forme urbaine (le ksar) est donc le reflet d'une vie communautaire compacte, l'expression parfaite de la cohésion et de la solidarité entre les membres d'une même collectivité. C'est simplement l'établissement humain propre aux populations du Sahara et du Présahara, une mémoire urbaine par excellence. La quasi-totalité des ksour sont implantés dans des oasis au long des oueds et les mieux stratégiquement positionnés d'entre eux, comme ceux situés aux carrefours de grands itinéraires caravaniers, demandaient plus de défense pour protéger leur rôle de relais.

Les mutations de la société présaharienne ont apporté avec elles de nouvelles conditions, suivies de nouvelles formes urbaines inconnues auparavant. Aujourd'hui, et depuis la « pacification » française, les ksour sont libérés de leurs soucis défensifs et ont perdu récemment leur fonction d'ensembles autonomes.

L'oasis, quant à elle, rassemble généralement un ou plusieurs ksour adossés à une ou plusieurs palmeraies, formant ainsi un ensemble géographiquement cohérent et singulier. On y observe généralement une homogénéité des pratiques agricoles et de la mobilisation de l'eau, du fait de la forte dépendance aux conditions topographiques. Cette dualité palmeraie-ksar est le résultat de l'interaction continue des oasiens avec leur environnement pendant des siècles pour assurer leur continuité dans des espaces désertiques hostiles.

1.2. Interaction entre les ksour et leur environnement naturel

Pour analyser cette interaction, il est important de faire un petit rappel sur les conditions climatiques et géographiques de l'espace où les ksour et les oasis se sont implantés. Souvent ainsi surnommée, la porte du désert se situe au sud-est du Maroc, dans un arrière-pays marginal périphérique. C'est une région aride, bordée par les montagnes et le désert, peuplée par différentes tribus et ethnies, dont une bonne partie est constituée de nomades sédentarisés. La région est connue pour des taux d'humidité de l'air très bas et de faibles précipitations, entre 100 et 250 mm par an, mais aussi pour des températures très élevées et un rayonnement solaire intense. Les températures peuvent être négatives pendant les nuits d'hiver et dépasser les 40 °C le jour pendant la saison estivale. Les nuages rares, le ciel souvent dégagé pendant de longues périodes de l'année et les vents froids dus à la proximité des montagnes qui soufflent de temps en temps expliquent le grand écart entre les températures nocturnes et diurnes que connaît la région.

La société oasienne a connu des différences sociales éclatantes et des cloisonnements ethniques masqués derrière un urbanisme sobre et des façades austères, avec un système économique fonctionnant au niveau 0 (pas d'accumulation, pas de surplus). Et pourtant, elle nous a laissé un héritage unique en son genre qui témoigne jusqu'à nos jours de sa grandeur et de son génie : les ksour et les casbahs, un patrimoine bâti construit en terre, parfaitement inséré dans son environnement naturel et adapté aux conditions climatiques du site. Gravari-Barbas avait bien décrit l'harmonie des cités ksouriennes de Mzab dans son article « Habiter le patrimoine : enjeux, approches, vécu » :

> « Des vraies villes, fortifiées ou non, avec mosquée, rues, quartiers. L'architecture y est massive et les habitations sont densément blotties autour des mosquées aux minarets carrés tout aussi sobres et austères que les maisons, même si les pierres y sont mieux ajustées. Aucune recherche architecturale, aucune fantaisie n'a présidé à la construction de ces ksour qui exhalent le dépouillement et l'ascétisme de l'islam saharien. L'utilisation des seuls matériaux disponibles sur place (la pierre – grès primaires blancs, gris, verts ou rouges –, l'argile des bas-fonds ou carrières utilisée comme torchis, pisé ou banco) concourt à une continuité visuelle : profondément ancrées dans le sol dont elles émergent, les villes se confondent avec leur environnement ;

l'intervention humaine y demeure minimaliste ; la symbiose est totale. » (Maria Gravari-Barbas 2008.)

Les espaces intérieurs et extérieurs des ksour sont agréables à vivre au milieu des zones rudes et arides au climat hostile. Les constructeurs des ksour ont su trouver la formule optimale pour filtrer les facteurs climatiques présents dans les lieux de l'implantation de leurs agglomérations, notamment le soleil, le vent et la température. Pour produire une architecture bien adaptée à son environnement, les bâtisseurs des ksour se sont en effet servis de leur environnement naturel avoisinant : ils utilisent la terre crue qui, grâce à ses caractéristiques thermiques, répond de façon optimale aux conditions climatiques rudes des zones semi-désertiques. Ils ont optimisé la taille et l'emplacement des ouvertures pour contrôler la diffusion des rayons du soleil dans leurs bâtiments. Ils ont bien orienté les façades, conçu idéalement la forme des rues. Et pour arriver à une combinaison idéale entre logements et agglomération, ils ont choisi la meilleure densité des agglomérations, offrant un confort climatique exceptionnel aux habitants. Il en résulte des paysages fortement marqués par la stricte séparation entre l'intérieur et l'extérieur, l'ombre et la lumière, les périmètres verts irrigués des oasis et les espaces étendus et secs du désert. Les habitants des ksour faisaient aussi preuve de la flexibilité nécessaire pour une meilleure exploitation des lieux : le nomadisme saisonnier entre différentes pièces de la maison faisait en effet partie des modes d'emploi d'un logement ksourien.

1.3. Les solutions bioclimatiques ingénieuses des ksour

Les anciennes agglomérations étaient toujours entourées de palmeraies, ces dernières jouaient le rôle de membrane bioclimatique et de barrage naturel contre la chaleur, le froid, les vents et le sable, alors que nos grandes villes modernes provoquaient des modifications microclimatiques. L'influence de la morphologie sur le microclimat et l'ambiance thermique est scientifiquement prouvée. Il existe des logiciels comme Gambit, Solène ou autres avec lesquels on peut calculer l'impact de la géométrie sur les conditions microclimatiques et par conséquent sur le confort thermique dans les espaces extérieurs. Les grandes villes modernes qui résultent de la conception contemporaine sont souvent corrélées avec l'inconfort thermique et des consommations énergétiques excessives, tandis que les concepteurs des ksour ont réussi, avec leur ingénieuse morphologie urbaine, à adoucir les conditions climatiques des logements et des ruelles de l'agglomération.

1.3.1. Morphologie des ksour

Elle réussit à optimiser le microclimat et les sensations thermiques de ses habitants. La forme compacte et close du ksar a toujours empêché les vents chauds l'été et froids l'hiver de chasser l'air bien conditionné accumulé à l'intérieur.

1.3.2. Adaptation des habitants

Les différences de température entre la nuit et le jour, l'hiver et l'été marquent le rythme du nomadisme des habitants dans leurs maisons, entre pièces, terrasses et patios. Les terrasses naturellement ventilées sont des lieux de séjour idéaux pour les nuits d'été, quand les chambres, à l'abri des rayons du soleil, sont occupées les jours chauds. En hiver, les terrasses et les patios ensoleillés sont occupés durant le jour quand les pièces à l'abri des vents hivernaux froids sont utilisées la nuit. Le changement de saison est souvent accompagné par des travaux d'adaptation des pièces à de nouvelles fonctions et de préparation des volumes aux nouvelles conditions climatiques. Les habitants étaient liés en permanence à leur habitation qu'ils traitaient comme un être vivant, leur demandant une grande flexibilité.

1.3.3. Ombrage et ensoleillement

Le soleil est l'un des grands défis des concepteurs des ksour. L'évolution complexe des ombres pendant chacune des journées de l'année, dans les ruelles et dans les pièces des logements individuels, a influencé le tracé des rues et l'orientation des façades ksouriennes. La surface des façades, qui est la membrane périphérique, a toujours été optimisée pour réduire l'échange thermique. La compacité urbaine, l'étroitesse des rues et la hauteur des murs étaient aussi un outil efficace pour créer des ombres et réduire les surfaces d'ensoleillement. Les passages couverts par encorbellement présents dans la quasi-totalité des ksour sont des éléments d'une grande importance pour climatiser les ruelles. L'ombre des ornements et les détails constructifs constituent aussi un pare-soleil non négligeable et une façon de réduire les surfaces ensoleillées des façades.

Grâce aux outils informatiques, le concepteur contemporain a la possibilité de modéliser ces évolutions et d'y adapter sa conception. Ralphes Knowles a développé le concept « Solar Envelope » au début des années 2000 pour favoriser la cohabitation des bâtiments passifs en milieu urbain.

La façade est la membrane périphérique qui sépare le bâtiment de l'extérieur et qui pourra jouer le rôle de filtre des facteurs climatiques nuisibles existant dans notre environnement. C'est même le premier outil de sélection de ces facteurs. La façade est aussi la partie visible du bâtiment vers l'extérieur, et par voie de conséquence le moyen le plus efficace pour le propriétaire d'afficher son identité par les ornements, les volumes, les textures et les matériaux.

1.3.4. Climatisation et ventilation naturelle

La ventilation naturelle se fait en générant des courants d'air dans un bâtiment, souvent par tirage thermique. Le débit n'est pas toujours bien contrôlé et dépend des intensités des vents et des courants d'air.

La ventilation naturelle se fait sans bruit de machine, elle est gratuite et ne demande pas d'entretien, mais elle est aussi saine, comme l'a montré l'étude SBS « Sick Building Syndrom », syndrome des bâtiments malsains, réalisée par J. Röben. L'étude montre que les êtres humains souffrent moins s'ils séjournent dans un bâtiment ventilé naturellement. La figure 10 ci-dessus présente le résultat de l'étude.

Pour garder une température agréable à l'intérieur des habitations situées dans des milieux arides et hostiles, les habitants des ksour ont inventé des méthodes pour emmagasiner le froid inertiel capturé ou créé par diverses sources et rejeter l'air chauffé par le soleil de la journée (fig. 8).

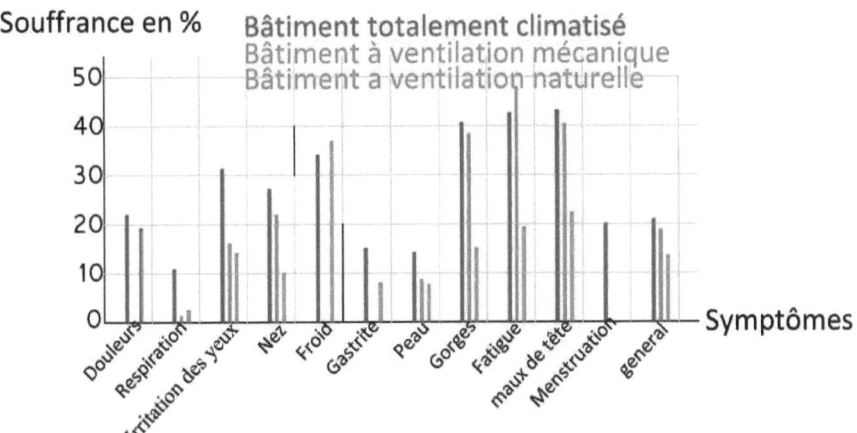

Figure 7 : Résultat de l'étude SBS « Sick Building Syndrom »
Syndrome des bâtiments malsains, réalisé par J. Röben.

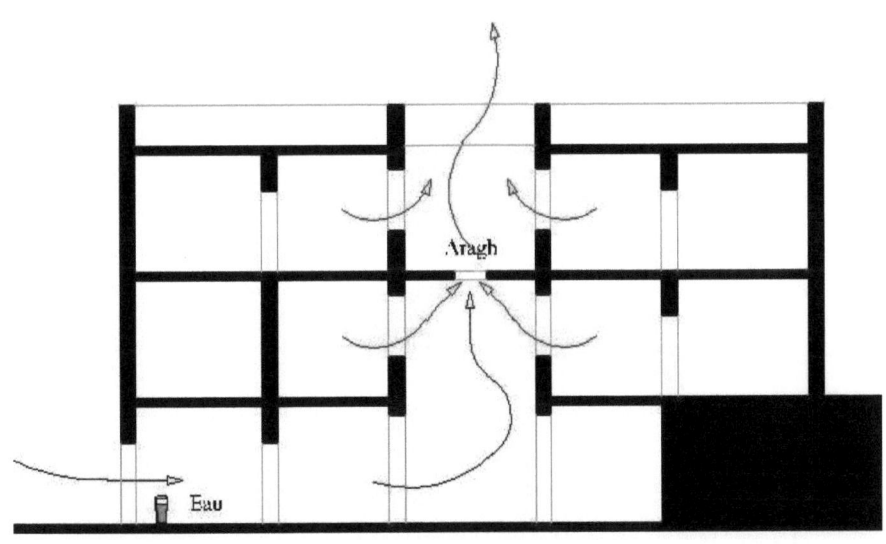

Figure 8 : Effet cheminée : Ventilation et climatisation d'une maison en pisé
© Odghiri 2016.

On trouvait dans toutes les maisons des jarres d'eau à l'entrée qui servaient à humidifier l'air et abaisser la température, l'humidification des sols des ruelles et des maisons est aussi très fréquente. Pour évacuer l'air chaud et climatiser le logement, on fait appel à la ventilation, notamment l'aragh, ouverture optimisée centrée au milieu du plafond de la maison, où le mouvement est provoqué par la différence de densité de l'air qui résulte des différences de température entre l'intérieur et l'extérieur de la maison : l'effet cheminée.

1.3.5. Canalisation de l'air dans des rues

Le principe vient des effets observés dans la nature, où les vents accélèrent au passage des cols de montagne. Dans les agglomérations, on joue sur la largeur des ruelles pour accentuer la vitesse du vent dans les lieux de rétrécissement des rues et créer la ventilation nécessaire pour un confort thermique optimal urbain : c'est l'effet Venturi[2] (fig. 9).

On trouve d'autres exemples dans la nature, l'habitat des termites est très bien conçu pour une circulation permanente de l'air afin de se débarrasser du méthane produit en permanence par ces insectes qui consomment du bois. Le même principe est adopté par l'habitat des chiens de prairie.

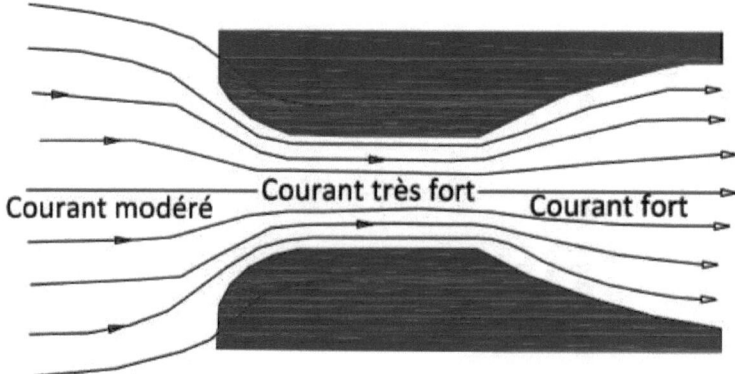

Principe de l'effet Venturi: Contraint de s'écrouler dans une étroiture, le courant s'accélère

Figure 9 : Effet Venturi © Odghiri 2016.

---

[2] Du physicien italien Giovani Venturi.

1.4. Les matériaux et les techniques de construction

Le pisé, souvent utilisé dans les constructions traditionnelles, est composé d'un mélange d'éléments en proportions et quantités non régulières, variant d'un lieu à l'autre, principalement l'argile, les graviers, les sables et les petits cailloux. C'est de la terre crue compactée dans des coffrages en bois. Les soubassements des murs et leurs protections au-dessus sont toujours en pierre pour se protéger de l'humidité et des intempéries.

La terre est saine, écologique et non polluante ni à l'usage ni à la fabrication. Sa consommation en énergie grise est faible et sa production est peu nuisible à l'environnement. La technique de pisé-coffrage est utilisée comme une alternative aux matériaux et aux méthodes généralisées de construction en béton. Elle est plus que jamais d'actualité, en parfaite adéquation avec une démarche de construction écologique et éthique.

Les deux types de murs que connaissent les constructions des ksour sont le pisé-coffrage, fait de terre mouillée et malaxée puis damée, la brique de terre étant mêlée de paille. Les caractéristiques principales du matériau terre sont l'absorption et la redistribution de l'excès d'humidité, la bonne isolation acoustique et la grande inertie indispensable à une parfaite régulation thermique. Avec les possibilités techniques contemporaines, on peut préparer et formuler un mélange optimal en analysant la résistance à la compression ainsi que les performances mécaniques, le retrait et le gonflement, la capillarité et la réactivité de l'argile.

Le pisé n'est pas un bon isolant thermique, mais les murs épais en terre crue ont de très bonnes caractéristiques de confort thermique. Ces caractéristiques résultent de la corrélation entre son inertie et sa densité d'un côté et ses avantages hygrothermiques de l'autre. En hiver, sa forte inertie lui permet de stocker la chaleur et de la restituer plus tard par rayonnement, ce qui explique des variations très lentes de température à l'intérieur de la maison. Les blocs de pisé maintiennent aussi l'humidité de l'air en hiver à un taux faible, ce qui évite à la fois les problèmes de condensation et les chutes de température à l'intérieur. En été, les murs épais en pisé ralentissent le transfert de température pour plusieurs heures, quelquefois plus de douze heures, et relâchent lentement, pendant le jour, l'humidité capturée la nuit, ce qui permet le maintien de la fraîcheur et de l'humidité nocturne pendant les heures les plus chaudes du jour. Voilà comment la climatisation naturelle est assurée dans les vieilles maisons ksouriennes. Pour illustrer l'importance d'inertie du matériau terre, nous avons utilisé trois thermomètres afin de mesurer les fluctuations de température dans une maison en terre pendant une journée estivale. Le premier était installé sur la toiture-terrasse, le second dans le salon à l'intérieur de la maison et le troisième à l'extérieur. Les résultats sont présentés dans le graphique de la figure 10 ci-dessous.

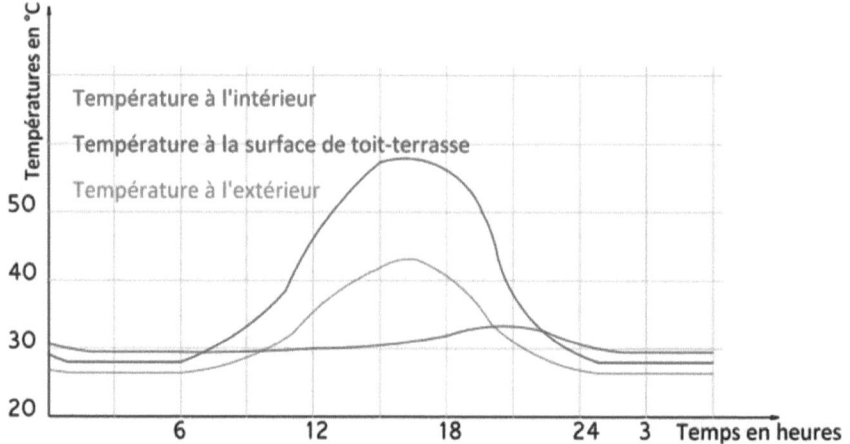

Variation des températures dans une maison en pisé pendant une journée estivale

Figure 10 Variation des températures dans une maison en pisé pendant une journée estivale © Odghiri 2016.

1.5. L'utilisation de la terre crue dans l'architecture contemporaine

Nous avons tenu à inclure ce paragraphe dans notre thèse, malgré son caractère technique, pour montrer le recyclage du savoir-faire ancestral dans cette région du monde, par les sociétés occidentales industrialisées. Ce savoir-faire, issu d'une relation longue et complexe que les sociétés oasiennes ont tissée avec leur environnement, a été acquis par les habitants de la vallée durant des siècles, lors de la construction de leur espace et du remodelage de leur société.

Juste après l'indépendance, le ministère de l'Habitat du jeune État marocain a pris l'initiative de reconsidérer et de revaloriser les anciennes techniques de construction dans notre pays. En 1962, le premier projet de ce genre a vu le jour sous la direction du jeune ingénieur français Alain Masson : il s'agit de la construction de 2 750 logements économiques en briques de terre stabilisée dans le quartier Daoudiate à Marrakech. Le deuxième projet de taille était la réalisation de 200 maisons en pisé à Ouarzazate en 1967, sous la responsabilité d'Alain Masson et de l'architecte belge Jean Hensens. L'idée initiale était de réaliser des maisons complètes en banches de terre crue dans des temps record. Seules huit des 200 unités ont été réalisées. Ces deux projets expérimentaux étaient un avant-goût pour une autre aventure, celle de la création d'un organisme pluridisciplinaire, le Centre d'expérimentation, de recherche et de formation (CERF), dirigé par Alain Masson en personne, au ministère de l'Habitat à Rabat. Le centre avait pour vocation de mettre au point des méthodes d'action caractéristiques des particularismes du pays en matière d'urbanisme, d'habitat et d'aménagement régional. En 1972, le jeune centre s'est vu attribuer « le prix international d'urbanisme Sir-Patrick-Abercombie » par l'Union internationale des architectes, UIA, mais cela ne lui a pas épargné une fermeture en 1973.

Les anciens architectes du CERF et du réseau marocain, comme Jean Dethier qui a travaillé sous la direction d'Alain Masson, sont rentrés en Europe avec leurs savoirs et expériences acquis au Maroc. Après son retour, Jean Dethier devient, en 1975, architecte-conseil au Centre de création industrielle du Centre Pompidou et organise une campagne pertinente d'informations sur l'architecture en terre, en publiant des ouvrages et en organisant des expositions sur le sujet, comme l'expo de 1981 qui avait atteint un taux record de trois millions de visiteurs partout dans le monde.

Ce mouvement et ces efforts ont été couronnés par la construction d'un quartier entier (64 logements) en terre crue « le Domaine de la Terre » à Villefontaine près de Lyon. Un village en terre, le premier de son genre en Europe. C'était l'occasion idéale pour former les architectes et les artisans et donner un coup de pouce pour la création d'une filière inexistante/disparue, une occasion pour diffuser l'idée que la terre est aussi un matériau moderne. Le Domaine de la Terre, inauguré le 23 novembre 1985, a montré qu'il est possible de construire des maisons contemporaines en terre crue à bas coût et avec un confort moderne.

L'utilisation du savoir-faire ancien pour répondre à une situation actuelle doit prendre en considération les données socio-culturelles des habitants. La vocation d'un projet est de répondre à des besoins réels et non pas de réaliser un rêve ou une utopie. Nos réalisations doivent refléter notre ère en s'inspirant des œuvres qui nous ont précédés, comme les ksour étaient la projection spatiale du tissu social de leur époque.

Je tiens à citer à titre d'exemple le projet du village de Gourna, conçu par le grand architecte Hassan Fathy, qui est censé répondre à un manque de logements ruraux dans son pays. Le plan de Gourna exposait l'agglomération exemplaire, en symbiose avec son environnement naturel, adaptée aux conditions climatiques des lieux. Une agglomération conçue pour faire bénéficier les classes populaires d'une architecture contemporaine de bon sens. Le projet avait pour objectif d'accompagner les habitants dans un développement socio-économique responsable. Le village présenté était bien articulé, bien inséré dans les paysages naturels l'entourant : chaque maison ou foyer individuel était conçue pour s'ouvrir à moitié sur son voisinage le plus proche et s'étendre vers la rue principale, pour atteindre enfin les bâtiments publics. Le projet n'a pourtant pas eu le succès souhaité : on n'a construit que 130 des 900 unités prévues. Le théâtre, terminé, n'a pas réussi dans sa fonction de rayonnement et de diffusion culturelle, l'école a été rasée juste après, le hammam prévu sur les plans n'a jamais été construit et beaucoup de portes ont été démontées et remplacées. Le marché implanté au centre du village pour servir de point pour divers échanges entre les riverains a été utilisé dès les premiers jours pour stocker et sécher les produits agricoles, notamment les céréales.

Revenons à l'architecture des ksour : nous constatons combien elle a reflété l'interaction des habitants avec leur environnement naturel. On peut y lire les préoccupations individuelles et collectives, y reconnaître le mode de vie et d'organisation sociale des habitants. Cette architecture nous a montré l'attention et le respect que les concepteurs des ksour ont montré pour la nature et les réponses qu'ils ont apportées aux données climatiques et géographiques existant sur le site.

Le savoir-faire subsaharien en la matière a été exporté et s'exporte encore ailleurs dans le monde, surtout en Occident, mais il a toujours du mal à se forger une place dans le secteur de la construction au Maroc, qui est actuellement en pleine expansion. La technique de pisé-coffrage est utilisée partout en Europe comme une alternative aux matériaux et aux méthodes de construction généralisées en béton. La terre crue est plus que jamais d'actualité. Elle est en parfaite adéquation avec une démarche de construction écologique et éthique. Les producteurs de matériaux de construction à base de terre se multiplient en Europe et en Amérique, tandis que l'émergence de ces matériaux se fait d'une façon très timide au Maroc.

Autour du souk : La mutation d'une station-relais en un centre urbain

Le souk du lundi était collé au ksar Tinghir[3], le plus grand de la vallée. Ce souk était depuis des siècles l'un des plus importants points d'échanges dans le Maroc présaharien (Foucauld 1885, Beaupère 1930, Büchner 1986) et son apport à la trésorerie de ce ksar était très signifiant (Ubach & Rackow 1930). Pour le bon fonctionnement de ce lieu d'échange entre diverses organisations tribales et groupes ethniques, la neutralité vis-à-vis de toute hostilité locale et régionale était une nécessité absolue. Des équipes de surveillance fournies par le ksar de Tinghir, seul gestionnaire du souk, avaient alors pour tâche d'y maintenir l'ordre, en se basant sur des lois écrites avec une liste d'infractions pénales précises et les sanctions qui s'ensuivent (Büchner 1986). La neutralité des aires de marché était une occasion hebdomadaire d'échange des produits d'élevages pastoraux avec d'autres produits agricoles et artisanaux des sédentaires. C'était aussi une belle opportunité pour tisser, maintenir ou renouveler les relations intertribales, et préparer les pactes, les accords et alliances entre divers groupes hostiles.

1.6. Le souk du lundi, un lieu neutre d'échanges avant le Protectorat

Le marché du lundi était signifiant pour Tinghir, et ses recettes hebdomadaires énormes étaient estimées à plus de 150 quintaux de dattes, ou l'équivalent de 17 esclaves[4]. Ce très grand montant pour un marché témoigne de son importance à l'époque. La situation géographique clé de Tinghir au cœur d'une dépression saharienne, qui avait toujours été un passage obligatoire et une vallée-étape pour

---

[3] Appelé souvent ksar Ait Lhaj Ali ; les Imazighen y habitent. Ils partagent le ksar avec Ait Abdallah, les juifs et Iqabline, ainsi que deux zaouïas, Bouhlalia et Naciria.
[4] Estimation faite par Büchner (1986), chiffres déduits de travaux d'Ubach et Rackow (1923) et Mercier (1905).

l'ancienne route caravanière qui liait Marrakech à Tafilalet, ainsi que l'indépendance sécuritaire des Ait Todgha et la neutralité du souk sont des points qui lui donnent une forte attractivité, renforcent ses avantages, et sa position dans le commerce présaharien. Le souk du lundi a donc permis à Tinghir de s'imposer comme centre d'échange indispensable à Todgha et de souligner son rôle de station-relais :

> « Ce sont des chapelets d'agglomérations, villages, bourgs et bourgades s'égrenant le long des oueds. Parmi cet ensemble d'agglomérations, une cité s'impose aux autres par son importance et son rôle. » (Saïd Belguidoum 2006.)

Le commerce est donc l'une des sources de richesse et de pouvoir de cette cité ksourienne, alors que d'autres ksour comme Taourirt n'imzilne, pas trop loin, ont misé sur un rôle complémentaire à la fonction commerciale de leur puissant voisin : ses habitants iqabliynes étaient de très bons forgerons bénéficiant d'une grande renommée, des réparateurs d'armes à feu, connus pour leur haute technicité dans la région, tandis que leurs voisins juifs étaient de grands argentiers. Le marché hebdomadaire animait leurs ateliers en garantissant la fluidité des visiteurs et des nouveaux clients. Le marché trouve aussi son compte puisqu'il enrichit la palette de ses services par leur présence dans son proche environnement. La soumission de la plus grande partie des ksour de la vallée, en 1919, par les forces du caïd Glaoui, a cependant impliqué l'éclipse quasi totale du rôle de Tinghir à l'échelle du commerce régional ; le caïd Glaoui a mis la main sur le souk et ses recettes, mais pas pour longtemps. En effet, la plupart des ksour de Todgha se sont vite émancipés de son autorité et ont installé un nouveau souk à Ait Oujjana (Beaupère 1931).

1.7. Le souk à l'ère coloniale

L'arrivée coloniale, dans cette société oasienne plus ou moins autosuffisante, a apporté de nouvelles dynamiques avec elle. Les terres tribales sont devenues des territoires d'État et les tribus ont perdu le contrôle de ces terres qui étaient leur patrie en quelque sorte. La nouvelle donne touche la tribu en son essence et dans sa relation avec son territoire, vitale pour sa survie. Les règles de l'activité commerciale locale ont aussi profondément changé, avec la construction des voies modernes de communication et la généralisation de nouveaux moyens de transport (les camions). À l'échelle nationale, la construction des ports atlantiques et les contrôles des mouvements inter-frontaliers avec l'Algérie ont coupé le Présahara des liens stratégiques avec l'Afrique qui faisaient sa force. Tout cela a eu pour conséquence un affaiblissement du rôle central de la région, et de Tinghir en particulier, par rapport au reste du pays. L'instauration d'une autorisation, rendue obligatoire par les autorités coloniales, pour toute personne qui souhaitait traverser les nouvelles limites provinciales, a engendré une grande crise du pastoralisme, et a impliqué la disparition de beaucoup de troupeaux. Une nouvelle structuration économique et spatiale était maintenant orientée vers la division du travail, et l'augmentation de la production sur le marché. Une telle organisation d'approvisionnement ordonnée hiérarchiquement se superpose au système des marchés périodiques et change leur importance en tant que points d'échanges des biens ruraux. Ces biens commencent, en même temps, à perdre de l'intérêt pour les habitants qui changent rapidement leurs habitudes de consommation. Le nombre grandissant des immigrés en Europe a quant à lui accéléré une nouvelle culture de consommation au sein des habitants de la vallée et a animé un processus de déruralisation sans précédent.

L'intervention coloniale a eu des effets dévastateurs sur les structures sociales et spatiales. Elle a tout d'abord vidé le ksar de son élite économique, sociale et artistique. Ensuite, elle lui a apporté un processus d'appauvrissement continu, qui l'a métamorphosé, d'une agglomération harmonieuse qui abrite toutes les classes de la société, en un ghetto taudifié avec une grande concentration de pauvres.

1.8. La genèse de la ville autour du souk

Le souk va reprendre son rôle commercial signifiant dans la région et dans de nouvelles circonstances, juste après « la pacification française » et l'administration directe de la vallée de Todgha par les autorités coloniales en 1931. Ces dernières ont adopté des mesures qui vont laisser leurs marques dans les structures socio-spatiales de la vallée jusqu'à nos jours.

Avec la construction des routes modernes calquées sur les voies caravanières existantes, Tinghir retrouve sa vitalité et son rôle de station-relais, cette fois-ci entre Errachidia et Marrakech. Cette liaison est quotidiennement assurée ; elle permet le ravitaillement de la vallée par les marchandises des plateaux Alhouz, mais facilite aussi le déplacement des personnes par les lignes des bus quotidiens entre Errachidia et Marrakech. Le Protectorat a aussi installé le fameux bureau des Affaires indigènes et divers services comme l'hôpital et le tribunal, juste à côté du ksar Ait Lhaj Ali, pour constituer les premières références urbaines de la nouvelle ville moderne de la vallée.

Les grandes lignes du nouvel ordre voulu par les autorités françaises étaient lisibles dans leurs premières décisions d'extension urbaine : ils ont laissé construire un nouveau quartier moderne, avec une synagogue pour les juifs, pour « libérer » les membres de la communauté juive de leur statut de protégés des grandes familles d'Ait Lhaj Ali. Les bénéfices de cette ascension étaient clairs pour la communauté, le passage d'un quartier serré et coincé entre les Ait Lhaj Ali et les Iqabline à un quartier moderne hors des enceintes du ksar et sur l'allée principale de la toute nouvelle ville moderne. La deuxième catégorie que le Protectorat souhaite mettre en avant dans ce nouvel ordre social, ce sont les notables des Imazighen, y compris leurs caïds et les nouveaux cheikhs soigneusement choisis. Ils sont autorisés à construire leurs casbahs à l'extérieur des murailles du ksar aux côtés des nouveaux bâtiments de service. Par cette projection spatiale très claire, les nouvelles autorités ont voulu mettre en avant le statut sociopolitique prioritaire de ces deux groupes. Les nouveaux maîtres de la vallée ont aussi rendu à Tinghir son avantage commercial et ont ordonné la fermeture du souk d'Ait Oujjana et la réouverture d'un nouveau souk plus moderne à Tinghir, à proximité de l'ancien. Ils l'ont entouré de magasins en dur et de points de vente permanents, ainsi que d'une kissaria[5].

Des commerces se sont multipliés dans la rue principale aux côtés du nouveau mellah, tous ouverts par les commerçants de la communauté juive nouvellement réinstallés. Ces commerçants ont même ouvert le premier hôtel-restaurant dans la vallée[6] (Büchner 1986).

Le passage à l'ère postcoloniale s'est fait très discret et la prise de relais par les autorités de l'État national indépendant n'a touché ni à la position politico-administrative de Tinghir ni à son rôle commercial. Le nouveau centre urbain de Tinghir, au rayonnement local limité dans sa périphérie et dans les territoires avoisinants, rassemblait les

---

[5] Marché urbain situé généralement en médina (Maroc) et servant aux transactions individuelles et collectives.
[6] Actuel hôtel Todra au centre de Tinghir.

fonctions que pouvait avoir toute petite ville dans le tissu urbain national à l'époque : il y a un souk/marché proposant toutes sortes de produits frais et de bétail, car il possède un abattoir et qu'il ne manque pas de viande dans les tiroirs de ses commerces. Ce souk est un lieu d'échange par excellence, et il est visité par des marchands venant de loin (hors de la région), mais aussi par des consommateurs et des petits commerçants venus des ksour avoisinants. Le lundi, jour de marché, est aussi un moment d'échanges sur l'actualité politique, et c'est la journée où tous les établissements de service tournent à plein régime : les services d'état civil, de gendarmerie, de transfert d'argent, les services postaux, et même hospitaliers.

Le centre d'affaires de Tinghir est donc né autour du souk, nouvellement réinstallé par le Protectorat, sur les traces du souk antique. L'importance de son activité est indéniable et dépasse celui des grandes villes présahariennes comme Errachidia ou Ouarzazate, dans le volume d'échanges et dans la diversité des produits et des services, par exemple, le nettoyage chimique, les ateliers de réparation de voitures, ainsi que l'appareillage et les matériaux électriques divers (Büchner 1986). L'installation de nouveaux services à Tinghir s'est démultipliée, la première filiale bancaire, celle de la Banque populaire, a été construite en 1976 sur une des parcelles de l'ancienne aire de battage du blé du ksar Ait Lhaj Ali. En 1976, elle faisait partie des rares filiales bancaires dans tout le Maroc présaharien à l'époque. La région en comptait cinq au total, deux d'entre elles étaient dans les chefs-lieux des deux provinces Errachidia et Ouarzazate, et les deux autres dans les deux villes touristiques d'Efoud et de Zagora. Le centre urbain promu par les autorités de l'indépendance reste en continuité avec celui de l'époque coloniale dans la reprise des formes de tracés et du tissu urbain, et dans la continuité des traces parcellaires, viaires. On a en effet rajouté beaucoup de services à la palette des services que comptait la ville, déjà à l'époque coloniale, comme la gendarmerie, la poste, la grande mosquée, le collège, des hammams, etc.

2. Les bouleversements dans les structures spatiales des ksour, avant et après le Protectorat

Comme on l'a vu précédemment, le premier noyau du centre urbain s'est développé à côté de la kasbah de Thami El Glaoui et du ksar d'Ait Lhadj Ali, où les autorités coloniales françaises avaient implanté leurs bâtiments administratifs. La construction des maisons d'habitation hors de l'enceinte du ksar, et à proximité des bâtiments modernes français, a suivi de façon très intense. Les autres ksour de la vallée ont connu le même processus, avec une intensité moins importante, pour donner naissance à l'actuelle municipalité sous forme d'une véritable conurbation absorbant les ksour avoisinants. Une simple lecture spatiale de la carte de Tinghir permet nettement d'identifier les différents ksour et leur étalement dans leurs propres territoires. Chaque quartier urbain autour d'un ksar est mono-ethnique dans sa quasi-totalité, et correspond à un emplacement géographique bien précis dans l'espace urbain tinghirois. Une sorte de territorialité de l'ethnicité dans la ville : la tribu dans la ville. L'arrivée du Protectorat et le changement de contexte qui a suivi avaient déclenché le processus d'abandon du ksar à Todgha. Ce processus battait son plein de la fin des années 1950 jusqu'à la fin des années 1970, on avait compté déjà en 1975 plus d'un tiers de la population de Todgha qui habitait hors des enceintes des ksour[7].

---

[7] Statistiques de l'enquête de Hans-Joachim Büchner (1986).

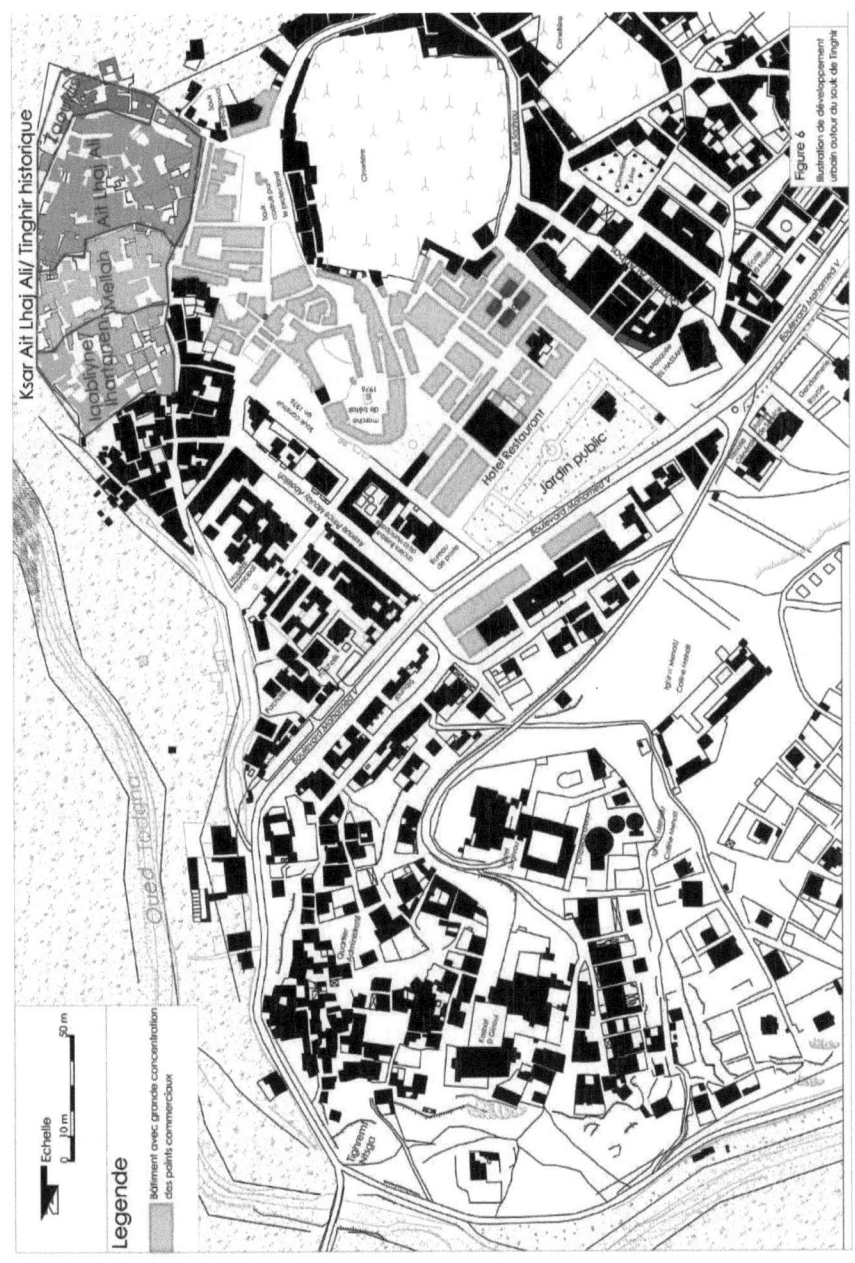

Figure 11 : Illustration du développement urbain autour du souk de Tinghir © Odghiri 2019.

Les nouveaux bâtiments sont construits sur les terres non agricoles, dans les zones environnantes de chaque ksar, qui dépendent de la propriété collective de la communauté. La multiplication des bâtiments allait dans tous les sens, et on assistait à un cadrage complet des deux rives de l'oued. L'acquisition des terres de construction a suivi l'ordre juridique traditionnel de la communauté des Ait Tdoght, et s'est faite dans les règles de l'art comme les lois coutumières locales le veulent. L'Amghar et la Jemaa n'ont eu qu'à prêter attention au respect de la largeur des pistes, dans le seul but d'assurer le passage des camions sur les routes principales de ces nouvelles zones de construction (Büchner 1986). Les autorités se font discrètes dans ces opérations de partage. Leurs interventions sont réservées aux cas de litiges compliqués que la Jemaa locale n'arrive pas à résoudre toute seule. L'absence totale de contrôle des services d'urbanisme et/ou de l'administration des autorités est flagrante et les choix architecturaux sont laissés aux propriétaires et à leurs constructeurs : les hauteurs, les volumes, les distances aux limites de propriétés, le nombre, la taille et la forme des ouvertures, les matériaux et leurs textures, etc. Pour celui qui a les moyens financiers, l'utilisation des matériaux chers et des volumes architecturaux spectaculaires est une bonne occasion pour montrer son statut social. Ce processus a fait beaucoup de mal au patrimoine architectural et urbain de la région, même si dans les dernières années les autorités et la société civile ont toutes pris conscience de l'intérêt de préserver le paysage urbain et architectural unique de la vallée. Les seuls facteurs qui comptaient étaient les moyens financiers de chaque individu, mais aussi et surtout l'accès au foncier et au terrain constructible. Ce dernier facteur dépend tout d'abord de l'appartenance ou pas à la communauté ; puisque les terres constructibles étaient toutes une propriété collective du ksar, il dépend aussi de la disponibilité des terres chez cette communauté. La répartition des lots entre habitants d'un même ksar à Todgha peut s'effectuer selon deux schémas principaux, on les détaillera dans les deux sous-titres suivants, de 3.1. à 3.2.

2.1. L'extension du ksar sur les terres collectives abondantes : cas d'Afanour ou Taggoumast

Lorsqu'il y a suffisamment de terrain disponible, n'importe qui peut choisir son lot et, si nécessaire, le protéger par un mur de clôture, juste avant le début des travaux. Le maître d'ouvrage invite l'Amghar et quelques notables à manger et la cérémonie se clôture toujours par le permis de construire (officialisation par accord verbal de l'Amghar en présence de tous les notables du ksar). La priorité de choix d'occupation des parcelles est donnée au premier qui décide de quitter le ksar et de construire. Le schéma de cloisonnement social et de stratification connu dans le ksar a totalement disparu dans les nouveaux espaces construits.

2.2. Possibilités d'extension extrêmement limitées : cas d'Ait Bouajjane

Lorsque la taille des terres collectives du ksar est petite et que les possibilités d'extension des zones constructibles sont extrêmement limitées, on procède au préalable à une division de la totalité des terres entre les ayants droit. Le résultat se traduit sur le nouvel espace bâti par une sorte de damier parcellaire plutôt moderne (fig. 12), voir Ait Bouajjane.

La distribution au préalable de terrain implique la préservation du schéma stratifié du ksar sur ces nouveaux espaces. En effet, lorsqu'on suit les lois coutumières locales dans un partage au préalable, la Jemaa et l'Amghar supervisent le partage équitable de la totalité des terres entre les lignées. Au niveau des lignées, on partage chaque part entre les grandes familles, et puis chaque grande famille partage sa part entre les familles nucléaires constituantes. Les membres de la même grande famille sont voisins et les grandes familles de la même lignée sont groupées dans un même lot. Ce dernier cas nous rappelle la façon de faire chez tous les groupes d'Ait Atta qui procèdent au préalable à une division des terres de façon équitable sur la totalité des habitants, comme leur Tiaaqqidin le prévoit. La figure 18 ci-dessous illustre la division équitable des lots en damier parcellaire et tirage au sort pour attribution dans le village Attaoui d'Agoudim n'Ait Yazza. Le capitaine des Monts de Savasse disait que : « L'affectation des lots se fait par tirage au sort, ce qui évite toute discussion. » (Capitaine Raoul des Monts de Savasse, 1951.)

3. La conurbation polynucléaire des ksour et la naissance du centre urbain de Tinghir

3.1. L'habitat traditionnel et la logique d'occupation du sol

En raison de leur emplacement aux portes du commerce de caravanes, extrêmement rentable à travers le Grand Sahara, les oasis du Maroc présaharien ont été obstinément défendues par toutes les dynasties marocaines, et souvent sans grand succès.

Néanmoins, l'instabilité et l'insécurité dans cette région ont perduré jusqu'au début du XXe siècle. Ce danger perpétuel de l'extérieur a façonné la forme traditionnelle des ksour. Chaque tour est attachée aux coins avec un mur de défense d'environ 5 m de hauteur et des tours de défense d'environ 12 m. L'origine de ses formes semi-urbaines remonte à la création de la principauté de Sijilmassa dans le Tafilalet, mais il y a d'autres hypothèses, comme on vient de le montrer dans le paragraphe 3-1. On citera la théorie d'Henri Terrasse, pour qui les premiers établissements berbères apparaissent sous leur forme actuelle entre le IIe et le IVe siècle après J.-C. Leur relation avec l'espace culturel de la Méditerranée est claire : la similitude des maisons ksouriennes avec les maisons de médina des villes arabes, les maisons romaines, les maisons de ville en Espagne et en Grèce est très forte. Les agglomérations antiques d'Égypte et d'autres pays montrent que ce prototype de maisons à cour est très ancien et dominait de grandes parties de la Méditerranée. L'influence de l'islam se manifeste dans l'orientation de l'espace de séjour vers l'intérieur.

Le ksar rassemble les fonctions d'habitat, de travail et de stockage et ne dépasse pas souvent un certain nombre limite de résidents. Lorsqu'on dépassait les 2 000 personnes dans une agglomération, le groupe humain perdait le contrôle écologique de son espace. En effet, dès que le nombre est de cette taille ou plus, la connaissance mutuelle, les affinités culturelles et lignagères vont perdre de leur intensité et cela pourra toucher à la communauté et à son harmonie. Bref, les outils disponibles de gestion des affaires de ces groupes dans leurs territoires ne sont pas compatibles pour une telle taille. Le nouveau ksar pourra être lié à l'ancien dans certaines conditions, mais il doit impérativement rester indépendant.

Certaines familles sont reliées aux maisons des proches de diverses manières, via des terrasses sur le toit ou par des connexions internes.

Les maisons d'une grande famille sont souvent sur une impasse, que la famille utilise comme lieu de communication, et qui peut être fermée par un portail vers la rue principale.

La maison ksourienne a été construite à l'origine par l'ensemble du groupe humain dans le cadre d'une communauté. La structure spatiale de cette maison est principalement déterminée par une pièce centrale avec une cour généralement petite. Cette pièce centrale est fermée d'un côté, de deux, de trois ou des quatre côtés par des pièces de faible profondeur. Toutes les pièces sont orientées vers la pièce centrale. C'est en même temps le hall d'entrée, la pièce de séjour et un espace pour aérer et ventiler la maison. Seules les pièces les plus hautes de la maison et les pièces au-dessus des ruelles peuvent avoir des ouvertures insignifiantes vers l'extérieur. Les frontières distinctives entre l'intérieur et l'extérieur, entre la lumière et l'ombre, entre l'oasis et le désert sont très intéressantes. La frontière entre les zones irriguées et non irriguées, entre la végétation riche et le désert aride sans végétation est abrupte. La frontière entre le ksar et le paysage, entre la maison et la ruelle, entre différents ksour ou entre différentes maisons est comme effacée, de sorte que tout se fond en un seul paysage. Les maisons ksouriennes sont introverties, les zones de transition entre l'intérieur et l'extérieur s'ouvrent vers le haut et les cours d'entrée de certains ksour peuvent être considérées comme des zones de transition entre l'intérieur et l'extérieur.

Dans son ouvrage *L'Algérie ou l'espace retourné*, Marc Côte a fait une description pertinente de l'organisation de l'espace rural en Algérie, qu'on peut, sans aucun problème, généraliser pour le Maghreb :

> « Les deux millénaires qui ont précédé la colonisation ont bâti une société, de fond berbère et de culture arabo-islamique, qui présentait une logique socio-spatiale caractérisée : société rurale organisée et une hiérarchie d'enclos emboîtés, de la maison tournant le dos à la rue à l'espace politique tournant le dos à la mer ; société ayant des rapports étroits à l'espace, dans laquelle la solidarité sociale s'appuyait sur les complémentarités spatiales. Cette organisation ne lui assurait une vie ni meilleure ni pire que celle d'autres sociétés, mais elle comportait une grande cohérence entre tous ses éléments composants, cohérence qui lui a permis de perdurer à travers une histoire heurtée. » (Marc Côte 1988.)

Ce système d'habitat et d'agglomération originale est une résultante de la combinaison de mouvements longue distance des caravanes entre les grands centres urbains au nord et l'Afrique subsaharienne, et de mouvements à courte distance des nomades entre les terres de parcours. Les surplus et richesses que ces mouvements produisaient, ainsi que l'équilibre sécuritaire et le contrôle des territoires que ce système assurait, étaient fondamentaux pour la continuité de ce mode de vie sédentaire dans toutes les oasis aux confins du Sahara.

3.2. Mutations socio-spatiales et genèse du centre urbain de Tinghir

À l'arrivée des Européens sur la vallée de Todgha, le ksar principal de Tinghir comptait environ 300 foyers regroupés en trois quartiers : Ihartane, Aït Abdellah et Ait El Haj Ali.

Entre les deux premiers se trouvait un mellah de 70 feux. Après l'implantation d'un centre colonial à l'extérieur du ksar historique, l'éclatement de ce dernier a débuté en 1944, quand les familles aisées ont commencé à se faire construire leurs demeures à l'extérieur. Mais le grand développement urbain serait beaucoup plus tardif, lié à l'obtention de capitaux grâce à l'émigration en France à partir des années 1970. Un peu avant, la totalité des juifs de Tinghir avait quitté le pays.

Tinghir sera élevée à la catégorie de commune urbaine après avoir absorbé les ksour environnants, pour atteindre les 30 000 habitants dans les années 1990, et devenir capitale de la province de Tinghir, mais aussi un des centres importants dans la région Draa Tafilalt.

La trajectoire des cours d'eau et des canaux d'irrigation était la référence d'orientation pour tracer les grandes lignes directrices de l'implantation des ksour de la vallée. La palmeraie reste aussi la constante attachée à chaque ksar. Elle constituait une vraie enveloppe bioclimatique pour ce dernier. L'espace était conçu pour la vie collective répondant à la fois à une organisation politique d'autodéfense et à une organisation sociale visant à faire respecter la segmentation sociale et raciale.

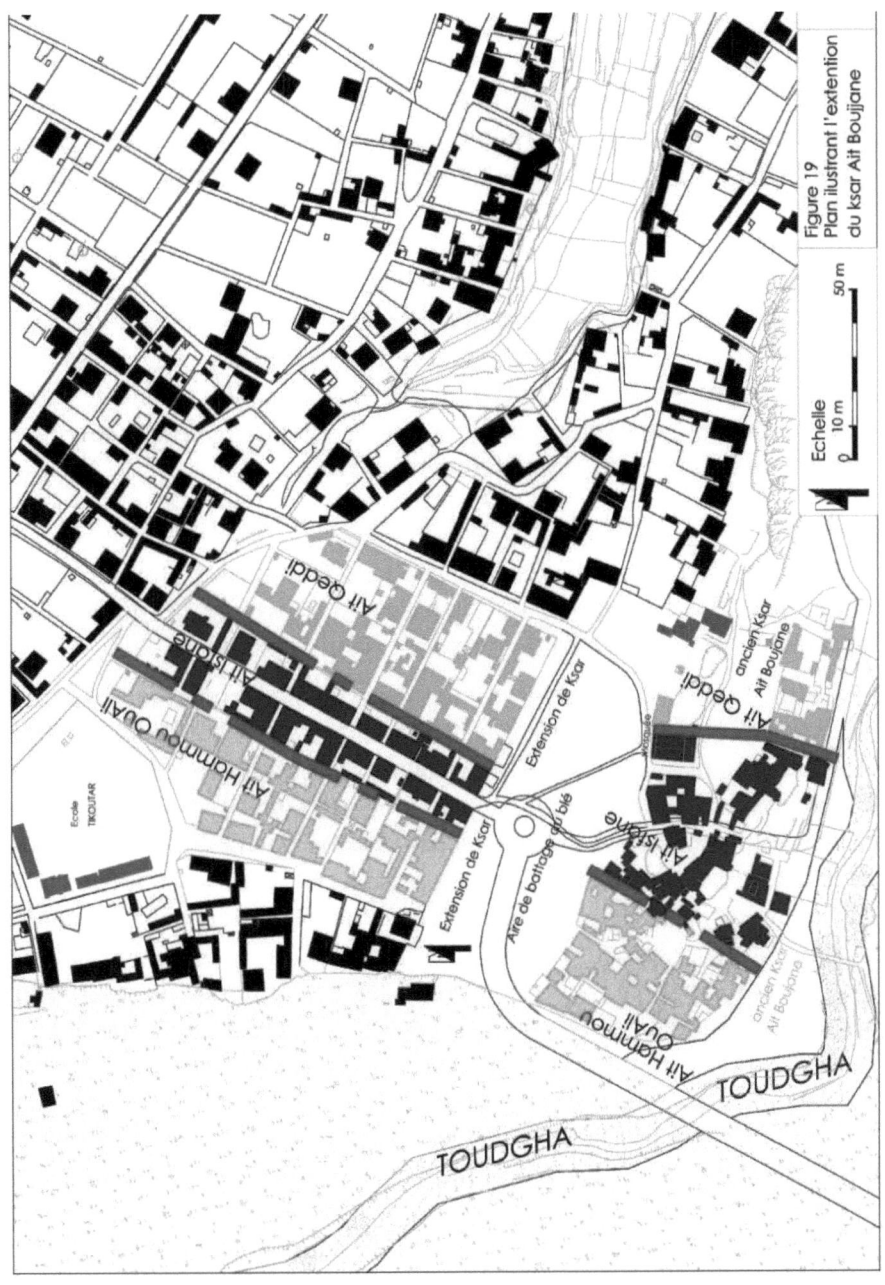

Figure 12 : Plan illustrant l'extension du ksar Ait Boujjane © Odghiri 2019.

Le rôle de la Djemâ'a[8] était primordial quant à l'organisation de la vie politique et la gestion des ressources économiques au sein des ksour. La désintégration du mode de vie local s'est déclenchée à la suite du changement de système administratif, et la structure socio-spatiale des ksour a aussitôt été bouleversée. L'alliance et la solidarité autrefois indispensables à la vie de l'individu, confronté à une nature hostile et à des rivalités l'incitant à vivre soudé au groupe, ont aujourd'hui perdu leur raison d'être. Les conditions motivant l'entraide et la gestion communautaire des affaires de la collectivité étant perdues, l'intérêt des individus l'emporte sur les règles communautaires. Nous allons nuancer ces mutations dans les deux paragraphes qui suivent, en exposant le rôle du Protectorat et en expliquant le processus d'éclatement des ksour.

3.2.1. La greffe coloniale et le bouleversement de l'espace

L'intervention coloniale et la greffe de nouveaux volumes issus d'une nouvelle conception de l'espace ont provoqué un déséquilibre du système d'organisation de l'espace connu auparavant.

Cette crise d'organisation a été suivie de l'effondrement de toute une société et des principes qui la fondent. C'est l'ère de la mutation accélérée de la société, de ses paysages et de son espace. Les efforts du nouvel État central indépendant pour intégrer ces territoires, qui étaient semi-indépendants et régis par une logique connue sous le nom de Bled Siba[9], dans les paysages ruraux et urbains nationaux, ont partiellement remodelé la société oasienne et son espace. Le nouvel espace et ses aspects composites, dont les différentes logiques et images, correspondant à diverses périodes de l'histoire, se superposent et se juxtaposent, incorporent la nouvelle identité patrimoniale et spatiale de la région et exercent une grande séduction sur les berranis[10] et les nouveaux arrivants. Après le boom de l'étalement urbain et l'extension galopante des territoires urbanisés, qui ont été plus au moins contrôlés par l'interventionnisme timide de l'État, le mouvement de mutation commence à perdre de la vitesse, et le début d'une identité urbaine pour ce centre qui vient d'émerger fait lentement son apparition. À Tinghir, paradoxalement, le

---

[8] L'assemblée consultative ou le conseil du ksar.
[9] Pays de dissidence institutionnalisée, antagoniste et complémentaire de l'ordre gouvernemental, selon Ernst Gellner.
[10] Terme utilisé pour désigner les étrangers à la vallée.

ralentissement du mouvement d'urbanisation allait de pair avec la reprise du statut économique central dans la région par cette commune urbaine. Tinghir est devenue une référence nationale pour le patrimoine des ksour et des casbah, spécifique dans le Maroc présaharien. Son schéma urbain reflète nettement sa composition sociale[11]. Ce sont tous des éléments nécessaires, sur lesquels se base l'urbanité d'une ville, comme l'a souligné Saïd Belguidoum en 2002 :

> « L'urbanité a pour socle un système économique de production et d'échange, un rôle politique et symbolique fort qui se matérialise par un complexe architectural, induisant des modes de vie propres, des inscriptions spatiales des pratiques sociales particulières et spécifiques. » (Saïd Belguidoum 2002.)

3.2.2. L'éclatement des ksour et la structuration de la ville

L'installation de l'ordre colonial dans la vallée a directement affecté l'ordre local, qui a subi un processus de désintégration inédit, accompagné d'une généralisation du phénomène urbain dans la globalité des espaces oasiens du sud-est du Maroc. Ces changements profonds ont indéniablement provoqué un faisceau de mutations sans précédent, au niveau spatial, social et économique :

> « *In the Ktawa Oasis, it was only when the French army arrived in the oasis in the 1930s that the sedentary population started to make small extra entrances in the walls of the qsar. After independence in 1956, people could even imagine leaving the qsar altogether. The process of the éclatement des Ksour, as it is called in French literature, that is, the departure from the qsar and the disintegration of qsar life, had begun.* » (Remco Ensel 1969, p. 59.)

Cette désintégration est visible dans le bouleversement des structures socio-spatiales des ksour, l'éclatement des ksour et la dislocation de la famille traditionnelle. Des maisons individuelles modernes avec jardin et une clôture de 2 m à 2,50 m de hauteur, et des maisons marocaines sont apparues avec de belles façades avec un enduit industriel « moderne » qui est souvent de la couleur ocre de la terre[12]. Ces nouvelles habitations sont devenues un symbole d'aisance et de réussite sociale, tandis que les anciennes, délaissées, sans entretien, devenues insalubres et précaires,

---

[11] Ce point sera largement nuancé dans la partie II, exposition des résultats de notre enquête de deux ans sur le terrain pour cartographier la tribu dans la ville.
[12] Parmi les mesures des autorités pour uniformiser l'espace, garder l'aspect architectural oasien et le caractère local de l'ensemble de paysage urbain.

sont réservées aux populations les plus démunies de la vallée, souvent des migrants forcés dans les années 1980, à la suite de la sécheresse et de la famine dans leurs territoires d'origine[13].

Le changement de niveau de vie des habitants et l'adoption de nouveaux codes de consommation impliquent un changement dans les attentes et les besoins des citoyens, mais aussi l'apparition de nouvelles contraintes, inconnues auparavant.

Les actions d'aménagement entreprises prennent en considération toutes ces nouvelles données et hypothèses, comme l'adaptation des rues et des voiries aux moyens de transport modernes, et touchent par conséquent à l'équilibre des structures anciennes. Elles touchent même à la raison d'être de ces ksour, à leur concept original.

L'habitat collectif, qui est actuellement rare dans la vallée, est remplacé par l'habitat individuel éclaté, des maisons en dur (briques de ciment et béton), dispersées dans tous les sens autour de l'emplacement de l'ancien ksar, marquant la nouvelle image spatiale de la vallée, autrefois dominée par des chapelets de ksour.

La famille nucléaire et/ou monoparentale est la façade sociale contemporaine de la société oasienne moderne, tandis que la communauté du ksar a perdu toute influence, elle est même disloquée. Les relations humaines se sont énormément métamorphosées et le changement radical des habitudes et des comportements se fait remarquer partout dans la société. La logique individuelle l'emporte sur l'esprit communautaire collectif d'autrefois, et l'intérêt des individus compte avant toute règle d'antan se basant sur l'intérêt commun. Les alliances d'autrefois et les solidarités qui structuraient la société ne font plus l'unanimité, les établissements communautaires qui géraient les affaires collectives du ksar et organisaient l'entraide des habitants sont dépourvus de tous leurs pouvoirs, devenus superflus, et ont carrément disparu de quelques villages. Du côté des volumes urbains et de l'organisation de l'espace, on remarque l'apparition et la multiplication de nouveaux éléments architecturaux et urbains étrangers aux tissus spatiaux locaux. Ces nouveaux éléments sont aussi souvent inadaptés

---

[13] Le meilleur exemple ce sont les Ait Taghbat, qui ont quitté le village de Taghbalt en quête des moyens minimums pour leur survie pendant les famines des années 1980 à la suite d'une sévère sécheresse. Ils se sont enfin installés dans l'ancien quartier juif du ksar Ait Ourejdal qui est dans un état de dégradation avancée (photo 8).

aux conditions topographiques, climatiques, et font du mal aux paysages spatiaux harmonieux de la région.

L'abandon des techniques de construction en terre, qu'on a bien détaillées dans le paragraphe 4.2 de ce quatrième chapitre, est aussi une conséquence des mutations socio-spatiales de Todgha. Des générations de constructeurs ont appris à assembler des matériaux industrialisés à l'aide de techniques normalisées, pour produire finalement des architectures souvent trop déracinées de leur contexte. Les valeurs de l'architecture en terre n'ont pas toujours été appréciées par les nouvelles générations d'habitants, malgré la reconnaissance par les grandes organisations internationales des valeurs écologiques de ce matériau.

Photo 5 : L'ancien Mellah de Ait Oujedal en état de ruine, habité par les Ait Taghbalt © Odghiri 2019.

Les autorités locales et la société civile commencent néanmoins à s'investir dernièrement dans la conservation et l'entretien du patrimoine architectural vernaculaire, même s'ils sont conscients de la difficulté de cette tâche. La construction en béton poursuit son chemin à grands pas. L'étalement urbain se fait par la création de quartiers et de lotissements mieux adaptés aux besoins de la nouvelle société, mieux équipés en infrastructures contemporaines. Les anciens ksour, avec leurs infrastructures élémentaires des anciens temps, avec leurs volumes mieux orientés vers les sociétés du XIXe siècle, sont littéralement dépassés : incapables d'accueillir dignement la population pour qu'elle puisse y habiter, les anciens ksour ne peuvent assurer correctement les nouvelles fonctions urbaines et peinent à remplir leur vocation d'agglomération. Il est totalement logique que les nouveaux citadins n'expriment aucun intérêt pour ce type d'habitat. La rapidité du processus d'urbanisation a accéléré l'abandon des ksour et a rendu leur désintégration irrésistible.

« L'éclatement des ksour » est une expression largement utilisée dans la littérature francophone de la recherche en sciences humaines dans les espaces saharien et présaharien d'Afrique du Nord, surtout celle qui s'intéresse à l'architecture et à l'habitat traditionnel des oasis : elle désigne le phénomène de métamorphose qu'ont connu les agglomérations oasiennes pendant leur premier et brutal contact avec la puissance coloniale, laquelle a mis fin aux systèmes sociaux et a bouleversé les structures des tissus spatiaux connus sur place avant la construction des villes et quartiers damiers européens aux côtés des anciens ksour.

La fin de l'insécurité et la présentation d'un nouveau modèle d'habitation plus confortable et ne demandant pas d'entretien saisonnier ont rendu l'imbrication des logements dans les enceintes des ksour moins attractive aux yeux des habitants, si bien que les ksour commencent à se vider. Sans entretien régulier, ils se désintègrent. Les logements et les nouvelles habitations se propagent partout autour, c'est l'éclatement du ksar et la décadence de ces anciens noyaux de la civilisation présaharienne.

L'abandon du ksar est suivi par l'apparition de nouvelles formes d'habitat qui se multiplient à l'extérieur des ksour. La littérature parle des constructions « habitat extra-muros », qui ont émergé dans la deuxième moitié du XXe siècle en un temps record et de façon archaïque. Elles ont submergé les anciennes constructions des ksour et des casbahs et ont régné sur l'image du tissu urbain de toutes les agglomérations dans le Maroc présaharien.

Le développement des quartiers post-ksouriens s'accélère, l'abandon de l'ancien ksar devient de plus en plus un fait. La dispersion excentrique de nouvelles maisons dans les environs immédiats de l'ancien ksar se fait plus particulièrement suivant une trajectoire linéaire, tout au long de la rue principale et au bord d'une route. Plus tard, on verra même la construction de maisons sur des terrains de culture ainsi que l'édification de quartiers en forme de lotissements sur la marge de la palmeraie,

L'ancienne aire de battage du blé, qui abrite désormais la filiale bancaire, le tribunal et quelques maisons, avec beaucoup d'autres lots non bâtis, est mise à disposition des ayants droit par la jmaa du ksar, à partir des années 1960. Des constructions de divers styles, selon les moyens financiers, se sont lancées pour que le quartier prenne sa forme compacte actuelle.

La construction des poches urbaines autour du cimetière est complètement achevée dans les années 1970, principalement des habitations de fonctionnaires et d'immigrés tinghirois en Europe. L'étalement urbain était si intensif que les chiffres démographiques du centre urbain de Tinghir ont connu un saut de presque 50 %, de 7 000 à 10 500, en une décennie, entre les années 1970 et les années 1980. La description de Mohamed Jarir et Jean Bisson était précise, elle a bien cerné la problématique des dynamiques et des mutations colossales qui ont secoué les établissements humains de la région :

> « La "sortie" du ksar participe donc d'un mouvement général qui est pour une large part la conséquence du croît démographique et de la nécessité de loger une population qui a plus que doublé en un quart de siècle. Sans doute la démographie explique-t-elle l'extension rapide des nouveaux quartiers ; mais le maintien ou l'abandon du ksar dépendent également de la cohésion sociale, ou de la déstructuration, de la société ksourienne. » (Jean Bisson et Mohamed Jarir 1986.)

Les politiques d'aménagement et les documents d'urbanisme négligent les spécificités locales, celle du paysage, du patrimoine et de l'environnement naturel qui sont riches et uniques au monde. La vitesse de l'étalement urbain et la standardisation de l'espace qui a suivi ont affecté l'image de l'espace oasien où les caractères locaux disparaissent petit à petit.

Les limites claires que les remparts des ksour tracent entre le milieu habité et l'extérieur de l'agglomération ont disparu et l'habitat extra-muros a rompu avec l'ancien tracé des ksour. Ces premières habitations autour du ksar manquent toutes d'équipements et d'infrastructures de base, l'assainissement y est inexistant et les eaux de la nappe phréatique sont infectées à cause de l'utilisation généralisée des fosses septiques dans les habitations. C'est une zone de croissance urbaine qui s'étale comme un pont hybride entre le ksar et les tout nouveaux lotissements d'habitations. Sous forme de damiers répartis sur de vastes espaces, avec de larges rues, les nouveaux quartiers de lotissement sont bien insérés dans le réseau des nouvelles voies de communication. Les constructions se multiplient le long de la route, les rez-de-chaussée des façades frontales, dans les rues principales, sont automatiquement réservés aux commerces. C'est presque la même image généralisée partout dans le royaume.

Les anciens ksour, avec leur morphologie traditionnelle, sont laissés à l'abandon et à la dégradation. Ils seront le refuge de familles pauvres et d'étrangers qui n'ont pas droit au foncier tribal, et bien sûr aussi souvent pas de moyens financiers pour acquérir un terrain et construire.

3.2.3. L'immigration, motrice de mutations

On peut déduire des rapports administratifs de la période du Protectorat (Monsaingeon 1949, D'Achon 1952) qu'en plus d'un fort flux migratoire temporaire et périodique vers le Maroc atlantique et l'Algérie (Montagne 1951), des Toudghaouis étaient déjà actifs dans l'exploitation des charbonnages français à l'époque. Au début des années 1960 et après l'indépendance de l'Algérie, les Todghaouis installés à Oran commencent à partir en France pour continuer à assurer les transferts d'argent. En 1975, près de la moitié des hommes todghaouis entre 25 et 50 ans travaillaient en Europe (Büchner 1986).

Le nombre important de foyers de la vallée touchés par l'immigration nous révèle l'importance de son apport à l'économie locale. Déjà, dans les années 1990, il y avait des quartiers comme Ait El Meskin où plus de 90 % des familles avaient un migrant parmi elles. Le chiffre atteint 88 % à Ait Moumen et dépasse les 68 % à Tagoummast (Mohamed Naim 1996, p. 70). Un bon tiers de ces migrants avaient leur permis de travail dans les mines du nord de la France (houillères du Nord et du Pas-de-Calais) au début, mais la majorité finira plus tard par rejoindre le secteur agricole en région méditerranéenne, essentiellement à Montpellier (Mohamed Naim 1996, p. 176).

Le montant des opérations de transfert d'argent de l'étranger vers Tinghir via son bureau de poste a dépassé les 14 millions de dirhams en 1975 (Büchner 1986). Les effets de ces transferts sur les conditions de vie et les comportements de consommation étaient clairs.

Les comportements de consommation avaient radicalement changé à Tinghir, comme les auteurs, Simon et Noin (1972) ainsi que Bonnet et Bossard (1973), l'ont souligné. Ils ont montré que la consommation des produits modernes s'est propagée dans les territoires qui ont connu l'immigration en Europe, en commençant par les bouteilles de gaz dans la cuisine et les mobylettes..., le développement du tertiaire et des activités du bâtiment.

La présence et la taille de ces transferts ont aussi bouleversé le système de ravitaillement local et ont restructuré les points de commerce et le marché hebdomadaire. Les transferts ont aussi intensifié l'étalement urbain à Tinghir, ce qui a profondément affecté la structure de l'espace et de la société. L'augmentation du pouvoir d'achat dû à ces transferts a aussi multiplié le nombre des pompes à eau, individuelles, qui ont asséché les nappes et les khettara collectives pour détruire l'équilibre fragile entre l'homme et son environnement et déboussoler la structure de l'économie oasienne.

Les effets de l'immigration de beaucoup de Tinghirois commencent à se faire sentir dans beaucoup de foyers et de familles ayant un de leurs membres en Europe. Les pouvoirs d'achat se gonflent et les habitudes de consommation évoluent. Tout cela a placé Tinghir au rang des agglomérations les plus dynamiques depuis les années 1970. Elle s'est fait remarquer, par ses services comparés, des deux grands centres urbains de la région Ouarzazate et Errachidia. Les habitants de Ferkla, d'Alnif et Gheris et de Booumalne viennent se ravitailler à Tinghir quand il s'agit des marchandises modernes comme les pompes à eau, l'électroménager et les télévisions, ou aussi des services bancaires. L'argent de transfert a créé les conditions pour l'installation de divers commerces et la proposition de produits très variés destinés à répondre aux besoins variés de ces consommateurs ayant les facilités financières nécessaires.

Avant même d'être promue chef-lieu de province, Tinghir était totalement indépendante dans la province de Ouarzazate et les Tinghirois ne se déplaçaient à la capitale Ouarzazate ou au centre urbain de Boumalne, qui abrite l'administration de cercle, que pour des besoins purement administratifs. Les relations commerciales sont tissées directement avec les grands marchés de gros dans les plus grandes métropoles marocaines, comme Marrakech ou Casablanca. La volonté de moderniser le lieu d'habitation se fait remarquer chez une bonne partie de la population qui a réussi à améliorer son pouvoir d'achat.

Le mouvement d'abandon des ksour a été déclenché à Tinghir dans les années 1940 à 1950, et s'est étendu à tous les ksour de la vallée dans les années 1960 à 1970.

Aujourd'hui, la plupart des ksour sont rayés, rasés et remplacés par d'autres constructions, ou sont en ruines. Rares sont les ksour qui ont bénéficié d'une rénovation et d'un entretien, à l'exemple de celui d'Ait Lhaj Ali (photo 6).

Le transfert d'argent de la diaspora a changé la relation des habitants de Tinghir avec leur espace urbain. La vitesse de l'étalement urbain est ici plus grande qu'ailleurs dans la région, et le processus de dégradation et de destruction des ksour est achevé en un temps record. Dans d'autres territoires ksouriens avec moins de culture de migration en Europe, comme Draa, les ksour ont une plus grande vie, puisqu'ils sont majoritairement habités et l'activité humaine à l'intérieur des enceintes est encore signifiante.

Lorsqu'un bâtiment en terre crue est habité, il est entretenu régulièrement et pourra ainsi vivre plus longtemps. L'abandon est toujours suivi de dégradation pour ce type de bâtiments.

3.2.4. La genèse du nouveau centre urbain de Tinghir

Todgha était décrite comme une série de ksour, petits centres à caractère oasien qui se basent sur l'agriculture et complètent par le commerce :

« Dans tout le Todra, chaque localité est indépendante de ses voisines ; l'oasis est fort peuplée ; elle comprend 50 à 60 qçars, échelonnés les uns contre les autres le long des plantations. » (Charles de Foucauld à Tinghir 1884.)

Ce network d'agglomérations de petite taille regroupées en clusters est un des caractères constants des établissements humains dans les régions arides (Jean Bisson 1992). Abdelhalim Hammoudi est plus conséquent dans ses propos, il souligne que ces réseaux constituent les premières bases de l'urbanisation dans la région[14] (Abdelhalim Hammoudi 2012), et c'est exactement le cas à Tinghir. L'implantation

---

[14] Hammoudi Abdelhalim, 2012, *Le patrimoine ksourien, mutation et devenir : Cas du Zab El Gherbi-Tolga*, thèse de magister en architecture.

extraordinaire des ksour sous forme de chapelets, de part et d'autre des rives de l'oued Todgha et sur une surface de 120 km², a suivi un processus de métamorphose qui a généré la conurbation d'une série de 20 ksour dont le plus important était le ksar d'Ait Lhadj Ali. Ces ksour et leurs extensions naturelles sont devenus des quartiers intégrés dans la ville et répartis comme suit : sur la rive gauche Ait Oujana, Ichmarine, Taourirt n'Imzilne, Ait Ourjdal, Tinghir, Ait Boulmane, Azrou, Tagoummaste, Ait Lahcen Ou-Ali, Ait Lkadi, Iaadouane, Ait Yahya n'Iadouane. Sur la rive droite Asfalou, Ait Zilal, Tagounsa, Ait Bouajjane, Tikoutar, Tydrine, Afanour, Ilgane, Halloul, Tamasinte, Ifri (Spillmann G. et Beaupère 1931).

Sa morphologie spatiale est très singulière, c'est une accumulation de tissus urbains issus de différentes périodes : le ksar qui est la structure compacte fortifiée fondée avant l'arrivée coloniale, puis les quartiers spontanés qui ont suivi le déclin des ksour, et par la suite les lotissements et zones d'urbanisations programmées, construites après les années 1980[15].

Photo 6 : ksar Ait Lhaj rénové en partie, programme de rénovation en cours © Odghiri 2018.

---

[15] Voir carte/schéma illustrant l'étalement urbain dans l'ouest de la ville de Tinghir.

Loin d'être uniforme, la simple lecture spatiale de la carte de Tinghir permet nettement d'identifier les différents ksour et leur étalement dans leurs propres territoires. Les terres ethniques, communes au périmètre de chacun des ksour, étaient divisées selon le droit coutumier local entre leurs habitants. Chaque quartier urbain autour d'un ksar est mono-ethnique dans sa quasi-totalité et correspond à un emplacement géographique bien précis dans l'espace urbain tinghirois. C'est une sorte de territorialité de l'ethnicité dans la ville : la tribu dans la ville.

Le premier noyau du centre urbain s'est développé à côté de la kasbah du Thami El Glaoui et du ksar d'Ait Lhadj Ali où les autorités coloniales françaises ont implanté leurs bâtiments administratifs. La construction des maisons d'habitation hors de l'enceinte du ksar et à proximité des bâtiments modernes français a suivi de façon très intense. Les autres ksour de la vallée ont connu le même processus, avec une intensité moins importante, pour donner naissance à l'actuelle municipalité sous forme d'une véritable conurbation absorbant les ksour avoisinants. Les extensions de la ville et les quartiers postksouriens se sont débarrassés du strict cloisonnement et de la ségrégation ethnique aigüe qui avaient caractérisé la répartition des espaces partagés par les habitants à l'intérieur des anciennes agglomérations.

Le centre-ville actuel, ou la zone centrale mixte composée d'habitats, d'administrations et de services divers, a émergé à partir du ksar Ait Lhadj Ali, son élargissement rapide a suivi l'axe routier de la route nationale 10 de l'est vers l'ouest. C'est donc l'ouest de la ville qui abrite le centre d'affaires, l'administration et toutes les activités urbaines principales. Plusieurs facteurs facilitent l'accès à la ville aux populations non todghaouies de la province de Tinghir, et peuvent les inciter à investir l'ouest de la ville plus que tout autre quartier : l'attraction de souk-Tnine et des ateliers de Tawzagt, qui sont liés aux mines d'argent d'Imeder, mais aussi l'offre continue de lots constructibles commercialisables. C'est le cas notamment dans les nouveaux lotissements de la zone, qui facilitent aux communautés extra-todraouies l'accès au foncier urbain et aux terrains constructibles de la ville. Ces quartiers ont donc un grand potentiel de diversité sociologique. Cependant, les quartiers ksouriens au sud, à l'est et au nord devront rester des blocs mono-ethniques quasi uniformes, et plus on s'éloigne des quartiers du sud-ouest, plus les implantations forment des espaces mono-ethniques (thèse à confirmer par le terrain et la cartographie tribale dans le chapitre suivant). L'extension de la ville vers l'ouest était un choix lié aux contraintes géographiques qui veulent que le reste des ksour de Tinghir soient coincés entre les montagnes et les rives vertes fertiles de Todgha où la construction n'est pas rentable et/ou impossible, voire interdite.

Seule la partie ouest, emplacement du Tinghir historique, s'ouvre sur des terrains plats aux limites de la commune de Taghzoute n'Ait Atta et d'Imeder. Le pôle urbain et les tout nouveaux lotissements sont implantés en toute logique dans cette zone.

Tinghir trouve sur son chemin d'étalement vers l'ouest, les agglomérations attaouies d'Imider, Timadrouine, Ouaklim (Ait Atta) et celle d'Amane Niqudares (chorfa), et leurs terres collectives. Aujourd'hui quasiment rattrapées par l'étalement urbain de Tinghir, ces communes et leurs réserves foncières sont le seul recours des autorités pour résoudre les problèmes liés au foncier urbain et à l'extension de la ville de Tinghir. Ces quatre premiers chapitres nous ont aidé à nuancer la position de Tinghir qui avait été centrale dans le Maroc présaharien depuis la nuit des temps.

On est parti des agglomérations parfaitement adaptées à leurs sites et reflétant l'image compacte de la société, où la gestion des affaires politiques et socio-économiques de la région était à la charge exclusive des tribus et des confédérations tribales. L'intervention française n'a fait que déclencher un processus d'urbanisation accélérée, qui a confirmé le rôle principal et important de cette ville dans le Maroc présaharien et a conforté le pouvoir et le statut social de quelques familles de notables des Ait Tdoght. La « pacification française » a réduit les conflits inter-agglomération à néant (Gaiser 1968). Les ksour du grand Todgha commencent à s'ouvrir vers l'extérieur, et l'administration de l'État a remplacé la tribu dans le contrôle et la gestion territoriale. C'est l'ère d'un nouveau modèle du vivre et de l'habiter, suivi de changements spatiaux profonds et de mutations des pratiques spatiales, sociales et agricoles. Le processus de mutation profonde a affecté tous les secteurs et a laissé ses empreintes dans la morphologie spatiale de Tinghir. C'est une accumulation de tissus urbains issus de différentes périodes : à l'origine, on avait le ksar et la structure compacte fortifiée fondée avant l'arrivée coloniale, puis les quartiers spontanés ont suivi le déclin des ksour, et enfin les lotissements et les zones d'urbanisation programmée, construites après les années 1980 (fig. 13).

La construction des nouvelles voies de communication et la généralisation de nouveaux moyens de transport ont changé les règles de l'activité commerciale locale, ainsi que les structures économiques et spatiales. La nouvelle règle s'appelle la division du travail, et l'augmentation de la production sur le marché. Les habitudes de consommation ont aussi fortement muté. Le souk du lundi, qui a indéniablement permis à Tinghir de s'imposer comme centre d'échanges indispensable au sud-est, va reprendre son rôle commercial signifiant. D'autres commerces se sont multipliés dans le centre-ville, pour marquer la naissance du nouveau centre d'affaires de Tinghir autour du souk. Le transfert d'argent des immigrés et le flux des touristes facilitent l'installation des services à Tinghir. L'agriculture, quant à elle, participe encore à l'économie urbaine et garde sa vocation nourricière pour beaucoup de familles tinghiroises, ainsi que son rôle parmi les piliers identitaires de la vallée. Même si elle a arrêté de peser fort dans l'économie locale et a perdu sa place prépondérante dans les activités de la vallée, elle alimente encore les marchés de la ville et fournit les matériaux nécessaires au développement de l'artisanat régional. Le secteur agricole et la présence paysanne dans le centre de Tinghir influencent son paysage urbain et lui offrent son originalité, en participant pleinement à l'urbanité et à la vie quotidienne.

L'étalement de la ville s'est fait pratiquement sur le foncier collectif des diverses communautés de l'aire urbaine. La multiplication des bâtiments allant dans tous les sens, on assiste à un cadrage complet des deux rives de l'oued. L'acquisition des terres de construction suit l'ordre juridique traditionnel des communautés des Ait Tdoght, et se fait dans les règles de l'art comme les lois coutumières locales le veulent.

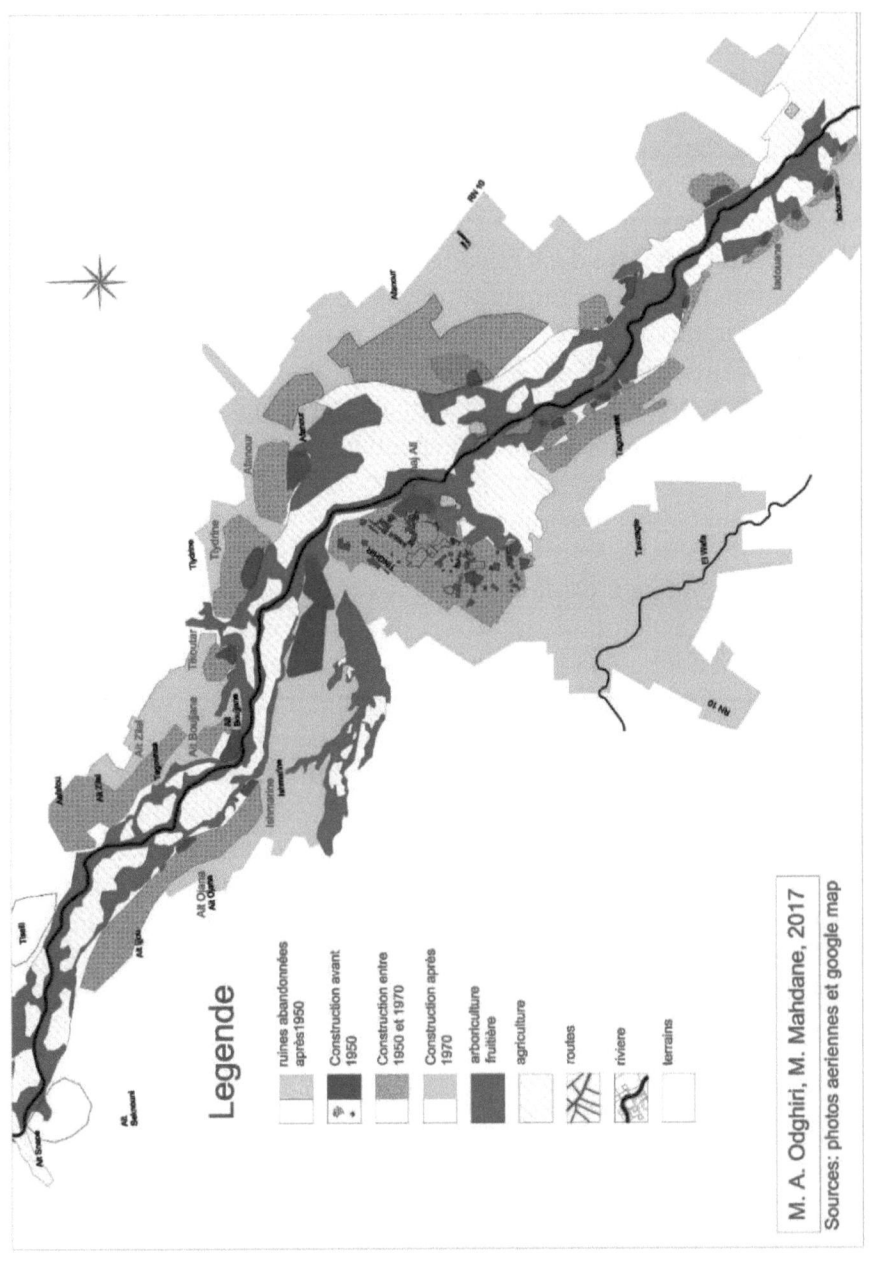

Figure 13 : illustration des dynamiques urbaines de Tinghir.

Les changements ont atteint aussi la composition de la population de Tinghir, qui continue à se diversifier davantage culturellement et ethniquement. Cependant, les deux grandes fractions qui partagent le territoire de la vallée sont encore les Ait Tdoght, sédentaires d'ancienne date et d'origines diverses, présents partout dans la vallée, et les Ait Atta qui se réclament d'un seul et unique ancêtre, Dadda Atta, dont la présence était restreinte au bas de Todgha uniquement. L'arrivée des Ait Atta dans la vallée est récente, mais leur présence est visible dans tous les domaines : dans le secteur économique de la ville, dans le travail associatif et dans la politique. Tinghir est une ville de Todghaouis, cependant, le nom d'Ait Atta est éternellement lié à la ville, et on ne peut pas parler de Tinghir sans penser à Ait Atta et vice versa. Leur positionnement est cependant toujours marginal dans la vallée et dans la ville. Leur puissance militaire et leurs institutions sociales cohérentes, ainsi que leur solidarité remarquable, ne leur ont pas servi davantage pour occuper une place prioritaire dans la vallée de Todgha, comme c'est le cas pour eux à Tafilalet et à Draa. Ils n'ont jamais réussi à entrer dans le « club des ayants droit aux eaux de l'oued de Todgha ». Dans les deux chapitres qui suivent, on va nuancer la composition ethnique à Tinghir et on va essayer de cartographier la réapparition des ethnies sur l'aire urbaine, et par conséquent définir l'implantation de ces ethnies et déduire leur vrai poids démographique dans la ville. L'étude va continuer en s'intéressant au comportement des nouveaux citadins et à leurs pratiques de l'espace. L'urbanité et les pratiques urbaines des Tinghirois, ainsi que l'identité urbaine, seront aussi traitées dans notre étude, et on mettra le projecteur sur les manifestations de ces identités chez les populations de Todgha, en observant leur appropriation de la ville et de l'espace urbain.

CHAPITRE IV :

Inscription spatiale de la tribu dans le tissu urbain de Tinghir

Le caractère sensible et émotionnel de **l'appartenance tribale** et de la question lignagère la présente comme un univers fermé et un sujet difficile à aborder. Quand le sujet est traité, il l'est d'une manière superficielle pour contourner les craintes qui peuvent se présenter. Des craintes d'ordre politico-social que les autorités, les politiciens et la population ne souhaitent pas exposer.

En effet, la composante principale qui structurait une bonne partie de la société marocaine avant le Protectorat était la collectivité ethnique ou la tribu. Les membres de la même tribu revendiquaient souvent la même histoire, la même identité et plus loin encore, la même et unique ascendance. La tribu dispose d'un territoire qui ne peut être que le bien commun indivisible de la collectivité, elle a des intérêts communs partagés et aussi des ennemis communs qui sont souvent les tribus voisines. Elle possède aussi des lois communes pour une meilleure organisation du groupe, des lois coutumières. Le sujet est donc pris au sérieux dans le quotidien de tout le monde, surtout quand il s'agit des partis politiques ou des acteurs de la société civile, à chaque occasion, dans les campagnes électorales, les projets de développement, les campagnes d'information, etc. Le droit coutumier, qui reste un des éléments liés à ce monde tribal, continue à persister dans ces territoires et se présente comme le mieux adapté aux spécificités locales. Il est toléré pour son rôle complémentaire et sa vocation, qui est de compléter les manques du droit officiel dans des cas particuliers bien précis.

Simmel disait dans *Le problème de la sociologie* que :

> « La sociologie s'intéresse à un genre de comportement lorsqu'il est perçu comme phénomène social, c'est-à-dire lorsque les actions individuelles se transforment en mouvements collectifs dont la part qui revient à l'individu se laisse rarement détacher avec netteté. » (Georges Simmel 2006.)

« L'appartenance tribale » à Tinghir nous apparaît comme un phénomène collectif qui mérite une attention particulière et une étude pertinente.

La référence aux liens tribaux, dans les représentations et pratiques sociales, est particulièrement présente dans toute la vallée de Todgha, et les gens se définissent souvent en fonction de leur appartenance tribale. Cependant, il est important de souligner ici que réclamer l'identité tribale ne signifie pas forcément la présence des organisations tribales comme celles ayant régné sur la région avant l'arrivée coloniale. Pour éviter toute confusion, le terme « tribu », qui sera largement utilisé dans ce travail, est l'équivalent du terme berbère local « Taqbilt ». Ce terme désigne actuellement l'entité sociale à laquelle s'identifient des groupes d'habitants qui peuvent se présenter comme un groupe de parents en ligne unilinéaire (les Ait Atta), ou pas (les Ait Tdoght). Chez les Ait Tdoght, tous les ksour étaient des entités indépendantes chacune de l'autre, en termes de gestion de leur quotidien politique à l'intérieur de leurs propres territoires, et ils sont tous confondus avec des tribus. On dit taqbilt n'Oufanour[1] dans le ksar d'Afanour, taqbilt n'Ait Snane sur le ksar d'Ait snane et ainsi de suite. Il ne s'agit en aucun cas d'une forme d'organisation sociale en opposition au pouvoir central ou en quête de pouvoir. On est ici plus proche du néo-tribalisme ou de la re-tribalisation, mentionnés et/ou définis par de nombreux chercheurs comme Jonathan Friedman (2004). Cette néo-tribu est devenue un outil aux mains de diverses forces politiques qui peuvent la manier pour désassembler ou pour fédérer, comme nous l'expliquent Pierre Bonte et Yazid Ben Hounet :

> « Cette permanence des tribus peut témoigner de leur nouvelle instrumentalisation au sein des États-nations, comme elle peut s'inscrire dans le cadre de stratégies régionales à l'heure de la mondialisation. » (Pierre Bonte et Yazid Ben Hounet 2009.)

---

[1] Les habitants de chaque ksar à Todgha se considèrent comme une tribu en opposition aux ksour voisins dans la même vallée, ce qui n'est pas vrai. On utilisera le terme de tribu ksourienne pour les désigner.

Pour toutes les raisons citées, nous nous efforçons dans ce chapitre d'aborder le facteur tribal de façon approfondie pour bien comprendre sa taille, et le rôle qu'il joue dans les mutations socio-spatiales en marche depuis des décennies. On continuera en étudiant les mécanismes de transformation des territoires tribaux et de leur reproduction dans le milieu urbain, et enfin en mettant en lumière le rôle de ce facteur dans le processus d'urbanisation.

1. Diversité du système foncier, atout socioculturel ou inconvénient majeur ?

Notre grand investissement sur le terrain a fait rejaillir la question du foncier collectif à chaque moment de l'enquête et nous a montré à quel point ce sujet est fondamental pour la compréhension des structures sociales et du tissu urbain de la ville.

La monétarisation de l'économie et le bouleversement des structures sociales après le choc colonial ont complètement changé le lien d'intérêt et la relation des populations et des communautés avec leur foncier commun. Ces terres, originellement de parcours et de pacage, sont devenues la force motrice de l'étalement urbain, à potentiel hautement spéculatif, et ont ainsi acquis une dimension économique, financière et « marchandisable ». En effet, au Maroc, alors que le sol avait toujours eu une fonction sociale et une signification symbolisant l'identité des collectivités en place, l'introduction du droit romain avec l'instauration du Protectorat a mis en collision deux systèmes de valeurs : la fonction marchande de l'espace au détriment de sa fonction sociale. Les terres collectives sont un bon exemple de la fonction sociale que peut jouer le foncier, et une des facettes de la diversité de ses statuts pluriels au royaume du Maroc. Le foncier est donc un problème de dimension nationale et non restreint seulement à la ville de Tinghir, ou au Maroc présaharien. On compte actuellement cinq statuts fonciers au Maroc, le Melk ou propriété privée, le Collectif, le Guich, le Habous et le Domaine de l'État.

Le statut des terres collectives, qui nous intéresse dans ce chapitre, est le plus compliqué parmi ces divers statuts. Les terres collectives sont la propriété des collectivités ethniques régies entre autres par une législation particulière : le fameux Dahir du 27 avril 1919, qui organise la tutelle administrative des collectivités ethniques et réglemente la gestion et l'aliénation des biens collectifs. Ces terres sont définies comme la propriété d'un groupe ethnique, tribu, lignée, douar ou ksar et tous les membres de la collectivité ayants droit sont appelés des collectivistes. Les groupes ethniques ont un caractère moral et sont soumis à une loi spéciale. Le nombre actuel de ces groupes ethniques au Maroc, selon le ministère de l'Intérieur marocain, est estimé à 4 563 groupes[2].

Les terres collectives représentent 15 millions d'hectares, dont seulement moins de 2 % exploités par des privés[3]. Plus d'un million d'hectares de ces terres sont rattrapés par des zones urbaines, quasi-urbaines ou d'habitation, 11 millions d'hectares dans les zones pastorales et 3 millions d'hectares dans les zones agricoles ou forestières. Le Maroc compte seulement 3 156 284 hectares de terres à titre foncier définitif, 785,886 hectares de demandes de titres à la conservation foncière et 182 000 hectares exploités en dehors de tout cadre légal. Dans les provinces présahariennes du Maroc, 3 263 743 hectares de terres collectives ne sont pas encore délimités et demeurent une source de conflit entre les diverses collectivités ethniques voisines.

Cependant, les documents d'urbanisme prennent rarement en considération la réalité de ce régime foncier très particulier, et restent jusqu'à présent incapables de gérer ou d'accompagner les dynamiques urbaines et les stratégies de développement social et économique du pays. Le recours systématique aux procédures d'exception, aux dérogations accordées aux grands projets de l'État, est devenu la règle afin de contourner la rigidité de ces documents mal adaptés à la réalité foncière sur le terrain.

Ceci explique les difficultés structurelles des villes marocaines qui connaissent un étalement urbain continu et une consommation abusive du patrimoine foncier public. En effet, le Maroc était confronté après l'indépendance à une croissance démographique sans précédent, suivie d'un rythme d'urbanisation inégalé dans son histoire. De grands quartiers ont poussé comme des champignons à la périphérie des villes

---

[2] Source, le site des terres collectives http://www.terrescollectives.ma/ géré par le ministère de l'Intérieur.
[3] Chiffres avancés en janvier 2019, par Abdelmajid Henkari, gouverneur, directeur des affaires rurales DAR, ministère de l'Intérieur lors d'une rencontre organisée par le groupe socialiste à la chambre des représentants (*Le Matin*, 14 janvier 2019).

existantes et les planificateurs urbains du jeune royaume, dépassés par l'intensité de l'étalement archaïque, n'arrivaient pas à rattraper le retard. Les mesures des pouvoirs publics avaient visé, entre autres, le secteur de l'immobilier en défiscalisant les grands projets de logements économiques et en créant des fonds de garantie pour soutenir la demande des ménages à revenus modestes et leur faciliter l'accès à la propriété.

Mais le grand défi depuis les années 1950 a toujours été le foncier, et l'État marocain avait, depuis, adopté une politique claire qui prône la privatisation des terres collectives afin de simplifier le régime foncier national et élargir l'assiette foncière. Pourtant, la diversité règne toujours après plus d'un demi-siècle de cette tendance fermement adoptée et l'immatriculation des terrains reste une exception au royaume ; 15 % de la totalité de l'assiette foncière est immatriculée au Maroc contre 93 % en Turquie (Imane Moudden 2018).

Étant conscient de l'échelle nationale du problème au Maroc, le législateur a essayé en 2019 de redéfinir et de réguler le rôle de chacun des acteurs communautaires en votant une loi intitulée 62-17 qui traite de la tutelle administrative des terres collectives, afin de changer les mécanismes d'un Dahir colonial datant de 1919, faisant pour la première fois un pas courageux vers l'encadrement du régime des terres collectives après plusieurs générations d'attente. Cet amendement régule entre autres l'élection des représentants de chaque groupe ethnique, Nouab-Al-aradi, qui était un des obstacles à toute gestion saine de la collectivité pour ses biens. L'amendement est alors adopté : un ou plusieurs Nouab (maximum onze) devront être choisis par élection ou par nomination, mais en cas d'impossibilité d'accord au sein du même groupe sur les personnes, ou sur la façon de les élire, le gouverneur de la province tutelle procède à leur nomination. Le mandat des Nouab est de six ans, prolongeable en cas de consentement. Les Nouab sont les représentants légitimes et les principaux interlocuteurs de chaque groupe.

Le texte de cette loi (Dahir 1919) était adopté dans un contexte bien singulier, fortement lié à la tribu et à son rôle dans la société. Le résident général du Protectorat français au Maroc, Hubert Lyautey, avait préparé et fait adopter ce dahir pour « protéger le Maroc » des résultats dévastateurs de la politique coloniale en Algérie, ouvertement hostile à la tribu et à l'ordre tribal.

Cette politique coloniale a été renforcée par l'adoption du sénatus-consulte[4] du 22 avril 1863 et de la loi Warnier du 26 juillet 1873. L'organisation tribale était principalement en ligne de mire de cette politique, parce qu'elle était vue comme l'obstacle majeur à l'assimilation des « indigènes » et à l'installation des colons européens.

Pour comprendre l'objet de cette dernière loi, il faut se référer aux positions de son concepteur, qui lui a donné son nom. Le député Auguste Hubert Warnier avait écrit en 1864 :

> « Votre organisation sociale en tribu, force associée, conséquemment puissante, est un obstacle à tout gouvernement et une cause éternelle de guerres ruineuses entre vous : comme nous voulons l'ordre, la paix et la richesse, nous supprimons la tribu et nous créons l'individu... »

Il justifia la démarche qui serait suivie en affirmant encore que « l'honneur de la civilisation nous impose de substituer la propriété incommutable et individuelle à l'usufruit précaire et collectif, aussi bien au profit des indigènes que des colons européens », car, ajouta-t-il, « maintenir la forme de propriété détenue par les indigènes, c'est perpétuer la barbarie » (Bessaoud Omar 2015).

Lyautey était convaincu de la nécessité de libéraliser en partie le foncier marocain, tout en faisant le nécessaire pour éviter de reproduire au Maroc les excès coloniaux précédents en Algérie. Malgré les pressions des tout-puissants lobbys de colons oranais et des milieux d'affaires européens, le résident général avait trouvé une marge de manœuvre avec le déclenchement de la Première Guerre mondiale, qui a bloqué l'arrivée des colons européens vers le Maroc, et a réduit la présence militaire française dans le royaume. Conforté dans sa position, Lyautey faisait aboutir le décret le 27 avril 1919. Ce dahir organisant la tutelle administrative des collectivités indigènes et réglementant la gestion et l'aliénation des biens collectifs a reconnu et institutionnalisé la propriété collective, il a cependant mis la Jemaa tribale[5] sous la tutelle d'un conseil présidé par la Résidence générale, qui « défendrait » les terres collectives des communautés indigènes

---

[4] Loi adoptée le 22 avril 1863 par les autorités coloniales en Algérie sur le foncier tribal.
[5] Remplacé plus tard par les Nouab Al-Aradi.

contre la prédation des colons en quête permanente de terres et de foncier. L'article 5 du Dahir précise que : « Le directeur des Affaires indigènes (qui préside le conseil de tutelle) a toujours qualité pour agir seul, au besoin, au nom des djemâas dont il est le tuteur[6]. »

Sa nouvelle qualité assurée de tuteur lui donne aussi le droit de préemption à toute vente, comme il le met dans la position d'encourager d'autres ou de procéder à l'expropriation sous prétexte d'utilité publique, comme le prévoit l'article 10, même si la communauté et son jemaa s'y opposent. Le régime collectif des terres a toujours été l'axe principal du système tribal, le signe de la solidarité et de la force communautaire, d'où la forte opposition des colons européens qu'il a toujours suscitée. C'était leur bête noire à chaque fois qu'ils mettaient leurs pieds en terre d'Afrique. Les Européens avaient combattu le régime collectif dans toutes leurs colonies par force militaire et par législation.

Arsène Vacherot, un haut fonctionnaire français en Algérie, écrivait en 1869 :

> « Attaquer la propriété arabe dans son principe..., la société indigène dans sa base [...] La propriété individuelle une fois établie dans la tribu, les Européens s'y introduiront vite. Ils y trouveront les terres qui leur manquent et la main-d'œuvre qui leur fait défaut. » (Bessaoud Omar 2015.)

Les biens communs qui sont les terres collectives ne s'héritent pas, mais l'appartenance au groupe ethnique se fait par le sang et l'ascendance, ce qui donne à chaque descendant le droit à des « actions » dans tous les biens collectifs de la communauté. En cas de partage d'un bien collectif entre les membres de la collectivité, chacun devient propriétaire individuel, et la part qui lui revient après la division devient son melk[7] personnel, c'est le processus de melkisation[8] du bien collectif. La diversité des structures du système foncier au Maroc, qui fait sa singularité, est la conséquence d'une superposition de divers statuts fonciers portés par chacune des sociétés qui ont régné durant l'histoire. La logique de la société qui règne ne met pas définitivement fin à celle de la précédente, inertie de la société oblige. L'adoption de nouvelles lois et les logiques de pouvoir

---

[6] Extrait de l'article 5 du Dahir 1919.
[7] Propriété privée individuelle.
[8] La transformation en propriétés privées de parcelles des terres collectives.

prennent toujours du retard sur l'évolution de la société. La complexité et la diversité du système foncier sont le reflet fidèle de l'aspect composite de la culture et de l'espace de la société actuelle. La présence de statuts qui remontent à diverses périodes historiques nous met devant des valeurs, témoins de notre passé, qui ont perduré jusqu'à nos jours, et qui nous permettront de mieux expliquer et comprendre notre actuelle société. La diversité n'est en aucun cas un problème à notre avis, mais le mode de gestion de ces divers régimes fonciers présente une multitude de problèmes qui touchent à leur situation juridique. Le mode de gestion actuel est le principal obstacle pour l'intégration des biens fonciers en notre possession dans l'assiette foncière, et par voie de conséquence, il sape les mécanismes de développement local.

Document 1 : La délimitation des terres collectives de la tribu d'Ait Elfarsi sur le journal officiel

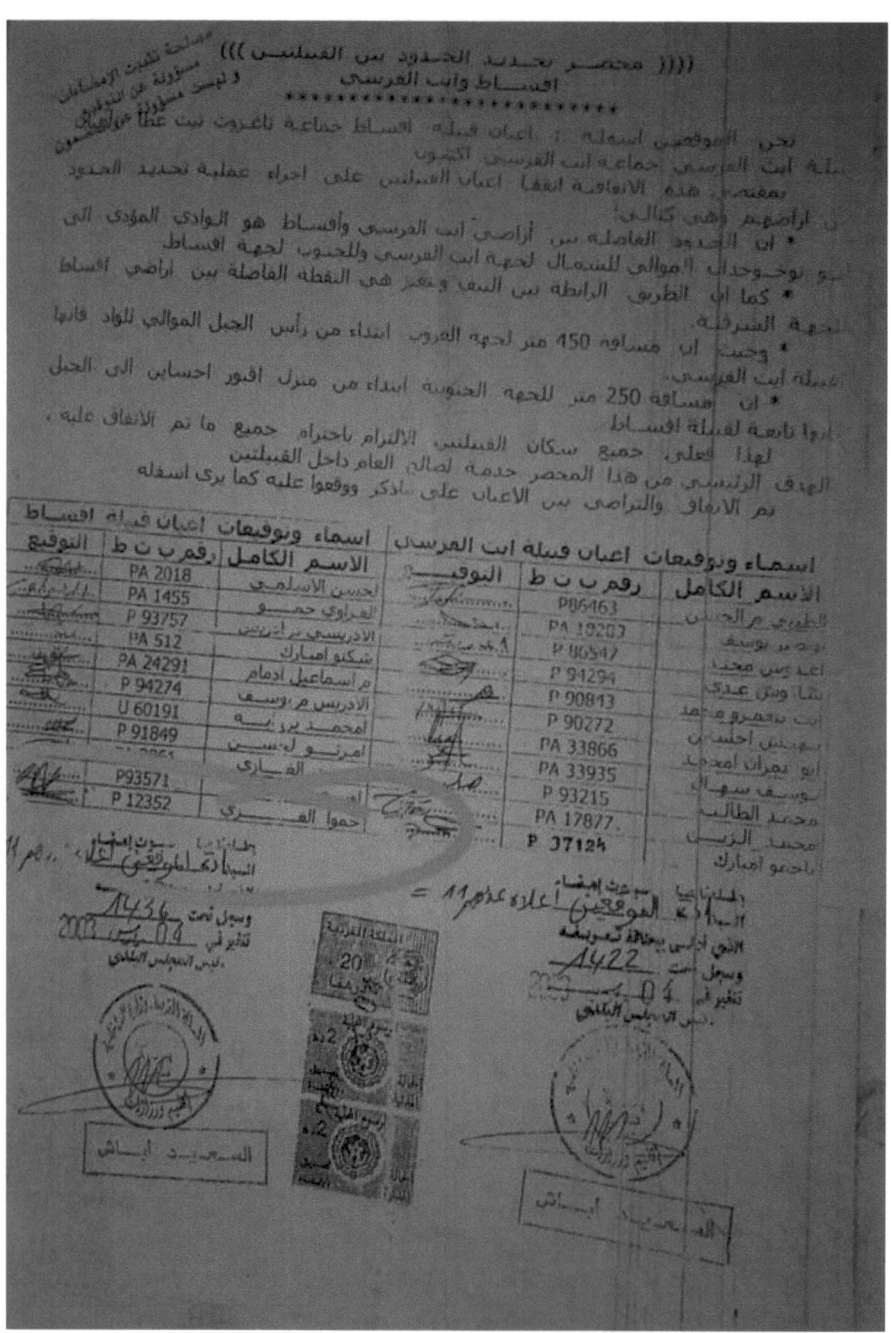

Document 2 : Accord de délimitation des terres collectives entre la tribu d'Ait Elfarsi et celle d'Afssad, signé par les Nouab de chacune des deux tribus.

La complexité et la diversité des statuts fonciers au Maroc impliquent des entraves pour l'économie et pour la société en général. Les litiges fonciers entre citoyens dépassent plus de 50 % des affaires devant les tribunaux (Imane Moudden 2013). La circulation des biens devient alors difficile dans ces conditions, ce qui influence la volonté des investisseurs à faire le choix de ces régions, tant que ce capital, qui est la propriété foncière, n'est pas mis en valeur pour qu'il devienne productif. Ce sont d'ailleurs les raisons qui poussent les autorités à mettre l'énergie nécessaire pour assouplir les textes juridiques relatifs au foncier, pour enfin arriver à l'uniformisation de la réglementation, ce qui facilitera le chemin d'immatriculation des propriétés foncières aux citoyens. Le passage au melk pour les ayants droit n'a que des avantages dans notre société contemporaine, il met fin à la tutelle du ministère de l'Intérieur, qui paralyse toute possibilité de dynamisme économique et alourdit toute procédure d'exploitation du foncier.

La délimitation des terres collectives est l'ultime obstacle qui bloque leur melkisation, c'est une autre source de conflits intertribaux, en milieu urbain comme ailleurs, dans la périphérie. Le Dahir adopté le 18 février 1924 l'a réglementé, d'autres textes ont ultérieurement modifié cette réglementation. La procédure a été simplifiée et les démarches sont rapides, une fois que l'accord est trouvé entre groupes voisins sur les coordonnées du terrain collectif en question. Les terres collectives peuvent alors être immatriculées, après délimitation, de la même manière qu'un melk individuel, et le titre foncier peut être délivré au nom de la tribu, sans que la tutelle du ministère de l'Intérieur soit levée. Et pour y arriver, il est indispensable que les groupes ethniques voisins se mettent d'accord sur le tracé des limites entre eux.

2. Cartographier la ville

Tinghir est la capitale administrative d'une province abritant une grande partie des terres de pacage des Ait Atta, la ville (Tinghir) est alors assimilée à ces terres d'une façon tout à fait erronée. Pour beaucoup de gens étrangers à la région, Tinghir est corrélée à la tribu d'Ait Atta et à la fameuse bataille de Bougafer, alors que c'est une ville habitée exclusivement à l'origine par les sédentaires todghaouis. L'existence de la cité de Tinghir remonte à des siècles, avant même l'apparition de la confédération tribale d'Ait Atta au XVIe siècle. Elle n'a commencé à les accueillir qu'à la fin du siècle dernier. Cette ville répond aux mêmes logiques de dynamisme que d'autres villes présahariennes : ***centre d'anciens sédentaires oasiens alimenté par des populations de tribus[9] avoisinantes nomades, semi-nomades et sédentaires.*** Les habitants de Tinghir se définissent souvent en fonction de leur groupe ethnique et se réfèrent à l'appartenance tribale et aux liens tribaux dans les pratiques sociales. Mais les néo-tribus[10] de Tinghir, dans leur forme actuelle, n'ont gardé de l'ancienne organisation tribale que les liens sociaux, les anciens cheikhs ont perdu leur pouvoir et sont désignés par et pour les autorités :

> « [...] on est passé d'un chef local traditionnel, solidement enraciné dans sa communauté d'origine, assurant des fonctions sociales et politiques au service de celle-ci, à un simple agent de l'État [...] chargé [...] de tâches administratives, mais aussi de la collecte et de la transmission d'informations au profit de sa hiérarchie. »

La persistance du sentiment d'appartenance tribale à Todgha (Bisson 2006, p. 95), conforte notre thèse qui considère que le facteur tribal est un référent identitaire important, un élément clé dans la composition des tissus urbains de cette ville présaharienne et nous allons nous efforcer de nuancer, par cette étude, le rôle de la tribu dans la compréhension des organisations sociales et politiques et des dynamiques urbaines tinghiroises.

Le but est de comprendre le fonctionnement de la société, d'exposer la répartition spatiale des différentes ethnies dans l'espace urbain, de bien définir les lieux de localisation de ces communautés dans la ville, de définir enfin leur vrai poids démographique dans l'espace urbain, mais aussi d'étudier le processus d'édification de la ville et ses phases historiques principales.

Notre outil pour y arriver sera la production d'une carte de répartition des ethnies dans l'espace urbain tinghirois, un outil qui a

---

[9] Le terme « tribu » utilisé dans cet article est l'équivalent du terme *taqbilt* chez les habitants de la vallée de Todgha = l'entité sociale plus au moins endogame qui se distingue par ses habitudes culinaires, vestimentaires et quelquefois son ascendance commune ainsi que par la solidarité entre ses membres, qui peuvent encore agir collectivement pour défendre leurs intérêts communs, notamment les terres collectives.

[10] Il s'agit ici de néo-tribalisme (ou de re-tribalisation), comme l'a défini Jonathan Friedman en 2004.

déjà fait ses preuves et a accompagné plusieurs sociologues et géographes ayant traité de la projection spatiale de l'ethnie et de l'appartenance tribale en milieu urbain dans d'autres villes : L. Eldblom pour Gdames en Lybie (1968), R. Bocco pour Alhosseinya en Jordanie (1996), N. Puig pour Tozeur en Tunisie (1998), M. Falcone pour Ouadane en Mauritanie (1996), Vincent Bisson pour Douz et Kebili en Tunisie, Kiffa et Tijikja en Mauritanie (2005), M. Ben Attou & A. Belkadi, pour Goulmim au Maroc (2013).

2.1. Critères d'identification et méthodes de collecte de l'information

Cartographier la tribu dans la ville est une entreprise risquée puisqu'on met les projecteurs uniquement sur l'appartenance tribale des citadins. La mise en avant de cette appartenance au détriment de toute autre organisation socio-politique a pour but d'isoler cet élément et d'étudier son poids et son influence sur les dynamiques et l'identité urbaine à Tinghir. Elle ne voudra en aucun cas assurer par avance le positionnement fondamental et indéniable de ce facteur dans l'analyse du fait urbain. La cartographie de la tribu est pour nous un essai de mise à l'épreuve scientifique de la thèse de projection spatiale des groupes ethniques dans le tissu urbain.

La production de cette carte nécessite un travail empirique colossal, où le risque d'erreur n'est pas du tout négligeable. Le choix de la méthodologie de travail sur le terrain était primordial pour nous et nous avons tenu à fixer les critères d'identification et d'appartenance tribale des Tinghirois dès le début, pour être sûr, à la fin, des résultats obtenus. Comme cela était bien indiqué dans le chapitre de méthodologie, il était clair dès le début que notre choix des critères d'appartenance tribale devait être compatible avec celui des tribus et ethnies locales elles-mêmes. L'appartenance tribale d'un foyer est donc calquée sur celle du père de famille, même si le chef de famille avec enfants est une femme veuve ou divorcée, puisque les logiques patri-lignagères de la région veulent que les enfants soient automatiquement rattachés au groupe ethnique de leur père. Sur la carte seront présentés les habitants de logements, propriétaires ou locataires (même si les locataires sont rares).

Pour collecter l'information nécessaire à la production de notre carte et vu notre connaissance du terrain, nous avons partagé la carte de la ville en deux parties, une première autour des anciens ksour, où les quartiers sont plus ou moins mono-ethniques (habités par les Ahl Todgha) et une deuxième multiethnique, dans les nouveaux lotissements de l'ouest de la ville majoritairement habités par les Ait Atta.

Pour la première partie : à Tinghir, les limites entre ethnies, souvent résultats de guerres ou d'accords à l'amiable, sont claires et les lots de construction ont toujours été distribués, seulement, aux ayants droit dans les terres collectives des groupes ethniques.

Les étrangers à chaque communauté sont quasi inexistants et surtout reconnaissables par tous les habitants. Il suffit donc de demander à un des habitants si le quartier est habité par un étranger ou non. Si la réponse est positive, on lui demande la position de son habitation sur la carte et son origine tribale. L'information est toujours vérifiée et confirmée par d'autres habitants sans aucune surprise.

Les Ait Tdoght seront considérés et représentés dans cette carte comme un seul groupe ethnique, vu leur dialecte commun et la ressemblance de leurs identités culturelles (traditions, chants, danses et codes vestimentaires), ce qui les oppose aux tribus d'anciens nomades des Ait Atta et des Ait Yafelmane. Nous avons donc fait ce choix de traiter les todghaouis comme un seul block ethnique, même s'ils ne revendiquent pas leur ascendance à un ancêtre commun selon une règle de filiation unilinéaire.

2.2. Le résultat de l'enquête : la carte tribale de Tinghir

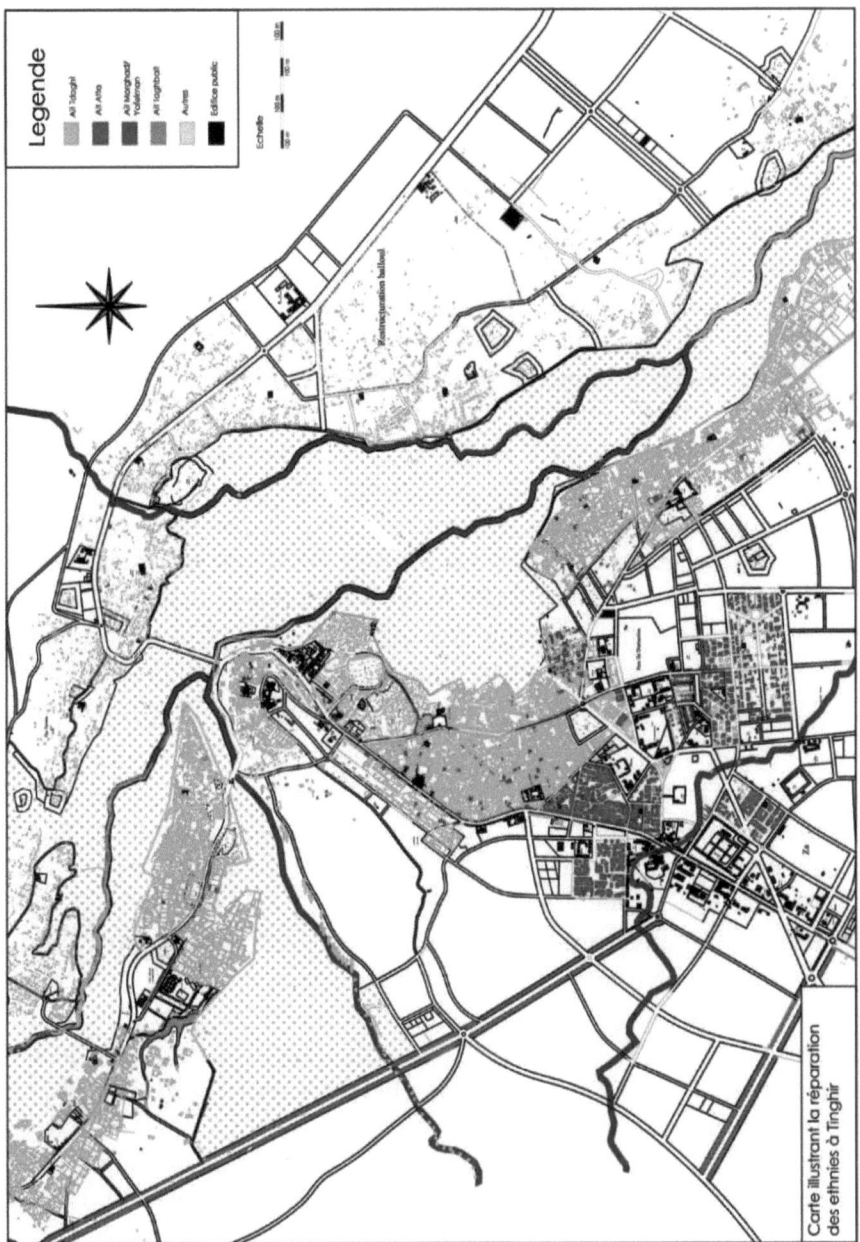

Figure 14 : Carte tribale montrant la répartition des ethnies à Tinghir © Odghiri 2018.

2.3. Petit rappel, morphologie et genèse de la ville de Tinghir

Le Maroc présaharien est un ancien lieu de cités et de citadinité. Sijilmassa, Tinghir, Tamegrout et le chapelet des cités le long de Draa témoignent de cette histoire. Néanmoins, les territoires aux alentours étaient contrôlés par les nomades attirés par les richesses des oasis et les terres de parcours dans leur périphérie. Après la sédentarisation massive de ces nomades, beaucoup de cités ont subi des changements dus tout d'abord à ces sédentarisations, mais aussi à l'explosion démographique qu'a connue tout le territoire national dans la deuxième moitié du XXe siècle. Notre cas, la ville de Tinghir, n'est donc pas une ville de nomades ou de Bédouins comme sont décrites beaucoup de villes dans les littératures ayant traité de la tribu dans la ville. C'est une ancienne cité présaharienne, une riche principauté qui avait battu sa monnaie et celle des Idrissides au VIIIe siècle. Cela explique son importance pour les autorités centrales marocaines durant des siècles. Divers sultans avaient entrepris tout ce qu'ils pouvaient pour la contrôler et l'annexer directement à leur royaume, pour profiter de ses richesses. Les tribus nomades ont aussi montré leur intérêt pour cette principauté au cours des siècles ; de Banu Maâquil aux Ait Atta et jusqu'à Ait Yafelman, tous se sont livré des batailles féroces contre les Todghaouis, contre l'État, et quelquefois entre elles, pour s'assurer le contrôle ou au moins gagner de l'influence sur Todgha.

Il est aussi primordial de préciser, avant de se plonger dans l'analyse des résultats de la carte, que toute comparaison de Tinghir avec la structure de la ville de Chicago, ou plutôt la conception morphologique de la ville présentée par l'École de Chicago est à prendre avec grande prudence. En effet, en 1925, les deux parrains de ce concept, Robert Ezra Park et Ernest Burgess, nous présentaient une ville structurée dans un schéma radioconcentrique autour d'un quartier d'affaires, ou centre-ville, le « Loop » de Chicago, connu en général sous le nom de « Central Business District » ou (CBD). Le CBD est très dense et abrite les grandes activités économiques, culturelles et commerciales, ainsi que de grandes infrastructures d'accueil de la ville. Ce noyau central est suivi d'une couronne périurbaine avec des activités informelles et/ou peu valorisées. La couronne périurbaine est alors occupée par les populations les plus pauvres, habitant des logements éphémères sous-équipés et souvent en état précaire, et puis vient la banlieue résidentielle qui est souvent occupée par les plus aisés de la ville et les classes moyennes en général.

Tinghir, comme expliqué précédemment, est une ville polynucléaire plus ou moins éclatée, et il n'est pas pertinent de parler de banlieue, puisque cette notion porte une hiérarchie en elle, ce qui n'est pas tout à fait juste dans le cas de Tinghir. Son « quartier d'affaires » le plus dynamique est installé aux côtés du ksar historique d'Ait Lhaj Ali, sur les traces de l'ancien souk (fig. 16). Quant à son souk hebdomadaire actuel, il est implanté plus loin aux côtés des nouveaux lotissements. Le boulevard Mohamed VI est devenu aussi une artère économique importante, une sorte de nouvel axe d'urbanité de la commune de Tinghir. Le centre de gravité de la ville est en train de se déplacer en suivant cet axe vers le nouveau pôle urbain, comme son nom nous le révèle. Le vocabulaire utilisé par l'École de Chicago pour les villes américaines classiques est donc à reprendre, dans notre cas de Tinghir, avec discernement et beaucoup de précautions.

2.3.1. L'éclatement du ksar Ait Lhaj Ali et l'émergence du nouveau centre de Tinghir

La vallée de Todgha avait abrité des sédentaires cultivateurs, mais aussi des commerçants et des artisans, depuis longtemps organisés dans des communautés ksouriennes qu'on identifie à tort aux tribus. Le ksar le plus influent était Ait Lhaj Ali puisqu'il avait une des plus larges populations de la globalité des ksour de la vallée, et des familles parmi les plus influentes. Ce ksar abritait aussi l'un des souks les plus importants de la région, où toutes les tribus venaient se ravitailler, même en temps de conflits armés (voir chapitre 3). Le canalisateur de l'éclatement des ksour a été l'implantation des infrastructures civiles et militaires à l'extérieur du ksar Ait Lhaj Ali, mais surtout la construction d'un nouveau Mellah extra-ksourien pour les juifs, ainsi que l'autorisation des grandes familles des Imazighen à construire leurs résidences hors des enceintes des ksour, aux côtés des nouvelles infrastructures. L'étalement urbain est déclenché par l'émergence de la première casbah hors de l'enceinte du ksar, celle du notable Bassou Ou Ali réaménagée et devenue actuellement l'hôtel Tombouctou (photo 7).

Il est vrai que l'approche quantitative s'impose en premier lorsqu'on parle de l'étalement urbain ; cette approche consiste à évaluer la densité des constructions et des personnes. En revanche, on ne peut pas ignorer l'approche morphologique qui se concentre sur les formes et les pratiques urbaines dominantes dans les espaces en question : cette dernière consiste à étudier la forme des nouveaux paysages et à confirmer la cohérence des pratiques urbaines des habitants avec leurs nouveaux espaces. La question de l'étalement urbain sera donc traitée dans notre cas d'étude en s'intéressant aux deux approches en même temps.

Cet étalement, qui est la résultante d'un processus d'éclatement, a permis une diminution du degré de stratification sociale et un changement radical de la structure de l'espace, en mettant fin au cloisonnement interlignager au sein des communautés. Cependant, les limites inter-ksouriennes sont maintenues et chaque tribu ksourienne est bien implantée dans ses domaines restreints et ses terres collectives propres. À l'exception de quelques cas particuliers, la délimitation des terres collectives entre ksour est achevée depuis le début des années 2000.

L'espace urbain actuel de Tinghir est exclusivement positionné sur des terres collectives todghaouies et l'installation des Ait Atta en nombre signifiant y était alors impensable jusqu'aux années 1980, alors que leur dépendance à Tinghir était totale. En effet, les rivalités entre les Todghaouis et les Attaouis étaient encore très prégnantes. Le droit coutumier reconnu par l'État assurait l'exclusivité du sol urbain, dans les cadres du Dahir 1919, aux Todghaouis, et leur avait garanti la mainmise sur la ville jusqu'à la fin du XXe siècle. Cette situation foncière de Tinghir n'est pas très différente de celle de Goulmim-Oued Noun, une autre ville présaharienne de taille plus grande. Mohamed Ben Attou et Ahmed Belkadi l'avaient décrite comme suit :

> « L'extension de l'espace urbain obéit strictement à cette obsession foncière qui génère des processus fonciers particuliers et des configurations d'acteurs animées par des motifs différents et déployant des pratiques divergentes. » (Mohamed Ben Attou et Ahmed Belkadi 2013, p. 96.)

Ce droit exclusif à la ville a été contourné après l'émergence des grands lotissements créés par les opérateurs-aménageurs de l'État, et a ouvert enfin le chemin aux Ait Atta pour chercher leur place dans la ville. Les Toudghaouis assistent à une nouvelle ère, celle des anciens nomades s'installant en ville, y habitant et y possédant des commerces. Les nouveaux arrivants sont alors appelés « Alghozat » par les Todghaouis, ce qui veut dire « les envahisseurs », de manière à délégitimiser leur présence à Tinghir et à nier leur droit à avoir une place dans la ville. L'apparition de ce nouvel élément, qui devient visible en milieu urbain, a eu pour conséquence que les conflits et la concurrence interethnique entre les Todghaouis eux-mêmes se sont amoindris, même si ces conflits continuent à persister. La répartition des habitants selon leur appartenance tribale dans leurs quartiers respectifs et suivant des limites calquées sur celles des terres communes à chaque collectivité ethnique renforce l'opposition au milieu de la ville entre divers quartiers mono-ethniques, c'est : « Un mode d'occupation de l'espace, traduisant à la fois les liens de solidarité et l'emboîtement de la structure tribale. » (Vincent Bisson 2006, p. 86.)

Photo 7 : hôtel Tombouctou installé dans l'ancienne casbah de Bassou Ou Ali après réhabilitation © Odghiri 2019.

Aujourd'hui, la structure polynucléaire de la ville est nettement identifiée dès le premier regard sur la carte de la ville de Tinghir, et l'étalement s'est fait pareillement autour de chacun des anciens ksour jusqu'au statut de conurbation actuel. Les terres ethniques, communes aux périmètres de chacun des ksour, étaient divisées selon le droit coutumier local entre ses habitants[11] ; chaque quartier urbain autour d'un ksar est donc mono-ethnique dans sa quasi-totalité et correspond à un emplacement géographique bien précis dans l'espace urbain

---

[11] Le dahir 1919 reconnaît la propriété collective des terres par des groupes ethniques et leur laisse le droit d'en jouir suivant leur droit coutumier local.

tinghirois : c'est une sorte de territorialité de l'ethnicité dans la ville, on retrouve la tribu dans la ville (fig. 14).

Le périmètre urbain n'a cessé de s'agrandir depuis le début des constructions des maisons d'habitation hors de l'enceinte du ksar et à proximité des bâtiments modernes français, mais la vitesse de l'étalement est devenue très intense au début des années 1990. Les autres ksour de la vallée ont connu le même processus, avec une intensité moins importante, pour donner naissance à l'actuelle municipalité sous forme d'une véritable conurbation absorbant les ksour avoisinants, comme on le voit dans le graphique ci-dessous.

2.3.2. *Les anciens nomades au cœur de Tinghir*

À la fin des années 1980, les autorités marocaines ont commencé à encourager la création des lotissements proposant des lots divers de terrains pour construction, accompagnés des équipements de proximités nécessaires et de structures institutionnelles. L'investissement massif des fils de la région immigrés en Europe, avec leurs transferts importants d'argent de façon continue, a insufflé une dynamique dans le secteur de la construction :

> « [Beaucoup de] foyers ruraux ayant connu une nette amélioration du pouvoir d'achat (fonctionnaires, migrants, agriculteurs de moyennes exploitations, etc.) partent s'installer dans d'autres centres voisins émergents, disposant des services urbains nécessaires, et compatibles avec leur nouveau mode de vie et leurs besoins quotidiens. Leurs centres ruraux sont dans l'incapacité de combler leur demande croissante en services. » (Mhamed Mhadane 2017, p. 120.)

Étant un centre intermédiaire, proposant une palette de services qu'on ne peut pas trouver dans les autres centres de la province, Tinghir se pose comme destination préférée de beaucoup de ces foyers en quête d'infrastructures urbaines. Ces infrastructures de service et d'administration rendent Tinghir incontournable et indispensable à tous les ruraux voisins, majoritairement Attaouis. Les nouveaux quartiers de lotissement sont alors investis quasi exclusivement par les Ait Atta. Une minorité des Ait Yafelmane et Ait Taghbalt est aussi présente, mais de façon très timide. Les Ait Todgha en revanche sont les grands absents de ces nouveaux lotissements, puisqu'ils ont l'accès direct et « gratuit » au foncier collectif urbain dans leurs quartiers ksouriens, loin de ces lotissements. Les résultats cartographiques de la répartition des populations par appartenance ethnique dans le centre de la ville permettent de confirmer cette analyse.

En 2009, Tinghir devient le chef-lieu de la toute nouvelle province de Tinghir. Les collectivités territoriales du nord à majorité d'Ait Yafelman, qui faisaient partie de la province d'Errachidia, sont désormais annexées à cette province récemment créée. La route liant Tinghir à Ait Hani est alors rénovée et modernisée, ce qui a facilité la communication et intensifié les échanges avec ces nouveaux territoires. Cette annexion administrative suivie d'améliorations des voies de communication a créé un effet polarisateur immédiat pour ces populations, vu la proximité géographique et les liens culturels forts avec Tinghir qui est 100 % berbérophone, en comparaison avec leur ancienne capitale provinciale Errachidia, qui est officiellement arabophone avec une présence importante de berbérophones. L'autre groupe remarquablement présent à Tinghir est constitué par les Ait Taghbalt, qui avaient quitté leurs villages dans les années 1980 à cause d'une forte sécheresse, et qui avaient occupé des abris de fortune. La plupart d'entre eux habitent des logements éphémères dans les ruines de l'ancien mellah d'Ait Ourejdal (photo 9). La plus grande partie de ces gens exerce des métiers dont personne ne veut à Tinghir, comme les « zerzay[12] » ou les cireurs de chaussures.

Chaque nouvel immigré est un cas individuel qui s'installe tout seul indépendamment de son groupe, mais leurs raisons et leurs conditions se ressemblent et surtout au sein des mêmes groupes ethniques, ce qui explique la reconstitution, plus ou moins, des entités tribales ou ethniquement identiques au milieu de l'espace urbain. L'installation des nouveaux arrivants n'a jamais pris de forme collective, mais plutôt individuelle. La répartition de ces groupements dans la ville dépend principalement de la facilité d'accès au foncier et moins des affinités culturelles ou de l'appartenance ethnique, ce qui explique que les quartiers ksouriens soient habités exclusivement par des Todghaouis. En effet, ces quartiers n'ont pas encore eu de lotissements ordinaires commercialisables. Mais après des décennies d'extensions par lotissements mono-ethniques suivant les règles de droit coutumier, les premiers lotissements commerciaux commencent à émerger dans ces territoires non ethniques, ce qui implique le début de mixité qui attend ces quartiers. Les constructions sans autorisation ne sont plus possibles, les terrains encore disponibles dans les terres collectives ksouriennes

---

[12] Porteurs chargeant les marchandises sur leur dos ou utilisant des remorques à mains.

sont soumis aux nouvelles règles, et les nouveaux lotissements qui apparaissent à Halloul, à Tamassint, à Afanour et à Tagmasst échappent aux anciennes règles ethniques.

Le processus d'acquisition de terrain d'un lotissement ne peut se faire que par la commune qui doit régler les frais d'acquisition à la DAR (la Direction des affaires rurales). La caisse aux fonds triples est la solution technique adoptée par les communautés ethniques et la commune urbaine, avec soutien de la DAR. La communauté ethnique désirant installer un lotissement sur ses terres collectives doit verser la somme due dans ladite caisse, et la commune pourra finir les formalités d'acquisition sans faire sortir les fonds de sa caisse communale ; les lots sont alors partagés entre les ayants droit dès que le lotissement est visé par la DAR, et autorisé par les services d'urbanisme de la commune. Une bonne partie des lots finiront sur le marché et sont accessibles aux extra-Todghaouis et les prix grimpent donc de façon exponentielle. Le prix du mètre carré dépasse la moyenne nationale dans les périmètres urbains, il dépasse même quelquefois les prix connus dans les grandes villes du royaume[13].

Il est très clair que ces règles coutumières de division du foncier, quelquefois discriminantes, sont un grand obstacle pour le développement de la ville et un des principaux facteurs qui empêchent sa bonne gestion. On reste cependant très loin des clivages de la ville de Douz comme les a définis Vincent Bisson :

> « Nous sommes aujourd'hui en présence d'une ville qui a été conçue pour trois : trois mausolées, trois grandes mosquées, un souk et un cimetière à trois entrées, ainsi que des administrations placées au contact des trois quartiers, plus récemment trois lycées [...] l'identification de l'origine lignagère des ressortissants des trois quartiers révèle une ville qui, certes, s'est physiquement unifiée, mais dont la structuration sociale de l'espace témoigne toujours avec perfection de l'organisation tribale et de ses emboîtements lignagers. » (Bisson Vincent 2006, p. 94.)

L'étalement principal de la ville se fait progressivement vers l'ouest en suivant l'axe routier de la route nationale n° 10, et les autorités, pour répondre à ces dynamiques urbaines exceptionnelles, ont cherché l'assiette foncière nécessaire chez les Ait Atta. Le foncier todghaoui est

---

[13] Des lots de 140 m² sont au prix de 350 000 dhs dans les nouveaux lotissements, source site internet de l'agence immobilière Mitula : https://immo.mitula.ma/immo/terrain-tinghir.

consommé dans sa quasi-totalité, ce qui a poussé les autorités à planifier le nouveau pôle urbain « Al Majd » sur une partie des 500 ha de terres considérées comme réserves stratégiques de la ville par le Plan d'aménagement récent (photo 8). Il s'avère que ce pôle urbain est implanté sur les terres collectives Attaoui de la commune voisine d'Ouaklim, et la réalisation est prévue en trois phases successives. Les Attaoui d'Ouaklim ont eu leur propre lotissement, dont les lots seront réservés aux ayants droit, comme contrepartie à la mise à disposition du foncier nécessaire pour l'opération (photo 9).

Les acquéreurs des lots constructibles sont majoritairement des Ait Atta, ce qui explique l'émergence de nouvelles équations à venir, et des équilibres en vue entre Attaouis et Todghaouis sur l'aire urbaine de Tinghir.

Une nouvelle étape de développement de la ville est enclenchée, son centre de gravité commence alors à se déplacer hors des territoires todghaouis et la conquête des anciens nomades pour ce nouveau centre, même si elle est encore modeste, est non négligeable dans la ville qui pourra sûrement leur assurer une meilleure représentation politique.

Photo 8 : Le nouveau pôle urbain « Almajd » en grande partie sur les terres communes Attaoui voisines d'Ouaklim © Odghiri 2021.

Photo 9 : Lotissement Ouaklim, dans la continuité du pôle urbain
Almajd © Odghiri 2021.

Le rapport de force actuel entre groupes est illustré dans le tableau suivant qui montre la composition du conseil communal de Tinghir par parti et par appartenance tribale (tableaux 5-9)

Le découpage électoral actuel est plus au moins calqué sur les anciens Machyakhat et ksour, ce qui donne un avantage pour les Todghaouis dans le nombre de leurs sièges au conseil municipal. L'établissement des circonscriptions et leur découpage sont établis par le ministère de l'Intérieur en prenant en compte la balance démographique, les divisions administratives et la contiguïté territoriale, mais toujours sans consultation des partis politiques. Ces derniers souhaitent participer au découpage à l'échelle provinciale pour en tirer plus d'avantages, selon leur clientèle électorale.

La composition ethnique des membres du conseil municipal montre les stratégies électorales de chaque parti et les cartes tribales qu'ils font peser en leur faveur[14]

---

[14] Les représentants des groupes ethniques comme Ihatouchne essayent souvent de négocier les intérêts fonciers (terres collectives) en contrepartie de leurs votes. Les

Nom et prénom	Parti	Fonction	Ethnie/Tribu
M. Belmekki	RNI	Président	Imzilne
A. Benachim	USFP	1er vice-président	Afanour
O. Keriani	PPS	2e vice-président	Tasga
M. El Mansouri	PAM	3e vice-président	Ait Atta
Ab. Haddou Ouahi	PPS	4e vice-président	Ihartanne
Ib. Ait Esseghir	USP	5e vice-président	Afanour
J. Ahbar	PAM	6e vice-président	Tagoumast
R. Anki	PAM	Secrétaire	Ait Atta
N. Jebrane	PAM	Vice-secrétaire	Ait Atta
L. Salmi	PAM		Ait Berra
N. Ait Kaddi	RNI		Ait Lhadj Ali
S. Jabir	RNI		Ait Lhadj Ali
M. El Omari	PAM		Ait Atta
M. Assekka	PAM		Ait Atta
Ic. Mourghi	PAM		Ait Lhadj Ali
M. Outakhmouyt	PSU		Ait Atta
M. Salemi	RNI		Ait Berra
Am. El Omari	RNI		Ait Atta
Ab. Rahib	PAM		Imezilne
Ad. Benqir	PAM		Imzilne
Noureddine Bouzerda	RNI		Ait Oujana
Mustapha Daoudi	RNI		Tikoutar
Mohammed Ourehhou	PAM		Asfalou

Ihatouchne considérés comme Ihamchiyn n'ont pas les mêmes droits que d'autres Imazighen partageant le même ksar avec eux.

Jamel El Mouhani	PAM		Tigdrine
Kamel El Madani	RNI		Halloul
El Mahjoub Adnane	RNI		Tamassint
Ahmed Allaoui	RNI		Ait Lqadi
Abdeljebbar Laaouane	RNI		Tagoummast
Fatima Miftah	RNI		Imzilne
El Housein Halim	PSU		Imghri Ouarzazate

Tableau 5 : Composition du conseil municipal 2021-2027 © Odghiri 2021.

Il est important de souligner cette percée remarquable des Ait Atta dans le conseil communal de Tinghir à ces dernières élections en 2021. L'ethnie des Ait Atta est donc passée d'une maigre représentation de deux sièges à une représentation satisfaisante par sept conseillers parmi les trente sièges de conseil, soit plus de 23 % de la totalité des sièges. Un pourcentage légèrement au-dessus de leur poids démographique dans la ville. Est-ce que cette tendance sera confirmée, ou améliorée dans les futures élections ? Nous sommes convaincu que oui.

Nom et prénom	**Parti**	**Fonction**	**Ethnie/Tribu**
Omar Abbass	PJD	Président du conseil	Tagoummast
El. Adnane	PPS	Vic 1	Agourram
L. Abdeljabbar	PI	2e vice-président	Ahertane
Al. Al Moussaouy	PJD	3e vice-président	Ifri
M. El Ouardi	PI	4e vice-président	Taourirt
Al. Al Adnane	PI	5e vice-président	Tamassint
Ab. Haddou Ouahi	PPS	6e vice-président	Ahertane
R. Abou Qasim	PJD	S. G. du conseil	Halloul
H. Boughda	PJD	Adjointe de secrétaire G. du conseil	Ourzazate

S. El Aidi	PI	Présidente de commission	Halloul
N. Alaouche	PPS	Finance et programmation	Ait Morghad
Ab. Sadiki	PJD	Président de commission	Ait Lahcen ou Ali
N. Sadiqi	PPS	Vice-président de com	Halloul
Hassan Ousilkan	PADS	Vice-président de com	Ait Atta
Brahim Addani	PSU	Vice-président de com	Ait Marghad
Noureddine Ourahou	PJD	Conseiller	Ihamchiyine
Abderrahmene Ouddou	PJD	Conseiller	Ahertane
Mustapha Ben Mimoune	PJD	Conseiller	Iâadouane
Lahcen Salmi	PI	Conseiller	Ait Berra
Soumaya Laarif	MP	Opposition	Afanour
Mohamed Mohcen	MP	Opposition	Afanour
Mohamed Ait Khaleq	MP	Opposition	Tagoumasst
Abderrahmene Assou ben Mohamed	MP	Opposition	Ichmayriyn
Brahim Ben Didi	PAM	Opposition	Ait Ourjdal
Mamas Zeroual	PAM	Opposition	Sous
Jamal Al mohani	PAM	Opposition	Tiydrine
Abdelmajid Azenag	PAM	Opposition	Ahatouche
Mohamed El Omari	PAM	Opposition	Ait Atta
Elkhir Ait Brahim	PAM	Opposition	Taourirt

Tableau 6 : Composition du conseil municipal 2015-2021 © Odghiri 2019.

Nom et prénom	Parti	Fonction	Ethnie/Tribu
O. Abbas	PJD	Président du conseil	Tagoummast
L. Adnan	PPS	1er vice-président	Agourram
L. El Halimi		2e vice-président	TawzagtTaznaqt
Ab. Laaouan		3e vice-président	Aherdane de Tagoummast
M. Saadani		4e vice-président	Ahetan n tinghir
Ab. Ait Ourahhou	PJD	5e vice-président	Ahatouch
El. El Adnane	PI	6e vice-président et président de commission	Tamassint
K. Haddane	PGU	Secrétaire du conseil	Tawzagt
B. Khaddaoui		Vice-secrétaire du conseil	Ait Att
B. El Bouami		Présidente de commission	Ait Berra
M. El Hasnaoui	PJD	Vice-président de commission	Ahertane
Ali El Moussaouy	PJD	Président de commission	Ahertane Ifri
Ab. Ouddou		Vice-président de commission	Ahertane
H. Oussilkane		Vice-président de commission	Ait Atta
B. Ben Didi		Conseiller	Ait Ourjdal
R. Haddachi	PAM	Conseiller	Ait zilal
M. El Omari	PAM	Conseiller	Ait Atta
Aziz Kajji	PAM	Conseiller	Ait oujana
Sidi A. El mandili	PAM	Conseiller	Amezaourou
Sidi Bounhalli	PAM	Conseiller	Lahcen ali

Ay. Hallouli	PAM	Conseiller	Ait Boulmane
L. Abdelmoulay	PAM	Conseiller	Halloul
A. Ben Didi	PAM	Conseiller	Ait Ourejdal
M. Zeroual	PAM	Conseiller	Sous
O. Ait Brahim	PJD	Conseiller	Aherdane ait boujjane
S. Ibouda	PJD	Conseiller	Ouarzazate
B. Eddani	PGU	Conseiller	Ait Merghad
A. Haddou Ouahi		Conseiller	Ahetane
Ali Salmi		Conseiller	Ait berra

Tableau 7 : Composition du conseil municipal 2009-2015 © Odghiri 2019.

Nom et prénom	Parti	Fonction	Ethnie/Tribu
Brahim Ben Didi		Président	Ait ourjdal
A. Ben Mohamed		1er vice-président	Ichmariyne
M. Saadani		2e vice-président	Ait berra
Es. Abach		3e vice-président	Amzil
Sidi A. El Mandili		4e vice-président	Amezaourou Chrif
Y. Aghezaf		5e vice-président	Tikoutar Ahertane
A. Ait Rahhou		6e vice-président	Ahatouch de tinghir
L. Mabrouk			Tamassint
L. Salmi			Ait Berra
M. Oukich			Taouzagt
L. Bayoussef			Tawrirt
H. Mahrous			Ait Berra
A. Benachim			Afanour

M. Ait Khalik			Tagoumast
M. Outajour			Afanour
Ali Moussaouy			Ifri
A. Haddou Ouahi			Ahertane
H. Dudouh			Iâadwane
El Abousaid			Asfalou
M. Allali			Ait Boulmane
L. Kourout			Ait berra
L. Hassani			Ait oujana
L. Samaoui			Ait Lhajj Ali
Aziz Kajji	PAM		Ait oujana
L. Ibouh			Ahertane

Tableau 8 : Composition du conseil municipal 2003-2009 © Odghiri 2019.

Nom et prénom	Parti	Fonction	Ethnie/Tribu
A. Abderrahman		Président	Ichmaritne
B. Abdelouahed		1er vice-président	Afanour
H. Lhoussaine		2e vice-président	Ait oujana
S. Ali		3e vice-président	Ai Berra
E. Abderrahman		4e vice-président	Chrif
E. Abach		5e vice-président	Taourirt
H. Bousaid			Asfalou
B. Ben Didi			Ait ourjdal
M. Allali			Ait Boulmane
M. Azza			
H. Doudouh			Ahrtane
L. Bayoussef			Tawrirt

A. Yamani			Tiydrine
M. Outajour			Afanour
L. Samaoui			Ait Lhaj Ali
Taouch Addi			Tighermt ntessga
M. Saadani			Ait berra
L. Massaoudi			Tagoummast
M. Naim			Ifri ahertane
H. Mahrous			Ait Berra
M. Oustouk			Ait lahcen Ou Ali
O. Ait Brahim			Ait Boujane
Y. Aghouzaf			Ahartane
M. Ikich			Tawzagt

Tableau 9 : Composition du conseil municipal 1997-2003 © Odghiri 2019.

Tinghir était une commune rurale englobant tous les ksour et Machiyakhat de Todgha jusqu'aux élections de 1992 quand elle a été divisée pour la première fois en trois communes distinctes : deux rurales, Todgha Al-Oliya et Todgha As-soufla, à l'amont et à l'aval de l'oued, et puis la commune urbaine actuelle au milieu. La première équipe, qui a pris la gestion des affaires de Tinghir dans les années 1970, était formée des lettrés todghaouis, avec Mohamed El Aidi à sa tête. Les notables ont repris le pouvoir en arrachant la gestion de la commune des mains de cette première équipe, deux ans seulement après leur élection, en jouant les coalitions et la carte ethnique. Un jeune politicien local nous a parlé de cette phase pendant notre entretien avec lui :

> *« Moi j'ai la nostalgie des temps de Mohamed Laidi où les élus étaient une vraie élite d'intellectuels, mais les clans Ben Didi soutenus par d'autres notables ne l'ont pas laissée plus de deux ans aux commandes avant d'orchestrer un putsch, en utilisant les méthodes de "Attakhalouf" ethniques, qui nous coûtent encore cher jusqu'à nos jours. Le champ politique n'a pas changé depuis, même si on est passé de l'UC au PAM jusqu'au PJD. Les méthodes sont les mêmes et les*

résultats ne sont pas différents. » [Mohamed, 28 ans activiste politique et société civile, Todgha.]

Les affaires de la commune sont restées aux mains des mêmes familles de notables, jusqu'aux élections de 2009 quand le mouvement associatif, sous l'influence des sympathisants de PJD, a fait son entrée dans les affaires de la commune. Une nouvelle génération de politiciens de Tinghir a donc émergé et a changé la donne en reprenant les affaires de la commune des anciens notables. Le mouvement associatif a dissous les barrières entre les ethnies « légitimes » et les ethnies marginalisées comme les Ihamchiyne et Iqbliyne, lesquelles ont été entre autres la carte qui a aidé à faire pencher la balance pour la nouvelle équipe et à lui ouvrir le chemin vers le fauteuil de la présidence du conseil communal et à lui céder la gestion des affaires de la ville. En 2015 les jeux se sont renouvelés et la liste des élus est presque la même, aucun changement structural n'a eu lieu. Il est aussi à signaler que l'adoption du scrutin proportionnel plurinominal, le « scrutin de liste », a facilité les choses aux nouveaux visages de la politique méconnus dans la sphère d'influence pour réussir à s'introduire dans un milieu fermé, depuis que Tinghir a dépassé les 35 000 habitants. Ce même scrutin de liste a fait apparaître les minorités dans le conseil municipal : au lieu de présenter un candidat par circonscription, les partis présentent des listes de candidats, dont la composition et les rangs des personnes sont choisis minutieusement après négociations avec les diverses ethnies afin d'assurer leurs votes.

On peut donc bien noter qu'un changement clair de la classe politique gérant les affaires de la ville de Tinghir a eu lieu depuis 2009. Une génération de militants associatifs de la société civile a remplacé une équipe de notables locaux qui régnait sur ce conseil communal depuis les années 1970. Cependant, les mêmes logiques ethniques et les mêmes pratiques de clientélisme tribal continuent de structurer le champ politique tinghirois et de réguler la répartition des sièges du conseil. Les élus sont d'abord préoccupés par l'équilibre de la balance ethnique et la satisfaction de leurs groupes/clients, plus que par un programme de développement communal cohérent au profit de la commune dans sa globalité. Comme à Tan-Tan :

> « [...] l'acteur municipal est partagé entre l'ordre politique et l'ordre ethnique. L'action municipale est, de ce fait, une action discontinue plus proche des stratégies des acteurs que de celle du développement de la ville dans son intégralité. » (Mohamed Ben Attou 2014, p. 140.)

La balance ethnique est bien équilibrée entre toutes les fractions des Ait Tdoght, mais à part lors des élections de 2021, la liste des membres du conseil municipal ci-dessus n'a jamais reflété le vrai poids démographique des populations extra-todghaouies. En effet, la représentation des Ait Atta était souvent réduite à deux élus, et cela est dû à plusieurs raisons, dont le non-intérêt que suscitait la politique à Tinghir chez ce groupe ; ils étaient toujours dans leur majorité très investis dans leurs villages d'origine seulement. Les foyers sont en effet souvent de grande taille et séparés en deux moitiés, l'une au village natal s'occupe des affaires de la famille là-bas et y défend les intérêts, et l'autre moitié s'occupe des affaires commerciales de la famille dans la ville et il arrive souvent que ceux qui habitent la ville reviennent à la campagne après quelques mois et ceux qui habitent à la campagne viennent passer leur part du temps en ville de façon équitable. Les grandes fêtes sont souvent fêtées ensemble. D'autres communautés ne sont pas du tout représentées, comme les Ait Taghbalt, à cause de leur pauvreté, de leur désintérêt de la politique et du rejet dont ils font l'objet de la part des autres populations, mais aussi de leur poids démographique qui reste encore trop faible pour susciter l'intérêt des politiques.

Pourtant, quelques politiciens attaouis n'avaient jamais caché leurs ambitions pour conquérir le conseil municipal de la ville, et les Todghaouis se souviennent toujours des comparaisons que faisait le parlementaire attaoui Moha Bouargalne entre la municipalité de Tinghir et la caserne fortifiée de Bab al-Azizia du colonel Kadhafi, qui fut investie par les forces du Conseil national de transition lors de la prise de Tripoli fin août 2011, en affirmant à chaque occasion à ses interlocuteurs todghaouis que les Ait Atta finiraient par récupérer Bab Al-Azizia.

On trouve même des politiciens attaouis qui dépassent l'humour de Bouargalne et prennent des positions radicales comme celle d'un élu d'une commune rurale, résident au centre urbain de Tinghir, qui nous a dit :

« Il y a une volonté chez les Ait Tdoght de nous laisser à la marge, et de contrôler à eux seuls la ville et la province, le conseil municipal et le conseil provincial. Je n'ai pas d'autre explication aux refus de

PCD[15] *de Todgha Es-Soufla par tous les élus todghaouis sans exception. Le manque de bus/moyens de transport en commun dans une ville de cette taille est tout simplement dû à l'identité attaouie des trois seuls soumissionnaires pour ce projet, et je suis convaincu que les bus ne rouleront pas à Tinghir tant que l'entreprise de transport ne sera pas todghaouie*[16]. *Et pourtant les Aït Atta peuvent être les maîtres de la province s'ils arrivent à unifier leurs forces [...] on dispose de 157 élus communaux sur les 370 que compte la province. Cela nous garantira 7 des 17 sièges du conseil provincial, on pourra alors être la seule force qui contrôlera ce conseil, je vous laisse même imaginer qu'avec quelques coalitions et la maîtrise des jeux en coulisses, on pourra assurer la présidence*[17]. »

La suprématie est actuellement aux Tinghirois, même s'ils demeurent répartis en plusieurs factions en concurrence perpétuelle. Un fractionnement qui oppose les tribus ksouriennes l'une à l'autre, mais aussi à l'intérieur de chacune d'elles, où on peut opposer des groupes lignagers entre eux : les Iqabliyne, les Imazighen, les Chorfas, les Igourramen et les Ihamchiyne. Ces derniers sont une faction qu'un étranger peut assimiler à première vue aux Imazighen, mais ses membres sont considérés, par tous les Tinghirois, comme des citoyens de deuxième classe, repliés sur eux-mêmes. Les mariages et tous les liens sociaux avec les autres communautés restent encore « mission impossible ». Les habitants du ksar Aït Lahcen Ouali en sont l'exemple parfait, comme c'est le cas aussi de la population d'Ihatouchene à Aït Lhajj Ali. Cette dernière n'a pas les mêmes droits au partage des terres que les autres lignages. Ces populations sont appelées Ihamchiyne, une sorte de Dalits[18] Tinghirois.

L'ordre antérieur au Protectorat a été bouleversé dans le sens où l'institution tribale a été privée de son pouvoir de gestion des affaires des populations et d'aménagement des territoires. L'ancien organe de la

---

[15] Le PCD, plan communal de développement proposé, veut, entre autres, régulariser des habitations construites précédemment dans la zone Oasien (Territoire attaoui). Les pertes matérielles seront énormes pour les propriétaires en cas de refus.

[16] Postulat démenti par les services de la commune qui nous assurent que le cahier des charges n'est pas encore établi, et que la commune essaye d'abord de trouver des alternatives pour les professionnels des taxis et des transports mixtes, dont les revenus seront automatiquement touchés par l'instauration des bus à Tinghir.

[17] Parmi les interviewés de notre enquête qui préfèrent rester anonymes.

[18] Appelés aussi intouchables ou Harijans, ce sont des populations présentes en Inde, comme dans toute l'Asie du Sud. Ils sont considérés comme des citoyens de deuxième classe et sont victimes de nombreuses discriminations.

Jemaa est devenu impuissant, dépourvu de tous ses pouvoirs, sauf dans la gestion de quelques affaires insignifiantes de nos jours, comme les Khettaras qui sont totalement épuisées et quasiment abandonnées à cause de la généralisation du pompage des eaux souterraines. La communauté a cependant le contrôle sur un élément qui la garde en vie, c'est la gestion des terres collectives. Ces biens fonciers énormes, qui sont une source de richesse non négligeable, permettent jusqu'à nos jours à cette solidarité annoncée vers l'extérieur de continuer d'exister. La solidarité est un outil nécessaire pour se rassembler et défendre ces biens communs que sont en majorité les terres de parcours, qui ont récemment changé de vocation pour devenir à caractère spéculatif. Le nouveau mode d'organisation de l'espace a animé l'intensité de l'urbanisation et la quasi-généralisation de la sédentarisation des nomades abandonnant ainsi leurs terres de parcours loin des périmètres urbanisés. Le résultat se traduit par d'immenses espaces vides d'hommes et d'activités humaines, avec à l'inverse une concentration des populations sur des points bien précis. Le Maroc présaharien voit ses villes apparaître et s'étaler, et le nombre de ses habitants croître ; en même temps la distance entre les agglomérations est bien grande, et les terres pastorales, qui étaient parcourues par les nomades, se sont vidées de leurs habitants, ce qui rend le contrôle des territoires très difficile. Concentrée sur et autour de ses pôles urbains, la population actuelle de Tinghir n'avait jamais été si nombreuse. La sédentarisation des nomades qui a gonflé les villages et les agglomérations existantes, et a fait apparaître d'autres points de fixation, a aussi vidé le reste de l'espace de toute existence humaine, environ 95 % de la totalité du territoire.

Cette concentration des populations uniquement sur des agglomérations plus au moins intenses donne à ces dernières un rôle très important dans l'expression des revendications communautaires et identitaires. Les Ait Atta, dont le nom est corrélé au Sud-est marocain, et dont la puissance et l'influence étaient reconnues par le Makhzen, mais aussi par les autorités du Protectorat et les scientifiques du pouvoir colonial, n'ont aucune autre chance de manifester leur existence et de défendre leurs intérêts que d'avoir le contrôle d'une ville. Dans ce cas, c'est la ville de Tinghir qui reste encore jusqu'à nos jours un territoire todghaoui. L'implantation des premiers lotissements non tribaux par l'intervention des autorités leur a ouvert le chemin vers la ville, et le processus ne fait que commencer. La promotion de

Tinghir en chef-lieu de la nouvelle province de Tinghir et l'annexion d'autres territoires attaouis comme Alnif et ses communes limitrophes, ainsi que la création d'un grand pôle urbain sur des territoires Attaouis, a conduit à une multiplication des composantes sociales de la ville. Par voie de conséquence, l'influence de la composante todghaouie commence à diminuer au milieu de la ville. Le processus de melkisation[19] des terres collectives est encouragé par l'État, et la privatisation foncière bat son plein, rien ne peut plus empêcher la conquête de la ville et l'appropriation de l'espace urbain par les nouveaux arrivants.

La solidarité todghaouie existe toujours et refait surface dès que l'enjeu est de niveau todghaouis-attaouis. Les divisions lignagères apparaissent, quant à elles, dès qu'il s'agit des affaires todghaouies internes, et des lignages peuvent même quelquefois s'appuyer sur des soutiens extra-todghaouis pour renforcer leur position. Dès que l'enjeu est d'échelle nationale, tout le monde est tinghirois. Officiellement, les élections se déroulent entre partis politiques, indépendamment de l'appartenance tribale ou lignagère des élus, mais officieusement, le conseil communal de Tinghir est toujours présidé par un Toudghaoui, Amazigh et non Ahemchiy. Les tendances sont en revanche en train d'évoluer depuis le changement des structures du conseil après les élections de juin 2009. L'ancienne élite de notables a été balayée par la nouvelle génération de jeunes venus essentiellement du monde associatif, polarisés en majorité autour du PJD, Parti de justice et de développement (conservateur), qui s'est appuyé entre autres sur les groupes ethniques à la marge des communautés todghaouies (Ihamchiyne et Iqabliyne). Dans notre travail de terrain, il s'est avéré que les interviewés n'excluent pas de voir un maire Aqbliye à la tête de la municipalité, mais jugent impossible de voir un Ahemchiye ou un Attaoui à la présidence du conseil pour l'instant. Que ce soit la légitimité historique ou les raisons économiques ou démographiques, toutes ces communautés veulent faire valoir leurs droits à posséder une partie de la ville et à contrôler ses institutions. Les constellations ont changé et les intérêts se sont croisés au cours des années, de telle façon que les anciens clivages peuvent être momentanément oubliés pour défendre les locaux contre « les envahisseurs ».

---

[19] Privatisation des terres collectives (dérivée du mot arabe melk qui signifie propriété privée).

L'apparition d'une autre nouvelle génération de jeunes todghaouis, qui n'ont presque aucun lien d'affection à l'organisation de l'espace avant le Protectorat et qui ont aussi changé leurs idéaux et leurs comportements de consommation, implique un désintérêt presque total pour les terres de leurs fractions. L'utilisation des terres collectives uniquement pour des fins individuelles est devenue la règle. Cette nouvelle relation des jeunes todghaouis au foncier tribal, qui ne représente plus qu'un moyen de gain et ne leur sert que pour des fins purement spéculatives, va sans doute accélérer la décommunautarisation dans l'espace urbain. C'est une évolution de mentalité et de nature de lien avec l'espace qui va encore prendre un peu plus de temps, mais le processus de l'émergence d'une nouvelle identité a commencé.

2.4. Répartition ethnique et hiérarchie sociale dans le centre urbain de Tinghir

Les habitants de la ville de Tinghir sont encore clairement séparés géographiquement selon leurs origines ethniques et cela nous rappelle la situation dans la ville de Chicago, comme la décrivait Halbwachs :

> Une population faite d'apports extrêmement divers, constituée de groupes que leur type ethnique, leurs traditions nationales, leur genre de vie et leur condition sociale séparent et opposent, et qui se trouvent cependant juxtaposés, engagés l'un dans l'autre, dont les éléments se croisent et se rencontrent sans cesse, sans se fondre réellement. » (Maurice Halbwachs, 1932.)

Nouvellement implantés, les Ait Atta occupent les nouveaux quartiers de la ville et occupent une place confortable dans la hiérarchie sociale et économique de la ville, en continuant à y développer leur influence. Malgré leur nombre qui est encore très inférieur à celui des Ait Tdoght à Tinghir, les Ait Atta commencent à gagner de l'influence sur la scène politique.

Il arrive même souvent que « les intrus » Attaoui pratiquent une sorte de stigmatisation et de moquerie envers la façon de parler et le dialecte des « locaux » Todghaoui. Cette stigmatisation a des effets fragilisants sur le sentiment d'appartenance chez ces derniers, elle affaiblit la revendication de leur identité. Cela pèse de plusieurs manières sur la construction d'une nouvelle identité commune à tous les Tinghirois. Cette stigmatisation produit une sorte de dépossession de l'aire urbaine de Tinghir et des Tinghirois, et d'une des composantes de leur identité, en utilisant le passé de soumission des Todghaouis aux forces des Glaouis et la mémoire de résistance qu'on accorde à tort exclusivement à Ait Atta. La présence des Ait Atta au conseil municipal reste encore timide, mais leur homogénéité et leur sentiment d'appartenance collective, qui renforce leur force de cohésion, peut améliorer cette présence dans un futur proche. La présence des Ait Yafelmane est toujours insignifiante en revanche, comparée aux autres ethnies.

Les Ait Taghbalt, quant à eux, représentent la couche sociale la plus vulnérable, et beaucoup de métiers mal vus vont de pair avec eux. Des types d'emplois réservés à des ethnies et pas à d'autres, cela nous rappelle le métier des dabbawalas[20] à Bombay en Inde qui est exercé exclusivement par les populations venues du Maval Taluka du district de Pune. On a un autre exemple à Chicago au début du XXe siècle, où des nationalités précises semblent avoir le monopole de certains emplois spécifiquement urbains : « les Belges sont portiers, les nègres porteurs dans les gares, les Chinois blanchisseurs, les Grecs servent les ice-creams » (Maurice Halbwachs 1932). Les Ait Taghbat se sont groupés dans l'ancien Mellah de Ait Ourjdal, leur seul abri possible lors de leur arrivée dans la ville. Une dizaine de familles s'en est déjà sortie et a pris place dans les nouveaux lotissements, comme le montre la carte. Leur mode d'occupation de l'espace présente des similarités avec celui de l'installation des nomades dans la ville, comme l'a décrit Jean Hensens :

> « Les anciens nomades, en ville, se regroupent d'abord en îlots par clans et fractions tribales correspondant à leur organisation collective rurale antérieure, tout comme les paysans sédentaires urbanisés. Au bout de quelques générations, cette organisation autocentrée des espaces habités périurbains adapte sa morphologie aux règles de l'organisation locale dépendante, soit en organisation géométrique répétitive de masse catégorielle socio-économique. Ceci s'observe très bien dans l'évolution des bidonvilles urbains, qui gardent encore, après qu'ils soient réorganisés en habitat de masse, le nom de la fraction paysanne ayant émigré à l'origine, ou bien dans le lotissement clandestin qui n'a plus de l'organisation traditionnelle de l'espace que l'organisation de la maison familiale. » (Hensen Jean 1989.)

---

[20] Livreur de repas sur lieux de travail, apparu à Bombay en Inde.

La ville de Tinghir s'est faite en additionnant les groupes ethniques, principalement étrangers, aux Ait Tdoght locaux. Les nouveaux arrivants remplissent peu à peu les vides de cette ville, sans assister à l'effondrement du cloisonnement ethnique qui persiste toujours dans les esprits. Erwan Delon a bien décrit cette situation à Tinghir : « Le mariage avec un Haratin signifierait dans certaines familles Ait Todgha une exclusion définitive » (Delon 2018). C'était exactement le cas de la ville de Chicago cent ans avant, et Halbwachs a décrit le même constat dans une interview réalisée avec une Américaine d'origine européenne qui lui disait qu'un « Américain[21] ne peut se marier avec une négresse, ni une Américaine avec un nègre, parce que cela reviendrait à épouser sa cuisinière ou son chauffeur » (Maurice Halbwachs 1932).

L'urbanisation accélérée des anciennes agglomérations qui a donné naissance à la ville de Tinghir dans son image actuelle, en détruisant à jamais le paysage de chapelet des ksour qui dominait la vallée, a remué les différences sociales éclatantes et les cloisonnements ethniques sclérosés sans les faire disparaître. Jusqu'à aujourd'hui, les réseaux et les groupes de solidarités ethniques et tribales traditionnels sont encore vivants à Tinghir, et les anciennes structures sociales sont encore plus ou moins maintenues. Les nouveaux lotissements implantés dans les zones ouest de la ville obéissent aux lois du marché foncier, et facilitent aux communautés autres que les Ait Tdoght l'accession aux terrains constructibles dans la ville. La carte montre qu'elles sont en grande partie aux mains des Ait Atta, et à notre sens ceci est dû à la proximité des agglomérations d'Imider, Timadrouine, Ouaklim (Ait Atta) et d'Amane niqudares (Chorfa), qui sont aujourd'hui quasiment rattrapées par l'étalement urbain de Tinghir. La proximité de ces lotissements aussi avec les ateliers liés aux mines d'argent d'Imiter Tawzagt renforce la diversité sociologique de ces nouveaux quartiers. Tawzagt est d'ailleurs la circonscription qui fait élire des non-Todghaouis et souvent les Ait Atta ou des Ait Yafelman de la liste des partis de gauche et des syndicats de Tawzzagt. Dans le reste de la ville, plus on s'éloigne des quartiers du sud-ouest, plus les implantations forment des espaces mono-ethniques. En général, la mixité est plus significative le long de la route nationale, vu la valeur marchande des terres à proximité des voies de circulation (fig. 22).

---

[21] L'Américain signifie pour l'interviewée l'Américain d'origine européenne et le nègre désigne l'Américain d'origine africaine.

Les quartiers ksouriens, à l'origine indépendants les uns des autres, ont chacun des infrastructures de base propres, un cimetière, une place de battage du blé, souvent occupés actuellement par des terrains d'activités sportives... On a l'impression que Nicolas Puig parle de Tinghir quand il nous décrit Tozeur en Tunisie. Il disait :

> « Indices des découpages territoriaux, les équipes de football de quartier renseignent sur la morphologie de la ville. Chacune des équipes correspond à un quartier dans lequel elle dispose d'une aire de jeu où se déroulent les parties, une langue de steppe après les dernières habitations, un morceau de rue, une partie de cimetière qui s'amenuise au fur et à mesure du destin démographique de la ville. » (Puig Nicolas 2003.)

L'efficacité de cette carte produite s'explique par le résultat obtenu. On a réussi enfin à mettre au clair le poids démographique et politique réel de chaque composante tribale dans l'espace urbain de Tinghir. Cet espace est actuellement partagé entre les groupes ethniques locaux des Ahl Todgha et les nouveaux arrivants des deux principales confédérations tribales voisines, les Ait Atta et les Ait Yafelmane, en plus des Ait Taghbalt.

Les conditions d'accès aux terrains entre les derniers arrivants et les Ahl Todgha sont inégalées et incomparables. Ils n'ont pas la même facilité foncière que les autres. Et plus encore, les extra-Todghaouis n'ont pas la possibilité d'accéder aux quartiers ksouriens quasiment non ethniques, ce qui explique leur installation dans des espaces urbains et pas dans d'autres. Cette imperméabilité des quartiers ksouriens aux non-Todghaouis vit ses derniers jours avec les nouvelles réglementations en vigueur et la libération imminente du marché foncier urbain.

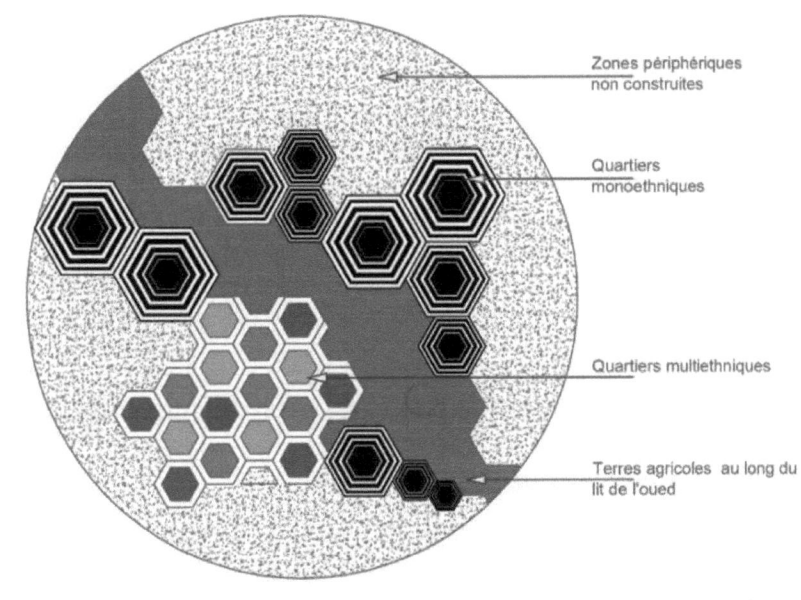

Figure 15 : Illustration de conurbation polynucléaire
de la ville de Tinghir © Odghiri 2018.

Les territoires tribaux étaient, comme le disait Nicolas Puig, toujours à conquérir et ne pouvaient en aucun cas être considérés comme définitifs[22]. Ils étaient en perpétuelle évolution, suivant les nécessités de l'écosystème et les rapports de forces entre tribus. Le Dahir de 1919 était pour le Protectorat le meilleur outil pour substituer à terme aux territoires d'une tribu des terres collectives qui seraient une propriété bien délimitée, d'un groupe ethnique bien précis, donc morcelable et acquérable. La tribu a perdu beaucoup d'autres moyens et outils nécessaires à son fonctionnement et à sa pérennité, d'où la situation actuelle, où la tribu existe seulement dans l'imaginaire et le sentiment d'appartenance identitaire des individus, sans aucune force d'organisation sociale ou capacité de contrôle du territoire, une sorte d'« appellation d'origine contrôlée », en reprenant les termes de Riccardo Bocco évoquant les nouvelles identités ayant émergé chez les Bédouins jordaniens après l'urbanisation de leur espace (Bocco

---

[22] Puig Nicolas, 1869, *Bédouins sédentarisés et société citadine à Tozeur (Sud-Ouest tunisien)*, Éditions Karthala et IRMC, 2003.

1996). La ville est cependant structurée par les liens de parenté et par les logiques de l'ancien ordre, comme Métral l'avait bien décrit dans son article intitulé « Une petite ville de la steppe syrienne, ordre tribal et citadinité » :

> « L'espace résidentiel est subdivisé selon l'ordre segmentaire propre à la structure tribale constituée par un emboîtement de groupes et de sous-groupes dont les liens et la résidence correspondent à un schéma de filiation généalogique patrilinéaire. Le quartier est ainsi partagé entre quatre ou cinq tribus alliées et/ou revendiquant une ascendance commune, chacune ayant son territoire. » (Françoise Métral 2000.)

3. Comparaison avec d'autres cas dans le monde arabe

3.1. La ville de Guelmim au Maroc

La ville de Guelmim dans la région de l'oued Noun a également connu les phases de prospérité lorsque la région avait servi comme station-relais au commerce caravanier. Une vocation qu'elle n'a pas pu préserver au début du XXe siècle. Le diagnostic est exactement similaire à celui qu'on a déjà présenté dans le cas de Tinghir, avec la réorientation de commerce vers l'océan et la création des frontières postcoloniales qui ont anéanti les échanges avec l'Afrique. L'installation d'une nouvelle infrastructure routière et le développement des moyens modernes de communication et de transport ont énormément affaibli le rôle de la ville de Guelmim parmi les ports du désert. La libération des provinces de Saquia El Hamra et Oued Eddahab de l'occupation espagnole et leur intégration dans la géographie marocaine a redonné vie à cette ville et lui a permis de récupérer à nouveau en quelque sorte sa vocation de relais avec les provinces du Sud. Pendant cette phase, les dynamiques urbaines se sont intensifiées et Guelmim est redevenu un centre urbain attractif pour les populations des tribus avoisinantes.

Le foncier présente aussi beaucoup de similarités entre Guelmim et notre cas d'étude Tinghir. La propriété collective était la règle presque partout dans la région de l'oued Noun jusqu'à l'ère postcoloniale où la sédentarisation s'est accélérée et où la propriété individuelle a commencé à gagner du terrain tout en gardant chaque groupe ethnique dans son territoire d'origine. La répartition des ethnies par quartier sur l'espace urbain comme l'expose la carte réalisée par les auteurs, nous montre à quel point l'institution de « la tribu dans la ville » est aussi présente à Guelmim, comme elle l'est à Tinghir. La visibilité politique et la proportionnalité de la représentation de chaque ethnie au conseil municipal suivent les mêmes logiques qu'à Tinghir. Le facteur tribal et son importance sur la structuration de l'espace sont aussi bien illustrés par les auteurs, quand ils ont parlé d'une puissante institution désignée par « la tribu dans la ville ». À Guelmim, la tribu est aussi une institution sociale qui continue de mobiliser les citadins autour d'elle, et ne cesse de servir de terreau idéal pour la tradition qui est encore le refuge préféré d'une bonne partie des citadins de cette ville.

Cette institution sociale qu'est la tribu alimente aussi sûrement à Guelmim un certain sentiment d'appartenance identitaire.

Les auteurs disent en page 44 de l'ouvrage :

> « Une lecture rapide des localisations spatiales des tribus dans la ville, ainsi que la propriété foncière citadine montrent clairement que le sol urbain y est approprié selon les divisions tribales : les Ait Lahssen dans les noyaux traditionnels de la Kasbah, les Ait Baâmrane vers le nord-ouest de la ville près des silos de "Taghmert" et les Ait Moussa Ou Ali dans le nord de la ville sur la route de Tiznit. »

Les réalités et les comportements ruraux dans la ville de Guelmim exposés par les auteurs montrent aussi de grandes similarités avec ce que nous avons pu observer dans les premiers chapitres de cette thèse.

3.2. Elbiodh Sidi Cheikh en Algérie

Elbiodh Sidi Cheikh est une ville algérienne de 25 000 habitants, à 450 km au sud d'Oran, elle aussi située aux confins du Sahara. L'unique raison d'être de son émergence est l'existence de la Zaouia et du Mausolée de Sidi Abdelkader Ben Mohamed, dit Sidi Cheikh : la ville a émergé autour de ce marabout. C'est une ville d'anciens nomades, et chacun des groupes de nomades s'est installé de son côté habituel de nomadisation. Les nouveaux arrivants ont construit leurs maisons aux côtés d'autres déjà installés, et ayant des liens de parenté avec eux. Dans son article traitant de cette ville, le géographe français Jean Bisson décrivait la disposition des quartiers comme une traduction en termes urbains de l'organisation de l'espace nomade (Bisson 1986, p. 147).

Elbiodh Sidi Cheikh est une ville nomade par excellence, qui dépend du commerce et s'alimente par le flux des pèlerins qui viennent visiter les lieux. Comme dans les exemples précédents, sa fonction de point de relais avec le Sahara a cessé d'exister, ce qui l'a donc poussée à changer d'orientation vers le nord pour s'intégrer dans le réseau routier oranais.

Les liaisons quotidiennes avec la ville d'Oran, par bus, confirment cette dépendance. Dans un contexte politique caractérisé par un grand interventionnisme de l'État, la promotion administrative de cette ville a joué un grand rôle dans sa croissance rapide. Elle est passée de 2 400 habitants en 1959 à 25 000 actuellement.

À la différence de notre cas avec Tinghir, Elbiodh Sidi Cheikh est profondément marquée par l'origine exclusivement nomade de ses habitants (Bisson 1986, p. 143).

3.3. La ville de Tijikja en Mauritanie

Dans sa thèse, en 2006, le politologue français Vincent Bisson a orienté ses projecteurs, entre autres, sur la ville de Tijikja, une ville qui compte plus de 13 000 habitants et qui a émergé dans la deuxième moitié du XVIIe siècle comme ville-relais pour le commerce caravanier. L'intervention coloniale française a bouleversé toutes les logiques d'aménagement de l'espace qui étaient la règle courante dans les siècles qui ont précédé. Dans ce troisième cas, les regroupements sectorisés par affinité lignagère se confirment encore, mais sans ségrégation ni distanciation sociale ou spatiale (Bisson Vincent 2006).

Cette ancienne principauté du milieu de XVIIIe siècle a gardé son influence et son prestige jusqu'au choc colonial français, qui l'a sérieusement secouée et déstabilisée, avant d'être définitivement déclassée par les autorités du nouvel État indépendant. La présence de l'administration et de la force coloniale française a changé la donne et provoqué des mouvements de populations, qui ont fini par l'installation des tribus Amgarij et Ahl Mahan Achour dans la ville, après la promotion de celle-ci en chef-lieu de Tagant en 1912. Elle s'est lentement transformée avec le temps en « un simple exutoire pour les populations les plus déshéritées et les plus dépendantes, celles qui n'ont même plus assez de moyens ou de force pour quitter la région », ce qui nous conduit à une urbanisation de la crise conformément aux analyses de B. Wane[23] en 1998 (Bisson 2006,

---

[23] Cité par Bisson (2006).

p. 272). Les fondateurs de la ville, les Idawalis, représentent les quatre cinquièmes des habitants de la ville. Les ressources des habitants viennent principalement du secteur tertiaire, de l'agriculture et de la fonction publique. Le commerce, aux mains des Idawalis, manque de dynamisme, faute de pouvoir d'achat, du fait de la crise agricole, du sous-équipement des fonctionnaires et de leur sous-paiement. On reste totalement dépendant des transferts d'argent de la diaspora. La rénovation urbaine est inexistante, à part des villas modernes qu'on trouve ici et là, et qui servent de point d'ancrage local à des fins politiques pour les Idawalis, qui sont souvent des hauts fonctionnaires à Nouakchott.

Les différentes fractions des Idawalis s'investissent à fond dans la lutte pour la conquête du conseil communal, mais la gestion des affaires de la ville est la dernière chose qui les intéresse. P. Marchesin[24] a bien décrit la situation au début des années 1990 :

> « Le principal conflit dans cette région du centre de la Mauritanie dont la capitale est Tidjikja n'est pas inter, mais intra-tribal. La tribu des Idaouali est divisée en deux tendances rivales, Ehel Hammoud et Ehel Zein, chacune regroupant autour d'elle un certain nombre de tribus ou de fractions. La première tendance est majoritaire sur le plan démographique au niveau régional ; la seconde compte une majorité d'individus à Tidjikja. »

Comme dans les cas de Tinghir et des autres villes, détaillés précédemment, la plus grande partie des problèmes provient de la complication des statuts fonciers. Les autorités en sont conscientes, et ont entrepris beaucoup de tentatives de régularisation foncière, en vain.

Le combat pour la réappropriation de l'espace urbain et le contrôle des institutions de la ville entre groupes ethniques a réussi pour la fraction des Ahl Maham, par le coup de maître fait par un jeune politicien de cette fraction, Mustapha Ould Sidat M, aux élections de 1994. Avec un Hartani comme maire adjoint, la jeune génération a souhaité reprendre les clés de la ville des mains des vieux notables qu'ils jugent corrompus. Ces nouveaux politiciens ont essayé de s'adresser aux populations non idawalies qui représentent 1/5 de la totalité des habitants de la ville. Ces populations ne sont jamais représentées et aucune d'elles ne pourra être un jour élue, puisqu'elles

---

[24] Cité par Bisson (2006).

sont dispersées sur la géographie de la ville et ne représentent aucun poids électoral dans tous les quartiers où elles sont installées. Elles se sont automatiquement orientées vers leurs origines où leur légitimité politique reste encore intacte. Pour la majorité de la diaspora des Idawalis, la ville n'est qu'un lieu de ressourcement qu'ils s'efforcent de maintenir en l'état et de protéger de toute perversion, c'est leur pôle identitaire et leur point d'ancrage politique. Ils s'accrochent donc à ses apparences et à son passé considéré comme prestigieux et continuent de polir son image.

La carte géographique produite par nos soins et présentée dans ce chapitre expose le lien entre les groupes ethniques et l'espace urbain. Les Ait Atta qui ont immigré à Tinghir sont venus après avoir laissé un processus de sédentarisation derrière eux et ne présentent donc pas de grandes différences culturelles avec les Todghaouis. Ils ont presque les mêmes affinités et la même capacité à s'adapter au nouveau monde urbain dans sa forme contemporaine. Ces sédentaires ruraux qui ont pris la direction de Tinghir en vue de s'accorder les avantages du centre urbain, que ce soit le service ou le dynamisme économique, ont eu une phase transitoire d'accueil à Tinghir très facile.

Les projecteurs sont donc orientés vers les Ait Atta en tant qu'acteurs locaux qui participent à la production de la ville et de l'espace urbain, et de sa nouvelle identité. Ce nouvel acteur qui pourra aussi être gestionnaire de la ville ou représentant des autorités locales est parfaitement localisable grâce à notre cartographie. L'émergence de ce nouvel élément participe à la redéfinition et à l'invention de la territorialité. La dimension politique du nomade sédentarisé, placée au centre de l'analyse urbaine de beaucoup de sociologues et géographes, n'était pas au centre de notre étude. Notre travail s'est intéressé aux Ait Atta plutôt comme à une tribu extra-todghaouie qui a investi leurs espaces urbains et le fait qu'ils soient des anciens nomades n'a pas pesé sur l'étude et sur les analyses. Vincent Bisson a d'ailleurs montré que le système tribal est un système que l'on trouve chez les nomades comme chez les sédentaires[25]. En revanche, des sociologues comme Riccardo Bocco (1990) sont allés plus loin, en associant le nomadisme au tribalisme. Et lorsqu'on revient à la définition que Baduel donne à la tribu, qui est tout simplement « un mode d'organisation socio-

---

[25] Vincent Bisson, *Dynamiques comparées de l'urbanisation en milieu tribal (Tunisie et Mauritanie)*, thèse de doctorat en géographie, université de Tours.

politique à base de manipulation des signes de la parenté », on peut conclure que cette entité qui combine l'ascendance commune et la solidarité de groupe (Baduel 1995, p. 166[26]) peut être une organisation de nomades ou de sédentaires. Le sentiment identitaire lié à l'appartenance tribale chez les habitants de Tinghir s'active quand les intérêts de différents groupes s'opposent, comme cela peut être le cas entre deux collectivités territoriales voisines ayant un conflit sur le tracé des limites de leurs terres collectives. Le lignage et l'esprit d'appartenance au groupe peuvent être un moyen de manifester la crise, mais de façon temporaire. C'est aussi l'analyse que Michel Seurat a faite sur le quartier de Bâb Tebbâné à Tripoli au Liban en 1989, où il insiste sur le fait que « la ville apporte à la âassabiyya[27] une sorte de reconnaissance, une légitimité » (Seurat 1989).

En s'intéressant à la « substance sociale » de la ville au Maroc présaharien, où l'activité humaine est concentrée dans des îlots et des micro-territoires de délimitation nette à l'intérieur d'énormes espaces arides, on braque les projecteurs sur le transfert des comportements humains d'un territoire vaste vers des espaces géographiquement limités. C'est aussi prendre en compte l'appartenance tribale, et l'organisation foncière qui en dépend, dans l'analyse des dynamiques urbaines. La « substance sociale » de la ville est donc fondamentale pour une meilleure compréhension du processus d'urbanisation à Tinghir, et des dynamiques qui l'animent.

La territorialisation tribale dans l'espace urbain est certes visible actuellement, puisqu'une bonne partie des néo-citadins gardent et nourrissent un contact continu avec leurs origines. La rupture avec la tribu n'est pas à l'ordre du jour, mais à Tinghir, la société et ses individus sont en train de muter. Les liens sociaux entre les individus de même groupe deviennent de plus en plus lâches et on se dirige vers un amorphisme social formant une poussière d'individus sans esprit collectif. Le quotidien et le rythme de vie des Tinghirois étaient, jusqu'à la fin du siècle dernier, déterminés par le droit coutumier de ces groupes ethniques dans un univers en pleine urbanisation. Leur émergence avait eu lieu selon leurs propres règles issues du système d'organisation tribale locale, sans l'intervention des pouvoirs publics.

---

[26] Cité par Vincent Bisson, dans *Dynamiques comparées de l'urbanisation en milieu tribal (Tunisie et Mauritanie)*, thèse de doctorat en géographie, université de Tours.
[27] Terme utilisé par Ibn Khaldoun pour exprimer l'appartenance.

Malgré son développement spontané et sa conception en grande partie par ses habitants, sans aucune planification, la ville est touchée de plein fouet par la mondialisation et ses effets, mais le sentiment d'appartenance et d'attachement des habitants à leur ville reste spécifique et signifiant.

C'est l'intensité de circulation des biens, des personnes et de l'information qui a totalement changé le mode de fonctionnement du monde où on vit, en provoquant l'explosion de l'urbanisation qui est certainement un symptôme de la mondialisation. La mondialisation et l'urbanisation sont même liées dans un processus d'interdépendance, et beaucoup de scientifiques commencent à parler de l'universalisation de l'urbain.

L'homogénéisation spatiale et la tendance à uniformiser l'urbain n'ont pas réussi à tuer la spécificité des villes contrairement à ce qu'avait professé Mongin en 2005[28], qui voyait la globalisation comme une fin de la géographie et une mise en réseau globale de la planète. Mongin, dans sa théorie, annonçait la mort de la notion de « fonction urbaine » avec l'arrivée de la globalisation. Selon lui, les connexions et les transports ne peuvent plus être réduits à une simple fonction urbaine, ils sont devenus le noyau constitutif de tous les secteurs, et les transports ont définitivement remplacé la notion de fonction urbaine.

Au cours de cette étude, nous nous sommes engagé à nous affranchir de toute lecture émotionnelle de la ville de Tinghir et de tout discours classique produit sur les aires urbaines d'origine ksourienne. En effet, les discours scientifiques et non scientifiques sur les oasis et les ksour sont souvent entachés d'absence d'impartialité et dominés par l'engagement et le militantisme.

Notre approche analytique diffère alors de l'ensemble de ces lectures, car, selon nous, elles reposent encore sur une vision déformée des villes oasiennes qui les aliène par rapport au reste des villes de la planète.

---

[28] Mongin Olivier, 2005, *La condition urbaine. La ville à l'heure de la mondialisation*, Paris, Seuil.

3.4. Al-Mwaqqar et les villages bédouins Khraycha des Bani Sakhr en Jordanie

Le village Al-Muwaqqar est un village jordanien proche de la capitale Amman et construit autour des ruines d'un palais omeyyade, le Qasr Al Muwaqqar. C'est la principale agglomération d'un des districts du gouvernorat actuel d'Amman, portant le même nom, dans le nord-ouest de la Jordanie. Le district abrite le siège de la 3ᵉ Division blindée, mais aussi un centre de formation de la police. Le sociologue Riccardo Bocco a nuancé le processus d'urbanisation dans les zones pastorales en Jordanie dans son article paru en 1986, sous le titre « Petite ville et citadinité en Jordanie ». Les trois groupes principaux ont presque le même poids démographique et sont les Kraysha, les Abid[29] et les Tiyahah. Mais seuls les Khraysha sont de grands propriétaires de foncier et de vrais contrôleurs de la ville et de ses territoires. Toutes les terres du village et des alentours sont leur propriété, et les autres groupes ne peuvent en tirer profit qu'en cultivant ces terres par métayage.

Les Khraysha ne contrôlent pas seulement le foncier, ils contrôlent aussi le marché de l'emploi, tandis que les postes administratifs clés leur reviennent. Le maire du village ne peut donc être qu'un Khraysha. Après la sécheresse qui a touché la région dans les années 1930-1940, une grande partie des Khraysha ont intégré l'appareil militaire du jeune royaume chérifien, ce qui a conforté leur place dans la société et renforcé leurs réseaux d'influence.

L'accès gratuit à l'éducation à la même époque leur a permis de changer leur niveau de vie. Les terres collectives n'ont pas joué le même rôle ici qu'à Tinghir, puisque la Jordanie avait déjà adopté en 1933 une loi « Land settlement law » qui a mis fin au phénomène des terres collectives. La première maison en dur a été bâtie en 1935, les édifices publics et les outils de contrôle de l'État n'ont pas tardé à suivre, et le premier poste de police a été installé à Al-Mwaqqer en 1936.

Ces anciens pasteurs, qui ont investi l'armée et l'administration du jeune État indépendant, sont aussi dans les activités de contrebande occasionnelle pour améliorer leurs revenus et assurer le flux monétaire

---

[29] Le nom de cette fraction signifie littéralement « esclave », ce qui explique leur statut social inférieur.

nécessaire pour garder leur influence. Quant aux deux autres groupes, ils sont totalement dépendants de la bonne volonté des maîtres des lieux, qui peuvent les aider avec une médiation pour obtenir un poste ou un privilège. La stratification économique est présente et a des beaux jours devant elle, puisque la stratification sociale perdure. Le mariage entre un Kharaysha et un membre de l'un des deux autres clans est impossible. Le mariage d'un/une Kharayshi se fait avec un/une autre Kharayshi, ou un membre d'une autre famille influente de la capitale Amman. Pour les Abid, l'endogamie est la seule règle possible. Les Tiyaha, cependant, ont le choix entre l'endo ou l'exogamie, ils ont l'habitude de se marier avec les réfugiés palestiniens.

Le centre de l'agglomération est occupé par les Khraysha et leurs serviteurs Abid. Les Tiyaha, quant à eux, sont implantés dans les marges orientales de la ville, sans infrastructures, ni électricité, ni eau. À l'ouest et au nord-ouest se trouvent les grandes maisons prestigieuses des Khraysha. La proximité de l'agglomération à Amman garde sa démographie constante et sous contrôle.

3.5. La tribu dans la ville de Soukhné en Syrie

Le travail fait par les sociologues et anthropologues français Françoise et Jean Métral en 1989 sur la ville d'As-Sukhnah en Syrie est un exemple qui présente beaucoup de similarités avec notre cas, mais aussi quelques différences (Métral Françoise et Jean 1989).

As-Sukhnah est une ville oasienne de 16 000 habitants, aux confins du Sahara syrien, implantée sur une voie de passage obligé, avec une disponibilité d'eau nécessaire à toute activité humaine. Les populations de Soukhné et ses habitants se reconnaissent comme des commerçants. Son infrastructure commerciale comme son grand bazar, ses édifices publics et religieux, comme son importante mosquée, confirment son titre de ville.

Les Sukhniotes, au contraire des Tinghirois, méprisaient le travail agricole. La ville comptait 2 000 habitants en 1939, à peu près la taille du ksar Ait L'hajj Ali à l'époque. Le nombre d'habitants a augmenté pour atteindre 12 500 en 1987 et 16 000 de nos jours. Comme Tinghir, la perte des avantages du commerce caravanier a affecté la ville, mais a vite été compensée par la mise en place des nouvelles voies de communication : dans le cas d'As-Sukhnah, c'est la route de Damas–

Palmyre–Deir-Ezzour. La ville d'As-Sukhnah a aussi joué un rôle important de diffuseur pour les territoires nomades et tribaux de ses alentours, et les Bédouins y rentrent régulièrement pour s'approvisionner. Les commerçants sukhniotes partent à la recherche de leurs clients, en se déplaçant chez eux s'il le faut. Ils installaient des boutiques chez leurs clients hors de la ville. La présence de leurs points de commerce est tolérée en milieu tribal bédouin, mais uniquement dans les tentes, on ne les a jamais autorisés à construire en dur, pour éviter de possibles revendications de droit du sol dans ces territoires.

Les dynamiques du commerce et l'importance de l'activité tertiaire pour ce centre sont claires. On est passé de 21 boutiques en 1939 à 50 en 1978, jusqu'à 161 en 1986. La rareté des ressources, ici comme à Tinghir, a produit une forte culture d'immigration chez les Sukhniotes. Les immigrés tentent toujours leur chance dans le commerce ailleurs et surtout à Raqqa. Les familles gardent leurs liens et les entretiennent, comme à Tinghir. La dispersion géographique n'a pas amené la décomposition sociale avec elle. Au contraire, l'immigration est le moyen pour les familles d'avoir des ressources nécessaires pour rester sur place.

La gestion des relations de voisinage entre les diverses tribus qui occupent l'espace urbain présente des similarités entre les deux centres, de même pour l'administration et l'aménagement de l'espace. Cependant, les différences morphologiques sont nombreuses : à la différence de Tinghir qui était un chapelet de ksour fortifiés, As-Sukhnah était depuis toujours une ville ouverte, sans portes ni enceinte. Le centre urbain de la petite ville syrienne est occupé par deux tribus, ce qui explique la bipolarisation de la vie politique et l'inscription spatiale des structures lignagères projetant ainsi le clivage ethnique sur l'espace urbain. Le regroupement des habitants dans des quartiers de la ville suit la logique des clans et des tribus. Même la rue commerçante du souk, qui coupe le village du nord au sud, a deux moitiés distinctes, correspondant chacune à une des deux tribus composant la ville.

Au sud sont installés les Beni Mgeibel (ceux venus de la Quibla, La Mecque), anciens sédentaires, fondateurs de la ville ; et au nord, trois grands groupes d'origines bédouines sont venus s'installer ensuite : les Beni Khalaf, les Beni Afweh et les Marazges. Le quartier

Ouasat au milieu, qui signifie aussi littéralement « milieu », abrite des édifices publics communs aux deux communautés, comme la fontaine d'Ain Al Ayyach, la mosquée, le bain public et l'habitation de la famille se chargeant des affaires religieuses. Ce quartier est un lieu neutre qui est ouvert aux deux communautés.

L'affiliation généalogique patrilinéaire continue de structurer les quartiers de la ville de l'intérieur, selon le principe de segmentarité. Le cimetière est même divisé en deux parties, une pour chacun des deux blocs. Le droit à la ville est soumis clairement à l'ordre tribal, qui reste le seul cheminement pour se l'approprier. Les équipements publics suivent aussi ce schéma et même le renforcent. Comme à Tinghir où chaque ksar de Todgha avait son groupe électrogène pour s'autofournir en l'électricité dans les années 1970, les deux parties d'As-Sukhnak avaient, chacune indépendamment, leurs fournisseurs d'électricité jusqu'à la connexion des deux au réseau national en 1979. Les Beni Mgeibel, fondateurs de la ville, détiennent encore les clés du contrôle de la ville comme les Ait Tdoght à Tinghir.

CHAPITRE V :

Urbanité et pratiques urbaines dans la ville de Tinghir

Le chapitre précédent nous a permis de définir le poids réel de chaque ethnie sur l'espace urbain thinghirois et leur répartition exacte sur divers quartiers de la ville, grâce à la carte tribale réalisée par nos soins après une enquête sur le terrain. Dans ce chapitre, l'analyse processuelle qui va permettre de réintégrer la dimension spatiale au sein du social nous aidera à étudier la dimension spatiale de l'urbanité. On s'efforcera de suivre le tracé d'évolution de l'urbanité à Tinghir et de nuancer la nouvelle identité citadine qui commence à émerger. On continuera pour définir les outils que les acteurs locaux, habitants, société civile et politique, mettent en place pour renforcer le sentiment d'appartenance commun et l'appropriation de Tinghir par tous ses habitants, peu importe leur ethnie et leurs origines. Il s'agit principalement dans ce chapitre d'analyser l'urbanité dans sa dimension spatiale, et le sentiment identitaire lié à l'appartenance géographique des individus. En d'autres mots, notre objectif ici est de comprendre la relation entre le lieu géographique et le contenu social, et de voir si la ville est vraiment une organisation spatiale du social : l'espace est-il une dimension de la société, ou bien la réalité sociale préexiste-t-elle et détermine-t-elle les formes spatiales, qui restent alors réduites à une simple projection des données sociales ? On arrivera à ces objectifs en clarifiant comment différents groupes ethniques manifestent leur occupation des sols, et comment se distinguent leurs représentations urbaines, en exposant la définition de la ville et la définition de la ville idéale pour les individus.

Nos interviews ont pour vocation de retracer le processus d'urbanisation et d'urbanité chez les Tinghirois « authentiques » et chez les nouveaux Tinghirois en lien permanent avec la ruralité et les ruraux. Ces interviews seront notre outil pour comprendre l'interaction entre le rural et l'urbain chez les Tinghirois, entre leur identité tribale et leur citadinité.

On s'en servira aussi pour exposer les changements et les progrès s'il y en a, et voir comment ces changements sont vécus, pour enfin pouvoir nuancer l'expression de la nouvelle identité et de la nouvelle culture chez les Tinghirois, et comprendre leur perception et leur lien avec leur quartier et/ou leur tribu.

1. La ville au regard de la sociologie urbaine

Les sociologues ont toujours considéré toute étude et recherche sur la ville et la vie urbaine comme sociologie urbaine. On a donc classé les travaux de l'École de Chicago comme sociologie urbaine. Les grands courants de la sociologie urbaine sont :

– L'approche psycho-socio-écologique de l'école de Chicago.

– L'approche socio-économique française, M. Castells, Jean Lojkine et Fraçois Godard, qui considèrent la ville comme un espace de reproduction de la force de travail.

– L'approche institutionnelle : qui reproche à l'approche socio-économique de négliger les acteurs et de se limiter au capital dans la production de l'urbain. Cette approche met les acteurs au cœur de la problématique de la ville, de l'aménagement du territoire, du logement, etc. C'est une approche plus adaptée aux bureaux d'études, aux professionnels des organisations...

– L'approche socio-culturelle : qui se base sur l'idée que les valeurs définissent les comportements des individus dans la création et l'aménagement de la ville et de l'habitat. Cette approche cherche à étudier le rôle des valeurs culturelles dans la production de l'espace. On y étudie par exemple comment les échelles de valeurs peuvent influencer le choix du logement ainsi que son aménagement chez les habitants. Cette approche s'oppose au socio-économique, mais aussi au psycho-socio-écologique qui dit que la ville influence les comportements individuels et pas le contraire.

En s'intéressant généralement à la problématique de relation et d'interaction entre l'espace et le comportement humain, la sociologie urbaine est la fraction qui a toujours attiré et attire encore l'intérêt d'une bonne partie de sociologues dans le monde. Les changements radicaux que notre ère moderne a connus ont rendu la différenciation entre la ville et la campagne difficile et l'opposition entre les deux totalement obsolète, ce qui laisse beaucoup de scientifiques parler d'une crise de cette discipline. Mais l'opposition du mode de vie de la ville et de celui de la campagne avait toujours été adoptée par les sociologues qui soulignaient les différences de niveaux d'interaction entre les deux formes d'organisation sociale, celle de la ville et celle de la campagne. Cette opposition trouve ses origines chez Ferdinand Tönnies qui a particulièrement opposé la « société » à la « communauté » dans son livre *Gemeinschaft und Gesellschaft*[1] paru en 1887. Il accorde des caractéristiques spéciales à la communauté, comme la proximité spatiale des habitants et la relation d'affection entre individus ; dans la communauté, le groupe prime sur l'individu. Le groupement humain est donc défini comme « une communauté de sang, de lieu et d'esprit ». La société, quant à elle, met l'individu en avant et le groupe au deuxième rang, si bien que la concurrence destructive bat son plein entre les membres d'une société dont l'intérêt personnel est le fondement de tous les rapports. La société est alors une sorte de poussière humaine d'individus isolés et séparés entre eux. Le contraste de Tönnies est la base théorique qui rend plus facile pour les sociologues d'opposer ensuite la société rurale « communauté » à la société urbaine « société », comme Durkheim qui lie définitivement l'organisation segmentaire à la campagne et affirme que « Tant que l'organisation sociale est segmentaire, la ville n'existe pas » (Émile Durkheim 1930, p. 238). Georg Simmel, quant à lui, nous parle de l'impersonnalité des échanges et de la dépersonnalisation des liens entre des citadins pour lesquels les relations sont dépendantes des intérêts, au contraire des petites agglomérations où se développent des relations affectives de voisinage (Simmel 1989). Oswald Spengler reprend la théorie de l'opposition avec une vision plus sombre quand il considère que le triomphe de l'urbanisation en Occident impliquerait nécessairement son déclin (Oswald Spengler 2007). Weber, qui regarde la ville sous l'angle de l'organisation politique et administrative, rejoint Simmel dans sa thèse, puisqu'il considère la ville comme un centre de commerce monétarisé, où le travail est divisé et où les tâches professionnelles sont spécialisées

---

[1] Tönnies Ferdinand, 2012, *Gemeinschaft und Gesellschaft: Grundbegriffe der Reinen Soziologie*, Trapeza, 330 pages.

(Weber 2013). Pour Weber, ce sont les relations d'interdépendance des activités des citadins, la sécurité, l'emploi et la concurrence pour une meilleure gestion des biens de la ville qui font l'essence de cette ville. Et la cohésion sociale est impérative pour une gestion idéale des biens collectifs. La lecture de *Le Paysan polonais en Europe et en Amérique*, publié en 1916 par William Isaac Thomas et Florian Znaniecki, montre l'influence des thèses et des analyses de Georg Simmel, qui ont servi de bases de référence pour les travaux et les enquêtes sociologiques de l'École de Chicago. L'enquête, qui s'est servie de la collecte des correspondances et des journaux intimes vendus par Wladesk Winsniewski (il a aussi vendu les droits de publication de sa vie), confirme Georg Simmel, lorsqu'elle montre cet individu en perte de repères, et qui est partagé entre la volonté de vivre du nouveau et le désir de stabilité, cherchant sa place dans une société désorganisée.

L'École de Chicago, qui s'est basée sur l'héritage des grands scientifiques européens comme Durkheim, Simmel, Weber, etc., a réussi à transformer la ville en un objet d'étude de la sociologie urbaine ; cette discipline est quasiment corrélée à l'École de Chicago depuis. Les scientifiques de l'École de Chicago qui se sont intéressés à toutes les questions urbaines ont pu, durant leurs études de divers phénomènes urbains, créer les principes de base pour l'émergence d'autres spécialités de la sociologie comme l'anthropologie, l'ethnologie, les études sur les familles, les sciences politiques, etc. Les trois pionniers de cette école sont William Thomas, auteur du *Paysan polonais*, Robert Park, initiateur de l'écologie de la ville, et Louis Wirth.

Ce dernier, qui était un étudiant de Robert Park, va suivre le chemin des sociologues européens, comme Weber, Durkheim et Simmel dans ses recherches, et continuera à nuancer les caractéristiques des phénomènes urbains. C'est avec lui que l'opposition de la ville et de la campagne a commencé à être relativisée. Il considère que les progrès technologiques dans les moyens de communication et de transport ont « accentué le rôle des villes comme éléments dominants de notre civilisation et ont considérablement étendu les modes de vie urbains au-delà des confins de la ville elle-même » (Louis Wirth 1979, p. 259). Pour finir par formuler la définition de la ville comme suit : « Dans une perspective sociologique, la ville peut être définie comme un établissement relativement important, dense et permanent d'individus socialement hétérogènes. » (Louis Wirth 1979, p. 262.)

Pour Wirth : « L'accroissement du nombre implique ainsi un changement dans le caractère des relations sociales. » (Louis Wirth 1979, p. 266.) Il continue en écrivant : « Il est caractéristique de la vie urbaine que nos contacts physiques sont étroits, mais que nos contacts sociaux sont distants » (Louis Wirth 1979, p. 268). Il finira par conclure que :

> « L'interaction sociale entre une telle variété de types de personnalités en milieu urbain tend à rompre la rigidité des clivages de caste et à compliquer la structure de classe, entraînant ainsi un cadre de stratification sociale plus ramifié et différencié que celui qu'on rencontre dans les sociétés plus intégrées. La mobilité accrue de l'individu, qui soumet l'action d'un grand nombre de personnes diverses et l'assujettit à un statut fluctuant au sein des groupes sociaux différenciés qui composent la structure sociale de la ville, tend à faire accepter l'instabilité et l'insécurité dans le monde comme une norme. Ce fait aide à rendre compte aussi du caractère sophistiqué et cosmopolite du citadin. » (Louis Wirth 1979, p. 271.)

2. La relation société-espace

Pour comprendre les énormes changements qu'a connus la ville de Tinghir ces dernières décennies, il est logique de s'intéresser à la vision que se font ces nouveaux citadins tinghirois de l'avenir, et à la nature de leurs relations à la fois avec leurs quartiers et avec leurs voisins. L'installation des nouveaux habitants dans les espaces urbains récemment construits donne naissance à des nouvelles pratiques urbaines, qui façonnent le quotidien des habitants et affectent leurs relations avec l'espace urbain qui les abrite. Ces pratiques urbaines participent à la fabrication d'une nouvelle identité qui englobe, entre autres, les résidus des identités anciennes.

La société tinghiroise a été créatrice de son espace à chaque période historique. En produisant son espace, la société se laisse influencer par cet espace créé, et il en est de même pour le comportement des individus qui ont participé à cette production. Cela confirme le rapport de détermination réciproque qui existe entre le lieu géographique et le contenu social des lieux. La société et son espace sont liés par des relations d'interdépendance, de détermination réciproque, et l'espace a toujours plus ou moins reflété sa société, exprimé et produit sa culture.

> « *Lorsqu'on a quitté Msemrir pour venir ici, malgré le lien gardé avec la famille là-bas, nos habitudes et nos besoins quotidiens se sont adaptés à ceux d'une famille réduite, et c'est pareil pour le reste des familles qui habitent Tichka. La maison et le quartier ont changé d'apparence avec le temps. Les épiceries que tu vois ici étaient des garages, la vie est devenue plus facile. On n'est pas obligé de courir vers le centre pour s'approvisionner. On a même créé notre espace vert pour se rencontrer le soir entre jeunes. On se sent chez nous maintenant.* »

Hassan, 36 ans, artisan plâtrier, originaire de M'semrir, habite Tinghir depuis 2003.

Tout en gardant à l'esprit que le social est par définition une combinaison de contenu et de forme, nous pouvons constater en observant cette citation de notre interviewé, Hassan, que l'espace est soumis au social : il est capable d'agir sur lui et de réagir à sa façon. C'est l'habitant, par ses pratiques des lieux au quotidien, seul ou en groupe, qui donne une vocation et un sens à l'espace. En proposant sa marchandise sur un point de vente dans le souk ou dans un magasin de centre-ville, ou en cultivant son jardin, on confirme la fonction du lieu où la pratique est exercée. De la même façon, en dégustant son café sur la terrasse d'un bistro ou dans une autre aire urbaine quelconque et/ou sur un mobilier urbain, on investit les lieux en les gratifiant d'une fonction de loisir. L'habitant projette ainsi ses activités et pratiques quotidiennes sur l'espace urbain, c'est l'une des facettes du rapport entre espace et société.

L'autre facette est le rôle indéniable de la société et des groupes humains dans l'organisation de leur espace. Ce rôle s'adapte aussi au facteur temps ; ainsi, le passage d'une période à une autre s'accompagne toujours d'une nouvelle organisation spatiale, et toute nouvelle organisation spatiale donne naissance à un nouvel ordre social. Ce dernier point a été largement nuancé dans le troisième chapitre de cette thèse.

Le bouleversement des structures spatiales de la ville ne peut pas avoir lieu sans qu'il soit accompagné de bouleversements conséquents des structures de la société et vice versa. Le processus d'émergence de l'espace urbain actuel peut être corrélé avec deux facteurs principaux correspondant à deux périodes historiques bien différentes. La « pacification » et l'administration ont été les premiers facteurs de structuration avec lesquels l'infrastructure militaire et administrative du Protectorat a été installée au milieu du XXe siècle, et cette structuration sera renforcée plus tard par l'état indépendant.

Le deuxième facteur a été l'émergence d'un centre d'échanges significatif dans la région qui a confirmé vers la fin du siècle dernier qu'il était un lieu majeur de ce territoire. L'espace urbain à Tinghir est sûrement le produit de la société actuelle, qui est plus ou moins fragmentée, mais c'est aussi le producteur et le support de l'éclatement social observé. Chaque groupe ethnique de l'aire urbaine de Tinghir a plus au moins produit son type de quartier, son type d'espace, et son type de centre. On peut quelquefois affirmer qu'on est plus dans la rupture que dans la permanence. La fragmentation de l'espace urbain et sa dislocation constatée ont fait émerger plusieurs centres secondaires, ce qui nous ramène du monocentrisme au polycentrisme de la ville. Ce phénomène se renforce avec les conflits de limites territoriales ethniques entre divers quartiers de la ville, conflits qui surgissent de temps en temps, comme celui qui a eu lieu en 2011 entre Afanour et Halloul avec des dégâts et des victimes, dont un mort et plusieurs blessés.

Le vieux centre-ville reste toujours la pièce centrale de cet espace, avec sa vocation de structuration du nouvel espace. Il est d'une grande nécessité économique et politique puisqu'il participe à la circulation de la marchandise et assure la domination par de nouvelles autorités des classes qui leur sont subordonnées. Il a dû laisser sa fonction et vocation de rassembleur de la communauté Ksourienne, pour devenir le point fonctionnel de l'échange.

Comme l'indique le titre de cette thèse, les mutations et les dynamiques socio-spatiales, ainsi que l'articulation entre le spatial et le social constituent dans notre présente étude le cœur du sujet. Et comme le montrent les définitions proposées au premier chapitre, l'urbanité est plus une expression spatiale, tandis que la citadinité est plus liée au social. Pour pouvoir articuler les dimensions spatiales de l'urbain exprimées par l'urbanité, et les dimensions sociales exprimées par la citadinité, on n'hésitera pas dans ce qui suit à combiner ces deux notions dans notre analyse. Tout en étant conscient que les scientifiques ne font pas obligatoirement référence aux définitions de ces deux notions – définitions qui sont similaires –, et qu'une bonne majorité de géographes montrent leur préférence pour la notion d'urbanité dans leurs analyses.

3. L'urbanisation, l'urbanité et les pratiques urbaines

Cette partie de notre cinquième chapitre consistera à nuancer la notion d'urbanité et à apporter plus de lumière sur le sentiment de l'urbanité chez les habitants de la ville.

L'urbanité est souvent réduite aux activités humaines ayant lieu dans la ville, comme l'achat d'une baguette chez le boulanger chaque matin ou les balades ludiques de fin d'après-midi. Elle dépend des édifices publics, de la nature de l'infrastructure des services dans une aire urbaine. Elle dépend de la densité, mais aussi de la diversité des bâtiments et des individus, et des interactions créées par les services. En général on peut l'appréhender comme l'addition des gestes quotidiens pratiqués par les habitants d'un milieu urbain, comme de quitter sa maison pour aller au travail, faire une pause dans un jardin public, manifester sur la place principale ou faire ses courses dans le marché de la ville. La relation dialectique entre les pratiques urbaines et les espaces dans lesquels elles sont pratiquées est bien sûr importante, puisque le lieu doit être idéal pour l'activité ou la pratique. Les volumes d'un marché doivent être bien conçus afin d'attirer la population et de lui offrir le confort nécessaire pour encourager la pratique urbaine en question (faire ses courses dans cet exemple). La conception et la réalisation de l'environnement urbain doivent être optimales pour faciliter l'appropriation des lieux par l'individu. L'urbanité est une combinaison entre la qualité des volumes urbains et la nature de l'atmosphère créée et vécue par les individus qui investissent ces volumes. Cette qualité et cette atmosphère varient de lieu en lieu, ce qui permet à ce concept d'être un outil de hiérarchisation des espaces, et de classification des rapports de domination.

Les densités humaine et morphologique combinées avec les diversités sociales et fonctionnelles sont la manifestation parfaite de l'urbanité. La ville est toujours représentée et caractérisée à la fois par ses éléments morphologiques et par ses éléments fonctionnels.

Le sentiment de l'urbanité peut être affectif chez un individu quand son lien à un espace donné de la ville aura une dimension de souvenir, qui lui rappellerait une situation bien précise vécue dans le passé. Le sentiment de l'urbanité peut aussi prendre une dimension cognitive, de connaissance développée par l'habitant, sur une seule ou plusieurs situations urbaines. Il peut être enfin un sentiment social liant l'individu à ses spécificités sociales, à ses origines ethniques, ou à son appartenance générationnelle. Mais il peut aussi être de nature spatiale, quand l'individu développe un lien d'affection avec un espace pendant une longue durée : on voit bien que le cognitif et l'affectif sont compris dans le spatial.

3.1. L'impact du processus de l'urbanisation sur les Tinghirois

L'organisation politique de la tribu à Tinghir a été un agrégat de fractions et de réalités politiques et sociales antérieures à la tribu. La stabilité n'était atteinte qu'avec le consensus de toutes les fractions, et l'administration particulière de la société était spatialement traduite par les ksour et leurs spécificités. La structure était définie par le cloisonnement, les groupes ethniques qui vivaient repliés sur eux-mêmes. La forme spatiale du ksar et les relations interethniques reflétaient la structure de l'organisation sociale qui les avait sécrétés. La maison tournait alors le dos à la rue, et était totalement orientée vers l'intérieur et repliée sur elle-même : une orientation structurelle qui permettait la protection du foyer familial en le coupant de toute relation visuelle avec l'extérieur, tout en lui permettant d'accueillir les étrangers et d'exprimer la générosité. La conquête coloniale a ensuite entraîné une nouvelle organisation sur le plan spatial, qui a donné naissance au processus d'installation d'un autre type de centre.

La nouvelle organisation sociale est suivie d'une nouvelle organisation spatiale, ou plutôt de l'empreinte spatiale de cette nouvelle société. C'est l'avènement d'un nouvel ordre social qui vient se substituer à l'ancien, et les réalités spatiales et sociales continuent d'évoluer dans le temps et dans l'espace à Tinghir et ailleurs dans le monde ; ainsi varient l'expression d'urbanité et l'incarnation de la citadinité d'une ville à l'autre, d'une société à l'autre et d'une période historique à l'autre.

L'explosion démographique qu'a connue Tinghir après l'indépendance est suivie d'énormes bouleversements des paysages urbains, entraînant des changements radicaux dans le quotidien des Tinghirois. La croissance urbaine inédite et l'étalement urbain sans équivoque ont laissé leurs empreintes sur le quotidien des habitants, ils ont influencé les pratiques urbaines et façonné l'urbanité à Tinghir. Partant de ces données, on a intégré des questions sur la perception des Tinghirois vis-à-vis des changements de l'aire urbaine et de l'intensité des changements de l'environnement urbain dans le questionnaire de notre enquête. Tous les interviewés ont témoigné des mutations majeures qui ont changé la morphologie de leur ville en un temps record. Le rôle de Tinghir est primordial pour sa périphérie et les espaces ruraux dans sa province. Un rôle tout d'abord éducatif de diffusion des valeurs urbaines, mais aussi de structuration, puisqu'il abrite l'infrastructure urbaine nécessaire pour le fonctionnement de toute son aire d'influence, ainsi que les édifices et les équipements publics. Tinghir est un nœud de diffusion et d'échange de produits, mais aussi de ravitaillement des populations rurales de la province ; c'est aussi une plateforme d'influence et d'affirmation identitaire, une fabrique de la culture et un lieu d'évolution des comportements et des mentalités.

La croissance démographique a été la principale force motrice qui a accompagné et animé l'urbanisation et l'élargissement de l'espace urbain à Tinghir, en multipliant le nombre d'habitants et en élargissant l'espace de l'activité humaine. Les agglomérations ont vu leurs volumes s'élargir, leur population se diversifier et le mode de vie de leurs habitants muter. Nicolas Puig avait expliqué ce processus d'émergence progressive de nouvelles pratiques de l'espace dans la ville oasienne, en écrivant :

> « [...] dans les cités oasiennes, le quartier bédouin, ethniquement homogène au départ, connaît une certaine mixité de plus en plus prononcée qui n'est pas sans effets sur les appropriations qualitatives des lieux. Les espaces domestiques, quant à eux, sont soumis à de nombreuses évolutions qui témoignent de la diffusion de valeurs urbaines et plus individualistes contribuant à modeler les manières d'habiter. » (Nicolas Puig, 2003, p. 84.)

Les effets de l'urbanisation sont plus importants autour de l'ancien ksar d'Ait Lhaj Ali, tout en perdant des degrés de leur intensité dans les quartiers ksouriens, et ils continuent à s'affaiblir en s'éloignant dans la périphérie. Le gradient descendant des effets d'urbanisation montre une importante intensité au centre et une perte de force d'influence dès qu'on s'éloigne ; ce gradient nous montre ainsi le rôle de l'espace dans le développement des comportements et dans l'évolution du mode de vie des individus. Ce rôle prend des dimensions importantes dans la vision de l'École de Chicago, qui présente les conditions écologiques de la ville comme facteur responsable de l'émergence d'un mode de vie urbain, tandis que la théorie de Wirth met en avant l'influence des propriétés physiques de la ville sur la société et son style de vie.

Tandis que Wirth insiste sur le rôle déterminant de la diversité, de la taille et de la densité de la ville sur la vie sociale, Rémy et Liliane Voyé proposent de considérer le contexte social et culturel dans toute analyse des relations entre espace physique et formes de vie sociale.

Les logiques de Rémy et Liliane Voyé voient l'urbanisation comme un processus de transformation dans le temps. Un processus qui ne se résume ni dans le temps ni dans l'espace, mais qui est une fusion continue de ces deux dimensions. L'analyse des changements dans le développement et la croissance urbaine doit impérativement selon eux impliquer les deux dimensions.

Les dimensions sociale et spatiale sont aussi signifiantes dans la construction de la dimension affective et cognitive structurant le sentiment d'urbanité. Ces deux dimensions sont conditionnées par le lieu de résidence, le capital spatial et les pratiques des individus, tout cela étant conditionné par l'appartenance ethnique. Rémy et Liliane Voyé finissent par nous inviter à enterrer une fois pour toutes l'opposition obsolète entre la ville et de la campagne. Ils nous proposent de la remplacer par une distanciation entre les situations urbanisées et les situations non urbanisées. C'est une logique adéquate pour analyser le processus d'urbanisation de Tinghir, où les contextes social et culturel s'avèrent singuliers, et où le rural et l'urbain s'imbriquent au milieu de la ville, tandis que les arrière-territoires de l'aire provinciale tinghiroise sont quasi enclavés, presque fermés sur eux-mêmes et connaissent une faible mobilité, mais une stabilité socio-culturelle signifiante. Les groupes humains y sont mono-ethniques et relativement homogènes. Cette règle peut même être généralisée pour les groupes refermés sur eux-mêmes, comme l'avaient déjà fait Halbwachs et Perroux dans les années 1970 :

« Lorsqu'un groupe humain vit longtemps en un emplacement adapté à ses habitudes, non seulement ses mouvements, mais ses pensées aussi se règlent sur la succession des images matérielles qui lui représentent les objets extérieurs. » (Halbwachs Maurice et Francois Perroux 1976.)

La relation des Tinghirois avec l'espace a profondément changé ces dernières décennies, grâce aux énormes développements technologiques qui l'ont révolutionnée. L'évolution continue dans le temps des moyens de communication et de télécommunication modernes ne cesse d'affecter la perception et l'image que se font les Tinghirois de leur espace. C'est la première raison solide qui conforte la thèse assimilant l'urbanisation à un processus. La monétarisation de l'économie dans l'ère postcoloniale et l'intrusion du capitalisme dans le Royaume en sont la deuxième. En effet, les effets culturels de l'introduction du capitalisme sur la société présaharienne ont pour conséquence la généralisation de l'individualisme, le démantèlement des structures solidaires de la société oasienne, la division sociale du travail et la stricte distinction entre l'espace du travail et celui de l'habitat. Ce sont les grands traits de l'urbanisation contemporaine et de son profil globalisé et unifié presque partout dans le monde.

Nos interviews ont aussi confirmé cette thèse, qui démontre que l'urbanisation est un processus.

Les plus âgés parmi nos interviewés, qui ont pu assister aux grands changements de Tinghir, se sont mis d'accord, dans leur grande majorité, sur les trois grandes étapes de propagation du mode de vie urbain chez les habitants de Tinghir, qu'on a regroupées pour les proposer ci-dessous :

1 Du Protectorat jusqu'aux années 1970 : on assiste à un étalement urbain significatif après l'éclatement des ksour, accompagné par l'instauration de nouvelles voies de communication et de nouveaux moyens de transport modernes. Les effets de ces moyens de transport ont laissé de grandes empreintes sur le quotidien des habitants et sur leurs habitudes de consommation.

2 Des années 1970 jusqu'à la fin des années 1990 : l'introduction des idéaux de l'Occident dans la vallée et la ville (par la diaspora, les chaînes satellites et les touristes) a accéléré la dislocation des structures de stratification sociale. La tendance est à l'atomisation des familles, accompagnée d'un individualisme en pleine croissance dans la société.

3 De la fin des années 1990 à nos jours : la stratification sociale dans ses anciennes formes a totalement disparu, la diversité des origines de la population du centre urbain est frappante, et l'instauration des nouveaux moyens de télécommunication a solidement connecté Tinghir de façon irréversible aux réseaux du monde globalisé.

Chacune de ces trois grandes phases identifiées du développement urbain peut être connectée séquentiellement à l'une des trois configurations morphologiques suivantes, pour décrire leur croissance, en tenant compte du tracé des rues, de la disposition des bâtiments et du type de parcelles :

i La construction sur des parcelles anarchiques après éclatement des ksour

Ces constructions sont souvent proches des emplacements des anciens Ksour, reconnaissables par leur forme organique irrégulière, et leurs jardins particuliers clôturés par des murailles. Ces espaces ont émergé avec l'éclatement des ksour suivi de leur conurbation pour former le centre urbain actuel.

ii Les lotissements organisés en parcelles uniformes

C'est une sorte de développement qui a connu la généralisation des maisons marocaines et des types de lotissements qu'on rencontre dans toutes les villes marocaines. Il s'agit d'une phase durant l'étalement s'est intensifié. La densité moyenne dans cette configuration est de plus de huit personnes par maison et de presque une habitation par 100 m².

iii Nouveaux pôles urbains

Actuellement en construction et d'une très faible densité, ces aires urbaines sont susceptibles d'être étendues et densifiées dans un avenir proche. On y trouve de larges superficies, des routes principales bien faites, mais la trame viaire secondaire est encore lâche et peu rigoureuse.

La combinaison entre des sols divers et des ethnies différentes produit des paysages originaux composés de zones d'habitat, parfois très concentrées et parfois peu bâties, avec des espaces intercalaires entre ethnies, et au cœur de l'aire urbaine. Ces friches urbaines nombreuses montrent la persistance des grandes ruptures dans le centre urbain de Tinghir.

Le processus de l'urbanisation à Tinghir, décrit et résumé par ses habitants dans ces trois phases, nous montre l'évolution de cette relation dialectique entre le spatial et le social dans le temps.

Ce processus va de pair avec l'introduction progressive de nouvelles habitudes et d'un nouveau mode de vie, dit urbain, pour les habitants et les groupes ethniques qui les composent. À partir du constat qui précède, il nous est facile de séparer les situations et de comparer les comportements des citadins d'une phase à une autre. Ce processus d'urbanisation a animé une croissance remarquable et progressive des relations secondaires au détriment des relations primaires[2]. On assiste, ces dernières années, à la multiplication des relations extra-tribales chez les nouvelles générations de Tinghirois, des relations syndicales, associatives et même commerciales apparaissent et devancent les clivages ethniques. Des associations culturelles berbères rassemblent les Aitta, Ait Merghad aux côtés des Ait Tdoght. On assiste à des listes électorales, faisant élire des syndicalistes de gauche de diverses origines, Todghaouis, Attaoui, ou Merghadi, comme on peut le remarquer dans les tableaux et les listes des membres du conseil municipal de Tinghir (voir chapitre V). On observe aussi des entreprises de commerce, d'artisanat ou de travaux publics, dont les associés sont d'origines ethniques différentes, souvent entre Attaouis et Todghaouis. Ces changements dans l'environnement social de divers groupes et communautés tinghiroises et l'évolution des caractéristiques de cet environnement obéissent aux mêmes principes de base qu'utilise Karimiez Sowa dans son étude du processus d'urbanisation. Sowa va même plus loin dans sa logique, jusqu'à définir l'urbanisation comme une diminution progressive des relations primaires de l'individu et l'agrandissement de ses relations secondaires. C'est logique puisqu'il considère que les relations primaires sont d'origine campagnarde et perpétuent la stabilité et la rigidité, quand les relations secondaires sont synonymes d'ouverture et de développement de la vie citadine. Il lie totalement le rassemblement des groupes à la structure de l'environnement social primaire des personnes, mais souligne d'un autre côté que pour accumuler le savoir et l'information, l'individu a besoin d'élargir l'horizon de son environnement secondaire. Si la ville oasienne veut se positionner comme une densité des hommes et de l'information, elle devrait donc combiner les relations primaires et secondaires de ses habitants et garder l'équilibre entre ces deux pôles, comme c'est le cas actuellement à Tinghir et presque partout ailleurs dans les nouveaux centres urbains de la région.

---

[2] En sociologie, on oppose les relations primaires, qui sont des relations familiales/directes de proximité, aux relations secondaires, qui sont moins proches et plutôt de nature utilitaire.

3.2. Rivalités entre formations ethniques au milieu de l'espace urbain

Après l'éclatement des ksour, l'installation des Todghaouis hors des enceintes des agglomérations totalement dégradées a créé un environnement et un nouveau contexte social. Les mutations vont s'intensifier. Presque deux décennies plus tard, la sécheresse des années 1980 a ramené une partie des nouveaux arrivants venant de Todgha-Essouffla, et même de bien plus loin, de Taghbalt, pour intensifier le schéma de composition des quartiers. Le contexte est complexifié avec l'arrivée massive des Ait Atta dès le début de l'ère des lotissements commercialisables et lors de leur généralisation. Les citadins tinghirois qui participent à l'émergence de ce nouvel environnement social urbain sont automatiquement en train d'y bâtir une nouvelle culture et d'y construire un nouveau modèle de relations sociales, où les relations secondaires commencent à l'emporter progressivement sur les relations primaires. L'individu, à qui se présente une multitude de nouveaux choix impensables dans les anciennes structures sociales, est soumis quotidiennement et continuellement à de nouvelles relations, qui ne sont pas obligatoirement éternelles comme les anciennes l'étaient. Le facteur de choix et de sélection qui accompagne ces nouvelles relations sociales est une nouvelle option méconnue des oasiens auparavant. Les relations imposées continuent à persister aussi dans ce nouveau monde, comme celles des autorités, de l'école, de la famille, etc.

La balance gardée entre les relations primaires et secondaires à Tinghir et dans la ville oasienne en général, confirme et conforte le continuum rural-urbain qui est spécifique au centre urbain de Tinghir. Ce processus récent d'urbanisation accélérée de Tinghir et le développement urbain intense ont fait venir l'urbanisation chez les ruraux et ont laissé des aspects de ruralisation persister chez les nouveaux citadins. Ce qui fait la particularité de l'espace urbain tinghirois et la singularité de son urbanité. L'urbanité de Tinghir, qui est l'essence de son processus d'urbanisation du point de vue social, ne peut être ni exclusivement urbaine ni exclusivement rurale, mais un mélange des deux.

L'enquête sur le terrain et les interviews nous ont montré le long de la phase empirique que l'appartenance ethnique est un facteur signifiant dans le processus d'urbanisation de Tinghir. Elle a presque toujours été avancée comme une grille principale de lecture et de compréhension des rapports des habitants à leur environnement urbain. On peut donc conclure que la structuration, au niveau individuel, du sentiment d'urbanité, dépend clairement de cette même structuration au niveau social. Une multitude de scientifiques ayant traité des sujets similaires parlent de tribalisation de la vie urbaine, d'autres parlent de détribalisation. Mais la situation est plus compliquée et ne peut être réduite à un système binaire qui doit être noir s'il n'est pas blanc. L'urbanisation est si récente au Maroc présaharien ; elle a suivi un processus si violent et si rapide, que les espaces se sont formés trop vite, et l'émergence de l'identité des lieux est en pleine construction, mais avec un rythme moins accéléré. Cette identité se nourrit de l'espace urbain où elle a émergé, mais aussi de la diversité des origines et des affinités culturelles et identitaires des citadins. C'est d'ailleurs ce que nous confirme Manuel Castells quand il identifie la ville à « la projection de la société sur la terre » (Manuel Castells 1968).

3.3. Les Tinghirois parlent d'urbanité

La sociologie explique les comportements des individus par la perception qu'ils ont de la réalité, une perception qui n'est pas obligatoirement calquée sur la réalité elle-même, c'est ce que le sociologue américain William Isaac Thomas, de l'École de Chicago, avait formulé dans son célèbre théorème : ***« If men define situations as real, they are real in their consequences »*** (Thomas 1938, p. 571–572), ce qui veut dire littéralement que si les hommes définissent des situations comme réelles, alors elles sont réelles dans leurs conséquences. Thomas nous invite à déchiffrer les comportements des individus pour comprendre leur perception de la réalité. En effet, pour lui, c'est la perception de la réalité chez un individu qui influence ses actes et façonne son comportement, et pas la réalité elle-même.

Nous allons citer quelques passages des interviews que nous jugeons utiles pour la bonne compréhension de cette enquête. Nous allons bien sûr essayer d'être le plus fidèle possible dans la traduction de leurs interventions, faites originalement en langue berbère. Même s'il s'agit parfois de textes un peu longs, nous jugeons pertinent de garder leurs analyses intactes et leurs citations aussi complètes que possible pour une meilleure lecture de « leur récit de vie ».

« Dans les dernières décennies, Tinghir a vraiment grandi, l'offre du tertiaire est suffisante pour une ville de cette taille, mais il nous manque beaucoup d'infrastructures de distraction, d'enseignement et de santé. Notre ville est unique par la nature exemplaire des relations humaines entre les habitants, mais d'un autre côté, l'anonymat qui est l'un des avantages de la ville est totalement impossible chez nous, et les comportements individuels sont trop contrôlés par la société à Tinghir (Tabergagt aygan lmochkil n'ait Tinghir). *Les quartiers manquent d'ambiance urbaine, à part le centre-ville et le boulevard Mohamed V. Les rives et le plateau de l'oued sont fabuleux, et peuvent servir d'espaces verts, mais il s'agit de parcelles privées, des lieux de production agricole uniquement. C'est dommage. »*

Ahmed 33 ans habite Tinghir depuis 10 ans, il est Attaoui, cadre de finance.

« Tinghir abrite un grand nombre de cafés, de restaurants et d'infrastructures nécessaires pour passer le temps et se relaxer, on voit chaque jour les habitants des villages voisins venir faire les courses, mais aussi passer du temps en ville. Pour les villageois des alentours, Tinghir est le lieu préféré pour se donner rendez-vous et passer du temps ensemble. C'est sûr qu'il y a des choses à améliorer, mais Tinghir est mieux placée que d'autres villes de sa taille au Maroc. Le plus grand inconvénient chez nous est le fait d'être loin des grands centres, des ports et aéroports, et nos familles habitant l'Europe ont une route difficile lorsqu'ils décident de passer les vacances au bled (Laôqoba ayllan ghour wanna iran adyinniy tamazirtnes dadgh). *»*

Lhou, 43 ans, habite Tinghir depuis sa naissance, il est Tadghaoui, commerçant.

« Tinghir est un centre sympa, on y trouve notre culture, mais il nous manque encore des moyens de distraction qu'une ville de cette taille devrait avoir. Ce qui dérange le plus à Tinghir pour moi, c'est le manque de jeunes gens et c'est la mentalité des vieux qui règne, le poids de l'appartenance raciale et ethnique qui est encore présente dans notre quotidien (Tffegh tiôorma tamazirt qqimand iwssarn mingaln oulawn). *Tant que cette problématique d'abandon par les jeunes persistera, Tinghir manquera des dynamiques nécessaires pour son décollage. La question ethnique, à mon avis, ne sera enterrée qu'après la division des dernières parcelles des terres collectives. Cela devra ramener les gens ensemble. »*

Hassan 46, Attaoui, entrepreneur, habite Tinghir depuis 2005.

> « *Tinghir a besoin de changements profonds pour devenir une vraie ville, en commençant par l'infrastructure... Regardez, l'oued de Tinghir sur qui les égouts sont évacués et les poubelles sont vidées...* (Annay assifennegh gant d boukhrareb, gant doumda nzbel). *Il faut un réseau sain de tout-à-l'égout et une station d'épuration qui pourra servir toute la ville. Notre bel oued de Todgha a besoin d'une corniche pour accueillir les gens.*
>
> *Le manque se fait aussi sentir dans le secteur de santé, de la culture... sans parler des politiciens actuels, qui se disent tous de la jeune génération, mais ils sont tous vieux ! On a besoin d'une vraie jeune génération. Et cette mentalité de racisme et de discrimination tribale doit être, à mon avis, la priorité des priorités. Le sentiment de partage du même destin est déjà là, l'entraide est aussi là, mais il faut agir. La chose qui m'apparaît positive, c'est le pôle urbain qui va bien moderniser notre ville. Ça va être notre nouveau centre-ville.* »

Fatima, 32 ans, institutrice, activiste Todgha.

> « *Tinghir nous offre des lieux de plaisance comme les gorges, les cafés-restaurants et les aires de repos, même s'ils ne sont pas à l'échelle de ceux d'une grande ville. L'abandon des commerces et des services, qu'on ne trouve pas dans des grandes villes voisines comme Errachidia, ou Ouarzazate, et surtout un pouvoir d'achat relativement grand "Arrawaj Akhatar" qu'on ne trouve pas dans des villes voisines, ce qui anime les commerces et l'économie, et donne un avantage supplémentaire, à tous ceux qui souhaitent installer un projet commercial ici.* »

Abdelkader, commerçant de Msemrir, Attaoui, habitant Tinghir depuis 1998.

> « *Le problème de la tribu, c'est que même si elle ne compte pas pour toi, il y aura toujours quelqu'un qui va te la rappeler un jour.* »

Mohamed, entrepreneur, 37 ans, militant politique, Todgha.

Les opinions des interviewés sont mitigées, concernant l'infrastructure de distractions, entre satisfaction et demande d'amélioration des lieux d'interactions sociales. Même s'il y a une compréhension de la situation, lorsqu'on compare Tinghir aux autres villes du royaume, tous les interviewés soulignent le sentiment d'avoir un déficit et un manque d'espaces publics à Tinghir. La commune rencontre encore des difficultés foncières et budgétaires pour créer ces espaces, qui sont d'une grande importance pour revitaliser l'aire urbaine et résoudre les problèmes dus à l'éclatement de la ville et à la fragmentation des activités et des fonctions urbaines dans la ville.

L'étalement sans planification et la mauvaise gestion de la ville impliquent le dispersement des activités et le développement de fonctions urbaines éparpillées ; l'entité urbaine qui en résulte aura du mal à produire des espaces publics et à assurer l'animation urbaine qui correspond à sa taille. Les acteurs constatent un manque flagrant des aires urbaines à Tinghir, en même temps on constate l'apparition de diverses formes urbaines originales, entre le souk et la rue marchande piétonne, pour compenser ce manque et renforcer la centralité. Ces formes urbaines sont le reflet des modes de vie des gens d'une part ; et d'autre part, elles sont aussi le résultat des choix de lieux sur lesquels les équipements publics sont implantés. Enfin, elles suivent le tracé des activités humaines dans la ville.

L'ouverture cette année d'un parc central de 11 hectares a eu son effet positif. Pourtant, les attentes restent encore grandes et la volonté d'améliorer les tissus urbains et les lieux de sociabilité est présente. Ces lieux sont aussi importants pour les Tinghirois que pour les villageois éloignés du centre. Comme beaucoup d'entretiens l'ont souligné, les villageois se donnent rendez-vous pour passer du temps ensemble à Tinghir. Ces lieux sont des espaces ludiques, des lieux d'interaction, des sanctuaires de rencontre et de sociabilité. Les Tinghirois sont aussi conscients des clivages ethniques et de l'obligation d'améliorer les rapports sociaux.

Le manque d'anonymat est flagrant aussi, et les citadins de Tinghir n'ont pas le degré de contrôle de leurs relations personnelles dont bénéficient d'autres citadins dans le monde. Ils veulent garder la chaleur des relations primaires, mais avoir le confort du choix et de la sélection.

Le rôle de l'anonymat dans l'aide à l'enracinement social de l'individu et des libertés individuelles est très grand. À Tinghir, on est encore loin de cet anonymat et le contrôle de la société sur l'individu est encore présent dans le quotidien des gens. Il n'est pas simple de changer son comportement et de sortir des limites morales de la société oasienne. La liberté dans les choix individuels s'est bien améliorée, mais l'œil de la société oasienne conservatrice veille encore sur les pratiques quotidiennes de ses habitants et surtout sur le côté féminin qui est encore moins présent dans l'espace public. La sociabilité féminine s'exprime plus dans les espaces domestiques, mais ces dernières années, les femmes commencent à investir timidement l'espace public et les activités réservées aux hommes, puisque « être citadins, c'est aussi sortir de l'espace domestique, exprimer ailleurs de nouveaux liens sociaux, les mettre en scène dans la boutique, dans l'atelier, au café [...] c'est encore se doter d'espaces publics. » (Françoise Metral et Jean Metral 1986, cités par Puig (2003), p. 258.)

3.4. La dimension spatiale de l'urbanité

La dimension spatiale est d'une grande importance dans l'approche de la réalité sociale, et l'espace et la société se déterminent mutuellement et s'interprètent étroitement, dans une relation dialectique très complexe. La ville est à la fois spatiale et sociale, c'est la synthèse spatiale du social. Elle permet d'inscrire de nombreuses logiques sociales en même temps, qui se synthétisent en un dispositif particulier pour influencer le social, ce sont les effets du social sur le spatial ou la face sociale du spatial.

« L'homme est un animal territorial et la territorialité influence le comportement humain sur tous les niveaux de ses activités sociales. » (Roncayolo, 1990.)

Cette phrase de Roncayolo expose la dimension spatiale et territoriale des comportements humains en général et de l'urbanité et des pratiques urbaines en particulier. L'espace n'est pas un simple objet ni une empirie indépendamment du temps, il se produit dans le temps en suivant un processus précis. Cependant, le social ne peut pas être réduit à une simple temporalité séparée de sa dimension spatiale. L'espace urbain est aussi en quelque façon un produit de la société, construit et/ou projeté pour les citadins qui y vivent au quotidien. Mais il ne peut pas être réduit à une simple expression du social, on ne peut pas le subordonner par rapport au social ni le réduire à une simple réflexion du social. Il est à la fois le produit et le producteur d'un changement social. Que ce soit en public ou en privé, il est construit et composé matériellement et mentalement en même temps. Cette idée a été énoncée par Halbwachs en son temps :

« Lorsque le groupe est inséré dans une partie de l'espace, il la transforme à son image, mais en même temps il se plie et s'adapte à des choses matérielles qui lui résistent. Il s'enferme dans le cadre qu'il a construit. » (Halbwachs Maurice 1997, p. 195.)

Étant lié à la ville de Tinghir depuis notre enfance jusqu'à nos jours, nous avons assisté à l'élargissement spatial extraordinaire de

Tinghir et à la multiplication des édifices publics dans son espace urbain. L'étalement urbain et la croissance spatiale qui ont suivi depuis les années 1950 étaient d'une grande envergure et d'une amplitude inégalable, et cela grâce à un contexte régional, historique et politique spécifique à Tinghir qu'on a largement détaillé dans les premiers chapitres.

La dimension matérielle de la ville nous renvoie à l'ensemble de ses composantes physiques et spatiales, des bâtiments jusqu'aux infrastructures, qui articulées ensemble, font l'image visuelle de la ville et façonnent son identité matérielle.

Dans le cas de Tinghir, c'est la combinaison de l'oasis, des gorges, des montagnes et du soleil du désert qui forme le cocktail principal derrière le sentiment collectif de l'appartenance au lieu et à la ville. Il ne faut pas oublier pour autant le label de « la ville des Ksour et des Kasbah » qui a toujours assuré à Tinghir un minimum de visibilité à l'échelle nationale, avec la projection des stéréotypes et des perceptions spatiales qui vont avec cette classification. Mais ce n'est qu'en combinant les caractéristiques de densité et de diversité qu'on pourra définir la ville. L'urbanité tinghiroise dans sa dimension spatiale se concentre sur les aspects matériels de la ville, et sur les modalités de la concentration des populations dans l'espace urbain. Les effets de la croissance urbaine et les facteurs qui l'animent à Tinghir, tel le foncier collectif, sont visibles sur la morphologie de la ville et le mode de vie de ses habitants. Ils façonnent cette morphologie au fil du temps et agissent par conséquent sur les pratiques urbaines des individus et sur leurs modes de vie au quotidien.

Les Tinghirois interviewés sont conscients de ce processus et n'hésitent pas à faire le récit des changements profonds qu'ont connus le paysage, l'environnement, et l'atmosphère urbaine à Tinghir, et à évoquer les transformations radicales de leur quotidien et de leur mode de vie qui était quasi-rural au début, pour devenir urbain dans un processus de métamorphose accélérée. Voici la citation d'un habitant de Todgha qui nous expose les mutations de sa ville comme il les a senties et vécues lui-même :

> « *Tinghir est une ville qui a grandi, de façon très rapide... avant on reconnaissait tous ceux qui se baladaient dans la rue. Aujourd'hui, il y a des étrangers partout, et surtout pendant la saison des vacances, on se croit à Casa* (iggoudiy lberrani gtmazirt, ddant lawqat ligh gemyassen medn kouloutn, dghi nougr dar lbida). *Étant âgé de 67 ans,*

> *j'ai vu ma ville grandir et j'ai vu les habitudes changer... Ils sont étonnants ces changements "laâjeb aya"... mais Alhamdoulillah âla kulli hal (ce qui signifie qu'à la fin nous devons accepter ce que le destin a décrété pour nous). »*

Houssa, 67 ans, commerçant de Todgha.

> « *Quand on a déménagé ici, il n'y avait rien, que le terrain, Alkhiriya et le collège. Tagoumasst était loin et entourée par des terrains vides (Imerdale). Quand j'étais enfant, il n'y avait qu'Imerdale à perte de vue. Aujourd'hui, la ville nous encercle de tous les côtés. On habite quasiment le centre-ville, alors qu'on était à la périphérie des périphéries, il y a une trentaine d'années.* »

Addi, 49 ans, migrant en Espagne, Todghaoui.

La croissance urbaine ainsi que son intensité et son rythme sont essentiels pour l'étude et la compréhension de l'aire urbaine. Il est donc totalement logique de vouloir comprendre la perception des habitants pour toutes ces évolutions urbaines vécues. C'est la raison pour laquelle notre questionnaire d'enquête contient la question suivante : « Depuis que vous habitez à Tinghir, pensez-vous que beaucoup de choses ont changé ? » La réponse des interviews était claire et nette : ils ont tous vécu des grandes mutations de leur environnement urbain. Les citations de Houssa et Addi nous ont exposé ces bouleversements radicaux que ces deux Tinghirois avaient vécus pendant leur résidence à Tinghir, qui est passé du rang de petite ville pour devenir une ville moyenne de plus de cinquante mille habitants. L'explosion démographique et l'installation de beaucoup de populations attaouies ont transformé le paysage urbain à jamais. Les transformations spatiales sont accompagnées d'un nouveau mode de vie laissant derrière lui la façon de vivre ksourienne.

3.5. L'urbanité et les pratiques spatiales des acteurs sociaux

Parmi les mutations spatiales qu'on ne peut pas ignorer, on note le renforcement du centre historique et l'augmentation de la polarisation qu'il continue encore d'exercer sur l'ensemble de l'aire urbaine. Les autres facettes de l'urbanité qu'on ne doit pas oublier sont celles qui dépendent des véhicules individuels, renforcées par un processus d'urbanisation galopante au cours des dernières décennies. Ces autres facettes ont pour effet direct l'affaiblissement des centres des autres ksour absorbés par l'étalement de la ville. Une preuve de plus de l'indéniable influence de cette urbanité sur le mode de vie des

Tinghirois et leur quotidien. L'urbanité de Tinghir a une multitude de manifestations et plusieurs facettes : l'une construite autour d'un centre historique où se concentre le commerce, une autre qui s'appuie sur les moyens de communication en fragilisant les centralités secondaires, et une dernière façonnée par un changement continu sous l'influence de la croissance de l'urbanisation qui est perpétuelle.

Le rôle de la mobilité croissante, à l'intérieur du périmètre de l'aire urbaine, et dans le grand Todgha, englobant Tinghir et son arrière-pays rural, est essentiel dans l'apparition de nouvelles pratiques urbaines qui dépassent les relations lignagères primaires pour inventer l'urbanité de Tinghir. Les nouvelles pratiques spatiales sont courantes dans le centre principal, mais aussi dans d'autres centres secondaires aux quartiers ksouriens, plus ou moins importants, qui réussissent à polariser les quartiers et les habitants autour d'eux. La cité d'Afanour est un exemple de centre secondaire qui rassemble des populations et des quartiers autour d'elle, comme Halloul, Tamassint, Tiydrine... et d'autres. Cependant, les espaces publics manquent toujours à Tinghir et les centralités ont besoin d'être boostées et renforcées, afin qu'elles arrivent à jouer leur rôle d'animateurs d'ambiance urbaine. Face à ces manques, les habitants et les membres de la société civile prennent les choses en main et essayent de combler le vide, comme c'est le cas avec l'association des habitants du quartier Bougafer.

Ils ont investi des terrains vides de leur quartier pour y ériger un parc public, qui pourra leur servir de lieu de fraîcheur et d'ombre pour le soleil de la journée, et de promenade urbaine le soir (photo 10). Mais la municipalité refuse de mettre une pompe à eau sur place à leur service. Le quartier de Bougafer est majoritairement Attaoui, et les habitants expliquent ce refus par le fait que le conseil municipal est dirigé par les Todghaouis. Ayant contacté les élus du conseil, on nous a répondu que le PA prévoit des commerces sur ces terrains.

L'engagement citoyen des habitants d'Afanour est aussi présent. Ils ont réussi à rénover une bonne partie de la mosquée Iqllalne (photo 11), qui est une sorte de référence identitaire de ce quartier bien particulier de Tinghir. La société civile et ses activistes à Afanour sont en train de discuter la création de chemins de promenade au milieu des champs pour lier quelques points importants de la ville entre eux. Ils veulent ainsi se réapproprier leurs espaces par la balade et l'ambiance de parcours. Avec ces nouvelles pratiques citadines, les habitants inventent une autre vocation des espaces verts oasiens en ville, en y créant un trajet de promenade dont l'unique but est la sensation ludique.

On voit bien que les habitants des divers quartiers de Tinghir sont des acteurs actifs qui interviennent directement dans la création des aires et des espaces urbains, pour être ensuite des spectateurs et consommateurs de ces produits ludiques self-made. Tinghir est devenue une ville diversifiée, un centre de création d'ambiance et de spectacle urbain, dont les habitants sont à la fois les acteurs et les spectateurs.

Photo 10 : Jardin public aménagé par les habitants de Bougafer © Odghiri 2020.

L'ambiance et la chaleur humaine créées par la densité des places et des rues de « Loop », quartier commercial de Tinghir, font vivre à tous ceux qui y entrent la ville et son atmosphère, que ce soit pour faire leurs courses ou pour se promener. Et plus la ville s'accroît, s'étale et se densifie, plus l'ambiance devient intense et importante. On vit la ville dans ses quartiers denses, autour de ses points de commerce, de ses cafés et terrasses, et dans l'animation des échanges qui y ont lieu. Les amateurs d'ambiance nocturne parmi les plus aisés de la ville, qui peuvent s'offrir des soirées ludiques à l'hôtel Tamassint à la périphérie de Tinghir, prennent plaisir à des rencontres sympathiques, arrosées de boissons alcooliques, avec même des groupes de chant et de danse selon la commande et suivant le programme du jour proposé par l'établissement. Les cafés commencent aussi à diversifier leur offre et à cibler une clientèle conservatrice, vu que Tinghir est un haut lieu de conservatisme. On trouve des locaux offrant de grands espaces de calme, et recréant les conditions d'une ambiance privative, essentiellement pour les couples et les familles.

Photo 11 : Mosquée Iqllalne rénovée par l'initiative privée et la société civile © Odghiri 2019. L'enseigne en lettres latines de grande taille montre que l'édifice est orienté plutôt vers les touristes étrangers, et la vocation religieuse passe au deuxième plan.

Même si les quartiers ont suivi plus ou moins des affinités lignagères, l'urbanisation a conduit aussi à la spécialisation des espaces dans la nouvelle aire urbaine, une spécialisation qui renforce l'interdépendance de ces quartiers post-ksouriens les uns par rapport aux autres.

Les mutations sont énormes et perceptibles de tous les côtés, on est passé des ksour autosuffisants et totalement indépendants les uns des autres, à des quartiers connectés et interdépendants. Büchner avait parlé des « Dorfrepublik » ou des républiques ksouriennes (Büchner 1986, page 97), en faisant allusion aux entités ksouriennes souveraines, organisées de façon indépendante les unes des autres, chacune entre les murailles de son village/ksar.

L'interdépendance est telle que si on habite le quartier de Tamassint, on est dans l'obligation de prendre la route au moins une fois par semaine pour aller à Souk Amazdar.

Même chose si on est de Tagoumast ou d'autres quartiers de la ville, prendre un moyen de transport plusieurs fois par semaine pour aller au boulevard Mohamed V est presque une obligation. Une bonne partie de l'infrastructure des services et de l'administration y est, et il abrite également l'infrastructure touristique et commerciale. On peut aussi y prendre un café, se balader et profiter de son ambiance (fig. 12).

Photo 12 : la jonction entre la place de la Poste et le boulevard Mohamed VI au temps de la Covid-19 © Odghiri 2019.

Une zone d'activité est installée à Halloul et le PA en prévoit d'autres, dans les réserves foncières stratégiques de la ville. Cette spécialisation des quartiers a toujours été le corollaire de diversités, et même d'inégalités dans les villes.

À Tinghir, on peut trouver aujourd'hui des quartiers à l'amont de l'oued avec des maisons de haut standing, ou des quartiers complètement pauvres, comme celui installé au mellah d'Ait Ourjdal habité par les Ait Taghbalt, ou le quartier Aqaddar, « Moulin Rouge » tinghirois, qui abritait un peu plus de quarante prostituées jusqu'à sa fermeture en été 2013 par les forces de l'ordre sur une demande du gouverneur. La nouvelle diversité a instauré une sorte de complémentarité, qui a besoin des moyens de transport pour assurer la connexion de ses quartiers entre eux.

Les revêtements des trottoirs du grand boulevard (photo 12) et des quelques places du vieux centre ont nettement amélioré la qualité des espaces. Le visiteur de Tinghir peut alors se déplacer, être social et profiter de l'attractivité des aires urbaines conçues pour son confort. Ces aménagements ont créé une énergie dans le centre similaire à celle qu'on peut expérimenter dans d'autres villes ailleurs, une énergie qui a valorisé l'espace public, amélioré la fluidité de la circulation, et qui a boosté les dynamiques commerciales. Tout cela est un processus continu et inachevé permettant le développement d'un rapport spécifique des habitants à leur environnement urbain, qui lie cet environnement à leurs ressentis, à leurs jugements personnels et à leur sensibilité, et qui n'est autre que l'essence de la citadinité tinghiroise.

On est devant une nouvelle démonstration de l'hypothèse qui affirme que l'espace influence l'individu. L'espace actuel de Tinghir a produit un modèle culturel et social lié à la diversité de l'espace et aux moyens de transport, qui permettent la connexion, la plupart des activités et les pratiques quotidiennes. Le fait que l'individu subisse son milieu sociogéographique est un postulat admis par les politiciens et décideurs, partout dans le monde. Cette évidence acquise est suivie de beaucoup de notions modernes liées à la vie urbaine, comme l'éducation urbaine ou les valeurs communes. Des programmes des Nations unies, des gouvernements ou des associations caritatives interviennent dans les quartiers pauvres et sous-équipés, dits difficiles, pour « normaliser » l'espace en planifiant de nouveaux espaces urbains, en implantant de nouvelles infrastructures et en projetant des volumes urbains supplémentaires afin d'arriver à la normalisation sociale voulue.

4. La citadinité et les pratiques sociales en ville

Nous avons tenu à présenter une multitude d'éléments photographiques pour permettre à nos lecteurs de visualiser les diverses facettes de l'urbanité tinghiroise, comme on a proposé diverses citations ci-avant, bien sélectionnées pour nous permettre de présenter une image de la citadinité à partir de l'expression directe des habitants sur le sujet.

Commençons par un petit rappel sur la notion de citadinité. La définition de Berry-Chikhaoui est celle que l'on utilisera pour cette thèse :

> « La citadinité renverrait ainsi aux manières d'habiter et à la construction des identités, l'urbanité aux dimensions matérielles et symboliques de l'espace, aux qualités le définissant comme urbain (y compris et surtout dans les représentations sociales). » (Berry-Chikhaoui 2009, p. 16.)

Lorsque l'on parle de citadinité, on pense automatiquement aux pratiques urbaines, aux pratiques sociales en ville, à l'identité urbaine et au processus d'appropriation de la ville par ses habitants. La citadinité, qui dérive du mot cité, va de pair dans l'imagination des Marocains avec rural ou *« Âaroubi »* et l'opposition de *Fassi* et *Âaroubi*. La citadinité au Maroc, avec ses règles et ses codes, trouve ses racines dans la cité, ou la ville arabo-musulmane. Les métiers étaient classés entre métiers nobles, dignes de familles citadines, et métiers mal vus, de valeur inférieure, réservés aux autres. On peut citer ici Jacques Berque et sa description des métiers dans les cités, il écrivait : « Une famille est citadine dans la mesure où elle est représentée dans les trois activités de la cité : l'étude, l'artisanat et le négoce. » (J. Berque 1974, p. 129.[3]) La cité ancienne, avec ses codes et ses valeurs, nous a donc donné la citadinité, et le processus d'urbanisation nous a donné l'urbanité. L'urbain a donc remplacé la ville, ce que résume François Choay avec le titre de son ouvrage *Le règne de l'urbain et la mort de la ville* (Choay François 1994). Rachid Sidi Boumedine, lui, s'appuie sur l'analyse des constructions identitaires, pour définir la citadinité comme une manière *d'être de la ville* et l'urbanité plutôt comme une manière d'*être dans la ville* (Sidi Boumedine Rachid 1996). Isabelle Berry-Chikhaoui, quant à

---

[3] Cité par Isabelle Berry-Chikhaoui dans « Les notions de citadinité et d'urbanité dans l'analyse des villes du monde arabe », *Les Cahiers d'EMAM*, 18|2009, 9-20.

elle, pour nuancer la relation entre ces deux notions qui reviennent sans cesse dans cette partie de notre étude, les avait combinées avec la notion de citoyenneté. Elle développe son propos ainsi :

> « La citadinité renverrait ainsi aux manières d'habiter et à la construction des identités, l'urbanité aux dimensions matérielles et symboliques de l'espace, aux qualités le définissant comme urbain (y compris et surtout dans les représentations sociales) ; quant à la citoyenneté, au-delà d'une définition strictement politique ou juridique en termes de statut, de droits et de devoirs, elle référerait plutôt aux formes d'engagement, de recherche de reconnaissance, de revendications et de prises de parole, dans et pour l'espace, bien souvent dans le sens d'une plus grande justice spatiale. »

Elle continue ainsi :

> « La citadinité n'est pas seulement une forme d'inscription à la fois dans l'espace et le social urbains, mais elle renvoie aussi à des pratiques et des représentations organisatrices qui construisent la ville, ses usages et ses significations ; la ville qui, en retour, fait le citadin à travers ses usages et ses héritages [...] la citadinité renvoie bien à un processus, mais un processus de co-construction de la ville et du citadin. Aussi, plutôt que de parler de niveaux de citadinité ou de degrés de citadinisation, nous préférons l'idée d'une citadinité plurielle ou de citadinités dans la ville, sans que cela se traduise pour autant par une société urbaine fragmentée. » (Isabelle Berry-Chikhao 2009.)

Il est clair pour nous, après ce petit rappel et cette définition de la notion de citadinité, qu'en cas de choix obligatoire entre les deux notions, la notion d'urbanité serait préférable à celle de la citadinité dans le cas de la ville de Tinghir. Cette notion est aussi plus adaptée pour la discipline de la sociologie urbaine, mais nous trouvons qu'il est pertinent d'exposer et de traiter la différence entre les deux notions tout en profitant de dialectiques qui les lient en se basant sur le cas de Tinghir. Le rapport d'influence mutuelle entre l'individu et le groupe humain d'un côté, et l'espace qu'ils habitent de l'autre, était et est toujours l'essence des modalités du vivre en ville. C'est pourquoi la construction d'un sentiment d'appartenance collective à un territoire, dans les nouveaux lotissements, se fait essentiellement à travers les pratiques de l'espace et les habitudes des habitants nouvellement installés. Le territoire collectif se construit progressivement dans leurs interactions avec la ville et les Todghaouis locaux, en relation avec divers niveaux et facteurs spatiaux de l'aire urbaine de Tinghir :

l'interaction se fait au niveau du voisinage, puis au niveau de la rue, puis jusqu'au quartier pour arriver enfin à une interaction au niveau global, celui de la ville entière.

L'héritage des deux groupes prendra une part dans la mémoire urbaine. On ne peut pas séparer Tinghir de la bataille de Bougafer qui est essentiellement attaouie, mais on ne peut pas parler de Tinghir sans parler de la première monnaie de Driss II qui y était battue au IXe siècle, ou du rôle central joué par Todgha et les Todghaouis dans l'histoire du royaume. Moulay Rachid y trouvera refuge en 1659 avant de s'introniser. La vision de la ville et de son histoire, ainsi que la perception qu'ont les individus et les groupes de leur ville, varie d'une personne à l'autre et d'un groupe à l'autre. Cette multitude des rapports à l'urbain et la variété des définitions adoptées pour chez soi et sa ville nous confirment la pluralité des citadinités.

4.1. Les pratiques spatiales et sociales des Tinghirois

Les pratiques spatiales ou les pratiques urbaines sont, selon le dictionnaire de Jacques Lévy et Michel Lussault, définies comme suit : « Les pratiques de la ville procèdent de la citadinité et, en même temps, en sont des quasi-énoncés, qui la mettent en forme et l'infléchissent. » (Lévy et Lussault 2003, p. 874.)

La pratique urbaine est l'action spatiale de l'individu, qui marque son quotidien, influence son mode de vie et pèse sur ses attitudes. Les données urbaines et les réalités sur Terre façonnent le comportement des acteurs sociaux, chacun avec un degré d'influence propre à lui et à son contexte. Ces acteurs, dans leurs pratiques au quotidien, essayent de capitaliser quelques données et réalités et d'en contourner d'autres. Les pratiques sociales quant à elles sont souvent définies comme une action ou une façon de faire, individuelle ou collective, et dans un contexte social bien précis. Il peut y avoir des différences selon l'approche théorique adoptée pour l'analyse de ces pratiques.

La dimension matérielle de la ville est particulièrement articulée dans les pratiques quotidiennes des populations et des acteurs sociaux. L'éclatement de la ville de Tinghir et la fragmentation de son espace urbain remettent la question des transports au niveau des priorités, et nous poussent à interroger les habitudes de mobilité des Tinghirois. La non-existence de moyens de transport en commun réguliers dans une ville avec une telle morphologie, combinée avec le coût des taxis, trop élevé pour une bonne partie des Tinghirois, fait que la marche à pied est pratiquée par une bonne partie des habitants. C'est une des pratiques urbaines présentes à Tinghir, et qui a de beaux jours devant elle. Tinghir, ville de plus de 40 000 habitants, est toujours en attente d'un réseau de bus qui est déjà planifié depuis longtemps. En attendant, on marche, ou on prend les grands taxis et les transports mixtes *« Annaql Al Mozdawij »* entre quartiers pour faire son trajet urbain quotidien, en fréquentant des quartiers et en en évitant d'autres. L'espace urbain le plus investi par ces pratiques est l'aire entre le ksar Ait Lhaj Ali (photo 8) et le boulevard Mohamed V (photo 12). C'est l'emplacement où la densité des activités commerciales est la plus dense.

L'École de Chicago met l'accent sur l'effet de l'espace sur le comportement humain, mais néglige l'effet de l'homme sur l'espace. Elle a toujours supposé que l'espace est le principal facteur qui conditionne le comportement de l'être humain, alors qu'on sait que l'espace social et l'habitat sont des créations de l'homme à partir de ses valeurs, de sa culture, et de sa vision du monde.

On n'arrivera sûrement jamais à faire de l'espace ce qu'on veut exactement, et on sera toujours obligé de s'y adapter et de se laisser influencer. L'idée de l'influence de l'espace sur le comportement humain, que prônent les raisonnements écologiques de l'École de Chicago, est plus pertinente au niveau du groupe social et dans des unités géographiques ou administratives communes qu'au niveau de l'individu. En effet, on peut trouver des spécificités pour chaque groupement territorial qui peuvent faire avancer l'analyse de l'urbanité et des pratiques urbaines, comme le fait d'affirmer que les habitants du quartier d'Ait Lahcen Ou Ali votent pour le PJD. Pour une meilleure compréhension et une analyse saine, il est donc primordial de toujours articuler le mode de vie avec toute la structure sociale dans laquelle vit l'individu.

4.2. L'appropriation de l'espace urbain et de la ville

Ripoll et Veschambre définissent l'appropriation de l'espace urbain comme :

> « [Le] sentiment de se sentir à sa place voire chez soi quelque part. Ce sentiment d'appropriation se transforme alors en sentiment d'appartenance. Le rapport aux lieux est vécu comme réciproque : un

lieu est à nous parce qu'on est à lui, il fait partie de nous parce que nous faisons partie de lui. »

Ils poursuivent :

« Une portion d'espace terrestre (un lieu ou un ensemble de lieux) est associée à un groupe social ou une catégorie au point de devenir l'un de ses attributs, c'est-à-dire de participer à définir son identité sociale. » (Ripoll et Veschambre 2005, p. 10-11.)

L'agencement spatial des nouveaux quartiers à Tinghir reproduit des formes urbaines ainsi que des pratiques qui leur sont propres. Ainsi, les Tinghirois ont un rapport spécial à leur espace urbain, autrement dit, ils développent une citadinité qui leur est spéciale. L'appropriation de la ville peut aussi être une pratique de la citoyenneté : les associations de quartier se multiplient à Tinghir, et tout quartier a au moins une association de développement qui porte son nom. Ces associations entreprennent des actions engagées, comme la création d'espaces urbains, les actions de propreté de la ville, de propreté des quartiers, ou encore des actions de nettoyage des cimetières se multiplient ici et là, ou même des manifestations sur la place de la Poste, devant le caïdat ou devant le gouvernorat.

Ces pratiques et ces engagements citoyens sont un des moyens efficaces pour chaque groupe humain de s'approprier son quartier et sa ville en redonnant un sens aux interactions entre leur espace urbain et la citoyenneté.

À titre d'exemple, la présence de points de ventes et de kiosques au rez-de-chaussée des façades, tout comme la présence des vendeurs ambulants sur les trottoirs, incite les habitants à marcher le long des allées et à se regrouper autour des arbres dès qu'il y a de l'ombre ; ils s'approprient ainsi des espaces dans l'aire urbaine et leur donnent une fonction précise.

Cette présence permanente sur les trottoirs des allées, comme c'est le cas sur le boulevard Mohamed VI, anime l'espace public, apporte une vitalité exceptionnelle à la ville et lui donne plus d'attractivité. C'est ainsi que l'espace public devient un open-space que les terrasses des cafés proposent comme spectacle à leurs clients.

On peut aussi s'approprier la ville en adoptant un discours ou en le refusant, ou en s'attachant à la patrimonialisation d'un travail mémoriel, puisque « le patrimoine constitue un support matériel privilégié de la revendication identitaire et mémorielle » (Vincent

Veschambre 2008, p. 305). S'identifier à son lieu de résidence, c'est aussi une sorte d'appropriation, et le fait que la quasi-totalité de nos interviewés se reconnaissent comme Tinghirois est un indicateur du degré avancé de l'appropriation de Tinghir par ses habitants.

Photo 13 : rue des femmes à Ait Lhajj Ali, vide au temps de la Covid-19, mais souvent noire de monde en temps normal © Odghiri 2020.

À Tinghir, les revendications des activistes de la société civile, quel que soit leur groupe, et des militants politiques de tout bord sont de plus en plus grandissantes et bruyantes. Ils veulent que les autorités adoptent des outils et des mesures destinés à mettre le patrimoine en valeur : cela permettra de créer des symboles urbains communs aux différents groupes ethniques et d'établir des liens entre les générations. La réhabilitation du patrimoine culturel permet d'améliorer l'appropriation de leur ville par les Tinghirois et de booster leur sentiment d'appartenance ; et par conséquent d'augmenter le bien-être du cadre de vie urbain pour tous ces habitants. À titre d'exemple, le patrimoine des ksour et des casbahs, qui est considéré comme un héritage commun à toutes les communautés, mais aussi les zaouia, et les moussem[4] qui avaient toujours rassemblé du monde depuis la nuit des temps. Afin d'aider les Tinghirois à s'approprier leur ville, en boostant leur sentiment d'appartenance, ces activistes demandent aux autorités de prendre des mesures destinées à mettre en valeur l'héritage commun à toutes les communautés, notamment le patrimoine des ksour et des casbahs, mais aussi les zaouia et les moussem, qui sont des vecteurs de rassemblement depuis toujours. Ainsi, un mouvement d'inventaire des ksour et des casbahs est en marche, et les initiatives de musées oasiens, ou musées d'histoire locale, sont à l'étude. Les activistes sont en train d'identifier toutes les pistes pour détecter les vecteurs d'appropriation et de revendication de l'identité commune, afin de faire de Tinghir une ville moderne. Tinghir a plusieurs points forts et les activistes en sont conscients :

a Diversité ethnique importante

Les spécificités historiques et culturelles des habitants de la vallée Todgha sont encore en bonne partie bien préservées, ce qui a permis à ce territoire de se différencier encore aujourd'hui et de garder son charme et son attractivité. En effet, la population locale est composée de tribus nomades et sédentaires très diverses, et il en résulte une richesse exceptionnelle en termes d'art de vivre, de styles vestimentaires, d'outils et méthodes agricoles et de construction, ainsi qu'une richesse linguistique remarquable. C'est une diversité qui forme une cohérence territoriale construite depuis des décennies. Dans cet art de vivre assez original, le territoire a su préserver tout un patrimoine culturel de folklores, de gastronomie et d'artisanat, qui commence à être reconnu à l'échelle internationale. Autant d'atouts que les acteurs essayent de mettre urgemment en valeur pour améliorer l'attractivité de leur ville et de leur territoire, mais aussi pour consolider l'identité urbaine des Tinghirois, renforcer les éléments qui font son originalité et leur donner des références identitaires communes. Tous les acteurs urbains, main dans la main, se sont rassemblés dans une démarche commune pour encourager la création de divers outils de promotion et de communication nécessaires comme les musées, les expositions, les festivals, les labellisations, etc.

---

[4] Fête régionale annuelle qui associe une célébration coutumière ou religieuse, souvent pour honorer un saint, à des activités festives et commerciales.

Les acteurs insistent en particulier sur l'histoire d'une communauté juive importante qui a vécu au milieu de cette mosaïque ethnique remarquable. Une communauté qui est actuellement à la recherche de ses origines, comme Neta Elkayam, cette chanteuse israélienne d'une quarantaine d'années, d'origine tinghiroise, qui est en train de redécouvrir le patrimoine de la chanson marocaine. Prenons aussi l'exemple du film *Tinghir Jérusalem : les échos du mellah* ; réalisé par un acteur de la société civile tinghiroise, le film essaye de redonner vie aux racines juives imputées de Tinghir, faisant écho au film *In Your Eyes, I See My Country*, du même réalisateur et sur le même sujet. Le premier a eu plus d'une dizaine de distinctions sur les quatre continents.

b Paysages naturels exceptionnels

La vallée possède de très nombreux panoramas et points de vue remarquables, tant sur l'oasis que sur les diverses agglomérations de Todgha. Et elle est dotée de routes qui permettent de découvrir les villages et les points de vue sur la vallée, dans un itinéraire attractif, qui met en valeur le paysage atypique et remarquable de ce territoire. On peut citer notamment les paysages montagnards, les gorges, les oasis en lien avec des espaces naturels sauvages et remarquables, etc. À titre d'illustration, les gorges de Todgha constituent pour la zone urbanisée un fond de paysage participant à la qualité du cadre de vie. Il s'agit d'un élément du paysage qui constitue une identité pour tout le territoire.

c Les ksour et les casbahs

Observons maintenant le patrimoine bâti : les ksour et les kasbahs abrités par la vallée forment un patrimoine typique, qui témoigne de l'adaptation des activités humaines au territoire et aux évolutions économiques.

d Patrimoine religieux signifiant, matériel et immatériel

Il s'agit des zawiyas des mausolées et de leurs festivals/moussem (Sidi Mhand Ouabdallah a Tizgui, Sidi Lhadj Amer, Sidi Mhand Ifroutent).

Diverses sont les pistes identifiées pour trouver des outils efficaces destinés à renforcer la revendication de l'identité commune, et resceller les morceaux d'urbanité de la ville de Tinghir à jamais. Les initiatives de valorisation du patrimoine, qui a été reconnu comme étant une référence commune à toutes les communautés de la ville, ont permis de comprendre quelles étaient les démarches susceptibles de rassembler et de promouvoir un capital urbain commun. On peut par ailleurs comprendre les changements et les mises en valeur urbaines qu'a connus la ville comme une prise de conscience et un engagement des autorités pour tenter de combler les déficits de l'urbanité.

4.3. L'évolution de l'identité urbaine à Tinghir

Les territoires, d'une manière générale, sont des sources non négligeables qui alimentent et font vivre l'identité des individus. En revanche, ils ne peuvent en aucun cas garder l'exclusivité et être la seule source éternelle qui façonne et conçoit cette identité. D'autres enjeux accompagnent les diverses identités emboîtées des Tinghirois, ainsi que les jugements de valeur à l'égard de la ville de Tinghir, ou les perceptions et les représentations qui leur sont associées. La nature solide des liens entre le territoire et l'identité est intelligemment décrite par P. Gervais-Lambony qui écrivait :

> « Il me semble dès lors qu'il y aurait quelque hypocrisie à dire que la géographie ne doit pas traiter d'identité, mais de territorialité, parce que traitant de territoire elle parle d'identité. Finalement, renoncer à traiter des identités, pour le géographe, revient à renoncer à parler de territoire et du politique. Je trouve que c'est beaucoup de renoncements pour une science humaine qui vise tout de même à la compréhension du monde. » (Gervais-Lambony 2004, p. 471.)

Pour nuancer, on peut dire que l'identité urbaine est une résultante des relations entre l'acteur social et son espace urbain. La diversité de ces relations et leurs imbrications et superpositions nous montrent la pluralité des niveaux de l'identité et sa complexité. C'est à la fin une résultante des interactions entre identités individuelles et collectives, mais aussi entre les identités tribales, l'identité citadine et les diverses identités spatiales urbaines.

Pour mieux cerner et comprendre la relation entre l'espace et l'identité, qui est un phénomène social, il faut d'abord nuancer la notion d'espace. L'espace est d'abord physique, et il peut être géographique et naturel ou à l'inverse sociogéographique et artificiel, lorsqu'il est conditionné et amélioré par l'intervention de l'homme, qui bâtit des immeubles par exemple. Ensuite vient l'autre élément clé, qui est la notion d'espace social, cet espace social dans lequel vit l'homme : c'est un espace formé des relations sociales, et il conditionne l'homme et son mode de vie, sa langue, ses paroles, sa conscience et même son physique. C'est donc en accumulant les expériences quotidiennes dans un espace que l'homme détermine son être et son existence, et par voie de conséquence, son identité. Cette dernière se construit sous forme de couches et d'étages successifs, au niveau des individus, puis des groupes et au niveau des objets spatiaux. Notre travail s'efforce d'expliquer l'identité tinghiroise dans ses différents niveaux de lecture, sans oublier l'interaction entre ces niveaux, afin de garder un certain degré de pertinence et afin d'être fidèle à la réalité. L'identité citadine de Tinghir est en train de se forger avec l'émergence et la densification de la ville au cours des années, pour rejoindre les couches d'anciennes identités des habitants de l'aire urbaine tinghiroise. Dans ce complexe identitaire multidimensionnel, le Tinghirois fait ressortir l'identité convenable suivant le contexte et la situation vécus. Entre Todghaouis, on peut faire appel à ses références lignagères, comme on peut mettre en avant son appartenance tribale si le contexte est intertribal. La toute nouvelle couche, quant à elle, l'identité tinghiroise fédératrice, est exposée dès que le contexte est national.

Les similarités avec le cas de Tozeur dans le Sud tunisien, comme le décrit l'anthropologue Nicolas Puig, sont effarantes :

> « Ce système permet ainsi aux hommes et femmes du Sud tunisien, à des degrés différents entre la ville et la tribu, de penser simultanément des appartenances complexes. Par rapport à la situation qui prévalait dans le passé, la différence est ici de nuance. Il n'y a en effet pas rupture, mais intégration de la nouveauté apportant une couche supplémentaire à la sédimentation identitaire. » (Nicolas Puig 2006, p. 264.)

La nouvelle référence identitaire citadine ne va pas mettre fin aux essences tribales historiques, qui persistent et se consolident dans d'autres contextes et sous d'autres formes. Elle est en fait une création nécessaire pour cimenter tous ces divers groupes dans un ensemble, grâce aux mêmes références spatiales, sociales ; et on arrive aussi à construire l'histoire commune qui renforcera chez différentes ethnies et différents groupes ce sentiment d'une appartenance commune. Dans l'espace partagé, la nouvelle identité se met en avant, et les questions communautaires deviennent des affinités de second rang. La porosité entre divers groupes commence à apparaître, mais de façon timide encore. Le mariage intertribal est devenu possible, même s'il reste une exception. Des cas demeurent tout de même socialement tabous, comme le mariage d'un des membres des Ihemchiyen (d'Ait Lahcen Ou Ali ou d'Ihatouchen) avec un autre appartenant à n'importe quelle ethnie amazighe de Todgha, et le même scénario se répète avec un membre des Iqabliyne. Les pratiquants de l'exogamie, parmi les Ihamchiyne, doivent tenter leur chance ailleurs, loin de Todgha. Leurs partenaires viennent d'autres villes suffisamment distantes, comme Ouarzazate ou Tinejdad, etc. La porosité reste donc bien limitée et le changement qui a réussi à atteindre la vie publique en favorisant une sorte de vivre-ensemble a du mal à contourner l'étanchéité du cloisonnement qui veille sur la sphère domestique. Le rapprochement entre les communautés est très important et les progrès dans le processus de « fusion » ne sont cependant pas négligeables. Le cloisonnement et la stratification sociale étaient complets au moment de l'éclatement des ksour, les limites étaient difficilement franchissables, et la méfiance était la règle entre des groupes bien précis. L'urbanisation a détruit les fiefs spatiaux de clivage et de ségrégation, a fait apparaître de nouveaux espaces et de nouvelles pratiques d'espace, qui se basent sur des codes offrant le minimum de souplesse nécessaire pour faciliter le vivre-ensemble dans ces volumes urbains récemment apparus. Les relations entre individus et groupes sont alors renouvelées et redéfinies, pour mieux équilibrer les relations primaires et secondaires. Jacques Berque, qui a auparavant nuancé ces relations, souligne qu'elles ne peuvent plus être exclusivement lignagères par priorité. Il remarque :

> « [...] l'importance des liens affectifs, conviviaux, fraternels, amicaux, altruistes, tissés quotidiennement. Et ce autant dans le cadre de l'ordre lignager, dont la théorie de la segmentarité permettra plus tard de penser la dynamique, qu'en dehors de lui, dans les multiples associations contractuelles agricoles ou commerciales [...] ou, encore, dans des réseaux de solidarité informels et des ensembles des plus ténus qui constituent bien souvent le cadre de rapports sociaux privilégiés [...] » (Nicolas Puig 2003, p. 265.)

À Tinghir et à l'opposé des villes et métropoles classiques, les relations personnelles continuent d'exister dans la sphère publique. La société et ses regards pèsent autant sur les individus que sur les autorités organisationnelles, comme le lieu de travail ou l'école. La vie privée, qui ailleurs dans le monde garantit un intervalle de temps d'indépendance aux citadins, ne fournit pas la même chose aux

Tinghirois, et ici l'occasion de s'isoler se fait rare. L'habitant de Tinghir, à l'opposé des autres citadins, n'est d'ailleurs toujours pas en quête de cette indépendance dans sa sphère privée.

Les membres de la même famille, les amis et autres, sont présents et se côtoient tout le temps au quotidien. La partie réservée à l'accueil, dans une maison Tinghiroise, est souvent plus grande que celle réservée à la famille elle-même, et les habitations spacieuses sont une priorité à Tinghir. La liberté de recevoir sans fin les invités, dans un foyer conservateur, demande beaucoup d'espace. Et la règle ici est : plus de grandes maisons, moins d'habitations collectives. Les chiffres de HCP illustrent cette générosité tinghiroise dans les espaces. À Tinghir, la moyenne de l'espace occupé dans un logement par un membre d'une famille est au-dessus de la moyenne nationale. Selon les statistiques de 2014, les ménages disposant d'un logement d'au moins cinq pièces représentent 33,8 % à Tinghir contre 15,8 à l'échelle nationale.

L'identité d'une ville est composite, et une partie de ses composantes peut être directement liée à la globalisation et à la culture urbaine globale, diffusée par les moyens de télécommunication sophistiqués qui permettent la connexion de n'importe quel point du globe terrestre avec le reste du monde. Mais chaque ville a ses composantes identitaires, propres à elle et à son contexte, qui font sa singularité : c'est ce qui l'identifie par rapport au reste des villes. Pour Michel Lussaut, définir l'identité urbaine d'une ville, c'est exposer comment cette ville pourra être « repérée, reconnue à certains traits et signes distinctifs qui, d'emblée, du dedans comme du dehors, la particularisent. » (Pascale Nédélec 2017, p. 36.) Les discours identitaires des autorités et des politiques locales devront aussi être pris en compte, puisqu'ils construisent des idéaux rassembleurs et fédérateurs. C'est le cas pour la patrimonialisation des gorges, ou la promotion des projets urbains et des projets de rénovation du patrimoine par le gouvernement, pour renforcer les discours identitaires et diffuser une image qui cherche à rendre mystérieuse la ville oasienne. Des programmes comme le POT[5] et d'autres sont

---

[5] Le Programme de développement territorial durable des oasis du Tafilalet (POT), programme mis en œuvre par la Direction de l'aménagement du territoire avec l'appui de la Direction générale des collectivités locales, l'Agence de développement social, le Programme des Nations unies pour le développement

lancés avec des objectifs de développement, mais le but est aussi de forger une image idéale de cet espace et de ces villes. Une image polluée quelquefois par l'infiltration des codes touristiques dans le paysage urbain.

L'urbanité et la citadinité de Tinghir sont soumises à deux facteurs différents, voire opposés : le premier est l'originalité indiscutable de cette ville oasienne qui est le produit d'une conurbation de plusieurs ksour ; le second facteur est la nature conventionnelle de Tinghir, qui est une ville moyenne ressemblant à d'autres agglomérations de même taille dans la géographie urbaine marocaine. L'originalité de Tinghir a été bien exposée dans ce chapitre, ainsi que les raisons socio-historiques de sa particularité. Le centre historique de Tinghir fait son originalité, mais c'est le cas dans la grande majorité des villes qui en possèdent un. Cette originalité est donc banale d'une certaine façon. De fait, la grande majorité des villes a un centre historique, comme c'est le cas à Tinghir, avec le fameux Ksar Ait El Haj Ali autour duquel elle s'est construite.

L'urbanité à Tinghir ne peut pas être comprise sans la permanente oscillation entre la banalité urbaine et l'exception ksouro-oasienne. En revanche, le fait de nuancer l'étude de cette urbanité nous a permis de conclure que son centre urbain a été le résultat des mêmes dynamiques urbaines observées partout au Maroc, à savoir l'étalement urbain, l'explosion démographique et les mouvements migratoires des ruraux vers les villes, ainsi que la faiblesse des espaces publics. La croissance urbaine spectaculaire était un phénomène révélateur qui est apparu partout sur la géographie marocaine dans la deuxième moitié de siècle dernier. Elle était un indicateur sans équivoque des mutations profondes qu'ont subies l'espace et la société dans le même temps. Une croissance urbaine qui ne diffère pas de celle des pays sous-développés, une croissance rapide sous l'effet d'un accroissement continu des populations, mais qui est assurément soumise aux règles de la hiérarchie urbaine dans le pays.

L'urbanité s'exprime différemment d'une ville à une autre, comme la citadinité s'incarne autrement d'une ville à une autre. Il existe autant de faits et de scénarios urbains que de villes dans le monde. Notre volonté lorsqu'on traite de la citadinité à côté de l'urbanité dans

---

(PNUD), le Fonds français pour l'environnement mondial, l'Agence française de développement, et d'autres partenaires techniques et financiers.

ce travail est de positionner le cas de Tinghir dans cette variété de cas à l'échelle mondiale. L'interaction des faits sociaux et spatiaux et la combinaison des réflexions qui partent de l'échelle du quartier habité à celle de l'espace parcouru par les habitants sont d'une grande complexité, et seul l'appel à ces deux notions peut faciliter l'analyse sous un tel angle d'approche. La démarche doit enfin nous permettre de comprendre l'articulation de l'ordinaire et de l'extraordinaire urbain à Tinghir. Le quotidien des habitants n'est autre qu'une multitude d'indicateurs d'habitudes qui sont la pratique de l'espace public, les habitudes de déplacement, les quartiers souvent fréquentés ou jamais fréquentés, etc.

CHAPITRE VI :

Tinghir dans la mondialisation

Nous vivons dans un temps d'urbanisation, une urbanisation généralisée à l'échelle mondiale, caractérisée par la concentration croissante des populations dans les centres urbains et par la grande diffusion de l'urbanité dans les derniers bastions de la ruralité.

À Tinghir, la quasi-totalité des tissus urbains est une construction postcoloniale ; elle date plus précisément de la deuxième moitié du siècle dernier. C'est à partir de cette période que la première explosion démographique a eu lieu, suivie d'un étalement urbain inédit, essentiellement autour des voies de communication nouvellement construites. Cet étalement était appuyé et financé par le transfert d'argent de la diaspora et par les activités tertiaires. Un processus de polarisation est alors enclenché autour du centre urbain de Tinghir, et une opération de diffusion universelle des biens matériels et culturels dans les arrière-territoires de cette ville se met en marche, arrivant même à atteindre les plus éloignés d'entre eux.

La population est alors prise dans une oscillation continue entre une territorialisation de proximité centrée autour de Tinghir et une connexion à distance avec le reste du monde, assurée par les moyens de télécommunication contemporains et sophistiqués. Cette territorialisation autour de Tinghir a rassemblé une diversité ethnique importante dans un seul espace, et les populations de ces ethnies revendiquent néanmoins en priorité dans leur grande majorité leur identité tinghiroise, avant leur appartenance ethnique. Au fur et à mesure des dynamiques accompagnant l'élargissement du périmètre urbain, certains espaces sont abandonnés, d'autres, nouveaux, émergent pour se revaloriser, de nouvelles fonctionnalités se créent, les limites et les frontières se redessinent. Les dynamiques urbaines du centre se réaniment et les ambiances locales se réinventent.

L'apparition de divers nouveaux acteurs a permis de mobiliser beaucoup d'habitants de Tinghir autour d'un projet identitaire commun, en créant des dynamiques inédites et en transformant ces dernières années l'urbanité et l'ambiance urbaine de Tinghir. Les militants trans-tribaux de la cause amazighe ou du Mouvement des jeunes pour le changement[1], rejoints par le leadership du monde associatif en général, sont en train d'effectuer un travail minutieux sur le terrain, que les élites locales et les partis politiques ne peuvent plus ignorer. Ces derniers se battent même pour récupérer les élites que ces mouvements de base sont en train de produire.

L'utilisation d'une même notion d'urbanité à l'échelle planétaire soutient-elle en elle l'existence d'une définition ou base commune entre tous les espaces urbains du monde, et par voie de conséquence entre tous les habitants des aires urbaines de la planète ? Sachant que la migration et les flux des touristes font partie des moteurs de développement urbain propres à Tinghir, aux côtés de l'agriculture oasienne, la ville de Tinghir peut-elle vraiment être à l'abri de la globalisation ?

La territorialisation de proximité et la connexion à distance avec le reste du monde sont certes des vecteurs parmi d'autres, qui maintiennent la vie économique et urbaine en mouvement dans toutes les agglomérations présahariennes au Maroc, mais elles entretiennent aussi la connexion de Tinghir avec le monde extérieur et assurent la diffusion de la culture de la mondialisation dans la ville. L'universel et l'ordinaire qui viennent d'ailleurs se combinent alors avec l'exceptionnel ou le spécifique local dans les dynamiques urbaines de Tinghir. Comprendre les dynamiques urbaines, c'est aussi identifier les facteurs ou les caractéristiques qui font de Tinghir un cas exceptionnel aux yeux de ses citoyens, et c'est les distinguer des standards urbains communs à tous les espaces urbains au monde.

---

[1] Le mouvement Les jeunes pour le Changement était présent sur le terrain depuis 2017, mais sa première conférence régionale a eu lieu le samedi 26 juillet 2021. Il regroupe un groupe de militants reconnus dans le domaine associatif et des droits de l'homme, dans les provinces de la région du Draa-Tafilalet (Zagora, Ouarzazate, Tinghir, Errachidia, Midelt), et des enseignants et des cadres supérieurs de la région. Ces jeunes partent de l'hypothèse que les partis politiques n'ont pas réussi à jouer leur rôle et aspirent à faire passer le message et les revendications des citoyens aux décideurs, et à faire tourner la roue du développement.

Cette compréhension des dynamiques urbaines propres à Tinghir nous permettra en fin de compte de définir le degré d'originalité du cas de Tinghir au Maroc et au Maroc présaharien, et de confirmer par conséquent la pertinence de notre cas d'étude. Nous aurons aussi la possibilité de voir si le cas de Tinghir est un cas unique et authentique ou si elle présente des caractéristiques urbaines communes aux autres aires urbaines dans le monde ; en d'autres mots, nous finirons par mesurer le degré de mondialisation à Tinghir.

1. La mondialisation économique et les mécanismes de connexion sans limites

De point de vue des économistes, la mondialisation est la constitution d'un capitalisme mondial sans frontière, tandis que les culturalistes la résument dans l'hybridation culturelle (Robertson 1996) ; les politologues quant à eux y voient un processus de passation de souveraineté de l'État-nation aux institutions politiques internationales (Strange 1996). Mais nous pourrions résumer toutes ces dimensions en définissant la mondialisation ainsi : c'est la croissance de l'interdépendance mondiale, alimentée par l'assaut du capitalisme de marché à travers le monde et par la généralisation des technologies de transport et de communication électronique (Allen et Hammett 1988).

1.1. Les effets de la mondialisation économique

La diffusion des mêmes produits dans le monde entier affecte les structures des établissements humains et laisse les mêmes traces de la mondialisation partout. Cette diffusion affecte aussi les courants intellectuels qui ont à leur tour un impact important sur l'identité des villes dans le monde, et plus particulièrement au Maroc et dans son espace présaharien.

On peut facilement illustrer les effets de la mondialisation à partir d'une des citations de nos interviews :

> « Je suis urbain et je ne me suis jamais senti rural, je peux même dire que je suis un citoyen du monde, je m'habille comme des jeunes à Paris et je supporte l'équipe de FC Barcelone. Ce qui me distingue des autres : comme Tinghirois, c'est tachelhiyt, ma langue maternelle. » [Hamid 24 ans, ancien étudiant en droit et commerçant dans le centre-ville.]

La lecture de la citation de Hamid ci-dessus est une manifestation d'un phénomène qui ne cesse de s'amplifier et grandir. Elle nous montre à quel point les différences entre les régions du monde se rétrécissent et commencent à s'effacer, et combien tout tend à s'uniformiser, de la manière de penser aux habitudes et aux comportements. Cette uniformisation ne cesse de se propager dans le monde.

La mondialisation des marchés financiers et des matières premières a créé de nouvelles relations et dépendances. Les capitaux et les biens se déplacent presque sans limites sur toute la terre, tandis que la production de biens et de services n'est plus obligatoirement liée à des emplacements spécifiques. L'imbrication étroite de l'économie et de la finance crée également une nouvelle mobilité des personnes. Chefs d'entreprise et cadres de sociétés transnationales sillonnent le monde, des ouvriers qualifiés travaillent en alternance sur différents sites de production sur différents continents, et des informaticiens sont recrutés et embauchés suivant leurs qualifications, quel que soit le pays dans lequel ils travaillent.

Le tourisme est une autre raison de mobilité pour les gens qui voyagent à travers le monde et explorent ses diverses cultures. Bien entendu, cette nouvelle mobilité, due à l'économie et au tourisme transfrontalier, ne concerne qu'une faible proportion de la population.

Mais d'une certaine façon, cette mobilité concerne beaucoup d'autres personnes, qui ne doivent pas, ou ne peuvent pas quitter leur région d'origine, et qui entrant en contact avec des voyageurs d'affaires et de loisirs sur leur lieu de travail ou dans des destinations touristiques, apprennent quelque chose sur la culture des visiteurs.

La globalisation et l'interconnexion des villes n'avaient pas été prises en compte par les chercheurs en sciences sociales lors des premiers travaux de recherche urbaine moderne, au début du XXe siècle, et les analyses de l'école de Chicago et de l'écologie sociale classique considéraient alors les villes comme des unités relativement autonomes. L'analyse socio-écologique n'avait pas réussi à aller au-delà des limites de la ville définies administrativement. Ce n'est que dans les années 1970 qu'on a commencé à traiter la ville en prenant en compte le système mondial et la dépendance à celui-ci (Castells 1973 ; Portes/Browning 1976 ; David Harvey 1973).

Tinghir et le Maroc présaharien ont rarement été associés à ces questions de mondialisation et sont souvent perçus par les chercheurs comme appartenant à une zone marginale de la mondialisation. Le terme de « mondialisation par le bas » est utilisé par les rares chercheurs ayant traité « les zones marginales » et surtout les zones de stress hydrique (Tarrius, Alioua, Belguidoum, Qacha, Pliez...). La majorité de ces études ont mis le focus sur l'activité et le dynamisme des immigrés qui mettent en place des réseaux parallèles d'échange marchand souvent informels : un commerce de petits objets à petits prix.

Pour donner une idée des origines de cette notion de « mondialisation par le bas » et pour découvrir sa définition, on propose une citation d'Alain Tarrius qui fut l'un des premiers scientifiques francophones à se plonger dans l'analyse de la mondialisation par le bas. Il dit dans la note de présentation de l'ouvrage, sur la quatrième de couverture de son livre *Étrangers de passage. Poor to poor, peer to peer* :

> « Cette **mondialisation par le bas** du *poor to poor*, pour les pauvres par les pauvres, est une extraordinaire soupape d'économie parallèle, trop souvent inconnue. Le fétichisme de la marchandise inhérent à la globalisation des économies libérales leur offre le rôle d'entrepreneurs commerciaux nomades et cosmopolites à travers les enclaves urbaines ethniques de leurs circulations, suggérant les contours de peuples transeuropéens sans nation. Surtout, cette mondialisation structure des appartenances souvent communautaires, ethniques, religieuses, passant de communautés immigrées en communautés immigrées. » (Tarrius Alain 2015.)

Un simple regard sur les indicateurs habituels de la mondialisation – importation, exportation, investissement direct ou transactions financières virtuelles – nous montre clairement que la région est à la marge. Et presque personne ne prend la peine de définir ou même de remettre en cause le terme de mondialisation – et encore moins de le replacer dans le contexte présaharien. Une situation pareille peut se résumer dans le commentaire du linguiste américain Noam Chomsky, qui a estimé que la mondialisation est un terme qui est fait pour empêcher les gens de réfléchir. On doit donc commencer notre réflexion en définissant la notion de mondialisation, pour pouvoir exposer l'impact de cette mondialisation sur l'espace urbain de Tinghir et sur les dynamiques urbaines que cette ville présaharienne a connues ces dernières décennies.

Les définitions de la mondialisation, de ses effets et de son ampleur sont habituellement, et pour la plupart, réduites aux composantes économiques. Dans ce travail on s'appuie sur la définition courante de la mondialisation, qui la considère comme étant un processus d'intégration croissante des économies liées à un processus de libéralisation. L'Internet et les nouveaux médias y sont aussi entremêlés d'une manière ou d'une autre. Le fait que partout sur la planète Terre, Coca-Cola soit présente comme boisson, que les chaînes satellites et les multinationales de médias comme Netflix proposent à leurs clients, partout dans le monde, les mêmes films et séries télévisées, et qu'une bonne partie des habitants de la terre s'approvisionne dans le prêt-à-porter avec les mêmes marques d'habits et de chaussures, est sûrement une preuve suffisante de cette mondialisation. Le Maroc présaharien et son degré d'implication dans le processus de mondialisation semblent susciter l'intérêt de nombreuses personnes : représentants d'ONG, agents du développement, étudiants, scientifiques, biologistes, économistes, ethnologues, écologistes, nombreux sont ceux qui se déplacent dans cette région, en quête de réponses pour comprendre ce phénomène. Néanmoins, même s'il y a une porosité des frontières avec l'Europe en ce qui concerne le passage des hommes et des marchandises, les différences économiques persistent, si bien que les conditions économiques de la région peuvent difficilement être appréhendées avec les statistiques des pays riches. Le local est assurément de plus en plus en recul, l'augmentation du réseautage mondial dans divers domaines du quotidien est claire, tandis que l'économie parallèle informelle couvre une bonne partie des échanges locaux.

1.2. La marchandise mondialisée à Tinghir

La mondialisation est visible partout dans la ville, en commençant par les points de commerce et le souk, mais aussi dans les scènes répétitives des habitants, qui portent des téléphones portables et restent connectés avec le reste du monde en permanence. À partir de l'observation des objets mis à la vente et des produits diffusés dans la région, on peut voir l'ampleur du changement dans les habitudes de consommation. Des produits qu'on trouve d'ailleurs partout dans le monde, quel que soit le rayon : alimentaires, textile, électroménager, électronique ou cosmétique.

L'apparition de nouveaux produits s'accompagne de nouvelles formes d'exposition des marchandises qui empruntent aux modèles urbains des « boutiques en ville » et marquent le paysage éphémère du souk. Le souk, qui est le noyau principal autour duquel la ville de Tinghir s'est construite, devient aussi le meilleur diffuseur de la mondialisation et des nouvelles habitudes de consommation.

La marchandise mondialisée et les produits européens acheminés par les migrants et transfrontaliers tinghirois ne manquent pas dans les points de vente de la ville. Le commerce transnational autour de la Méditerranée s'est étendu ces dernières décennies, et les places marchandes se sont multipliées pour inclure les marchandises asiatiques venues principalement de Chine. Cette diversité des marchandises est possible grâce à l'insertion de ces points de vente locaux dans un maillage et un network de commerce mondial.

On voit les maillots de football des grands clubs européens (photo 14) portant les noms de leurs joueurs stars, dans divers stands, quelquefois même des tee-shirts et produits dérivés des séries turques et sud-américaines. Ces produits mis à la vente reflètent le degré d'intégration de la population dans ce monde globalisé.

Photo 14 : Maillots de football des grands clubs européens dans un stand de Souk de Tinghir © Odghiri 2021.

La région avait déjà une fenêtre vers le monde globalisé, et cela depuis quelques décennies, du fait de l'importance de l'émigration internationale. Les émigrés qui ont quitté leur cher pays de Tinghir ont continué à garder des liens privilégiés avec leurs origines, ce qui a généré automatiquement l'importation de nouvelles habitudes de consommation, et l'introduction de nouveaux modèles culturels, ouvrant la porte de la ville à beaucoup de nouvelles marchandises inconnues avant. Le pouvoir d'achat s'est amélioré et la demande en nouveaux objets est devenue significative, ce qui a permis à d'autres transfrontaliers d'alimenter le souk de la ville et d'autres points de vente avec des marchandises modernes qu'ils importaient.

La marchandise proposée dans les marchés et le souk est un reflet direct des mutations et des transformations qu'a subies la société. La diversité est assurée par la connexion des points de vente locaux avec les circuits globalisés. Diverses activités locales se mettent alors en place et on observe que le développement économique de la région est bien accompagné dans sa dynamique continue depuis l'indépendance. Mais la mondialisation ne peut jamais être réduite à un phénomène purement économique.

La culture, qui est souvent perçue comme un accessoire décoratif, est à notre avis un phénomène important dans ce village global, où le mode de vie américain est toujours confondu, à tort ou à raison, avec la culture de la mondialisation.

Le Maroc présaharien a toujours été connecté et lié à des contextes mondiaux, depuis de nombreux siècles. Les réseaux et l'interconnexion étaient déjà bien présents, mais on n'a commencé à parler de mondialisation que lorsque les statistiques sur le commerce et sur les investissements directs sont apparues, et cela depuis « la pacification » et l'administration de la région par les autorités coloniales au début du siècle. Tinghir est alors emportée dans les flux commerciaux mondiaux, et son intégration dans ces flux reste encore asymétrique. Cette intégration est principalement assurée par les matières premières comme l'argent extrait des mines d'Imiter, mais aussi par les produits intermédiaires destinés à des fabricants dans les zones industrielles du monde. Mais ce sont surtout les travailleurs immigrés en Europe qui garantissent un pouvoir d'achat continu par le transfert d'argent. Les produits locaux et traditionnels, quant à eux, ont lourdement subi le choc de la mondialisation : le potier local n'a pas pu survivre à l'invasion des bols en plastique de production asiatique et le couturier traditionnel a cédé devant la concurrence du prêt-à-porter qui a envahi les rayons des marchés.

Même si le monde est devenu plus complexe, peut-être même plus rude, et la mondialisation souvent perçue négativement comme une menace, ou comme un piège, le Maroc présaharien a encore son mot à dire dans ce jeu global. La notion de zone périphérique à la mondialisation perd son sens dès qu'on voit le niveau d'implication de divers médias, des télécommunications et d'Internet dans cette région. Le paradoxe de Tinghir face à la mondialisation consiste dans le fait qu'elle est à la fois dedans et dehors.

Le centre urbain avec ses nouveaux espaces et ses fonctions administratives est un vecteur important dans la connexion de la région avec le reste du monde et dans la diffusion des biens internationaux sur les territoires limitrophes. Le nouveau centre est une nécessité économique et politique puisqu'il assure la circulation de la marchandise et la domination de nouvelles autorités ainsi que des classes sociales qui leur sont subordonnées, mais ce nouveau centre retrouve aussi sa vocation de structuration d'un nouvel espace. Le rôle de centre historique de Tinghir a toujours été important pour les habitants. Ce rôle diffère d'une phase historique à une autre, donnant à Tinghir une place, une vocation ou une coloration différente selon qu'elle est dans l'une des trois périodes historiques qu'on a définies dans les chapitres antérieurs.

2. Tinghir à l'ère de la mondialisation culturelle

Les nouvelles connexions mondiales, motivées par l'économie, avec une recherche de profit maximum, ont parallèlement créé des connexions qualitativement différentes de celles d'autrefois, englobant non seulement la production matérielle, mais aussi la production intellectuelle. Les produits intellectuels d'origines diverses deviennent alors une propriété commune. Les produits culturels locaux dépassent de plus en plus les frontières et leurs échos ne se limitent plus à leurs territoires d'origine. Une culture appelée alors mondiale commence à émerger et à se former, à partir des nombreuses cultures nationales et locales.

Comme la mondialisation dans son ensemble, la mondialisation culturelle est aussi un processus complexe avec des formes, des gammes et des modes d'expression très contradictoires qui ne peuvent être clairement identifiés. L'économie, la technologie, la politique et la culture sont aujourd'hui dans des relations d'échange et de communication plus étroites que jamais auparavant. L'imbrication des personnes, des biens, des lieux, des services et des capitaux, les changements qu'elle induit et les perspectives de développement ainsi que les opportunités et dangers qui lui sont associés, sont des manifestations de ces relations d'échanges étroites. La diffusion généralisée de la culture américaine, comme des jeans et du Coca-Cola, est une manifestation claire de la position de leader de cette culture dans le monde entier, que Zdravko Mlinar symbolise par la « cocacolisation » des sociétés et Benjamin Barber par « McWorld », en remarquant que d'autres cultures passent alors en mode résilient.

Selon le rapport mondial sur la culture 2000 de l'Unesco[2], le monde n'est pas constitué d'une mosaïque de cultures, mais d'un flux de cultures en constante évolution, dont les divers courants se mélangent en permanence. Le développement de toute culture se fait donc à travers des échanges culturels constants, et les cultures ne sont pas tout à fait autonomes, ou bien uniquement liées à des lieux et à des groupes de personnes précises, à des communautés ou à des sociétés, à des régions ou à des nations. Une culture authentique, sans influences formatrices de l'extérieur, est une fiction, car les cultures n'existent jamais sous une « forme pure ». Elles ne sont ni statiques ni homogènes, et naissent toujours de la rencontre et de l'échange avec d'autres cultures, et de l'acceptation mutuelle et de la démarcation. C'est d'ailleurs la raison pour laquelle nous parlons d'acculturation dans cette thèse, et on voit bien que l'idée de la destruction d'une culture par une autre repose sur une mécompréhension du sujet. Les cultures sont le produit de relations et de croisements et ne se développent qu'au contact de l'étranger et de l'autre. La culture n'a jamais été pure ou homogène, mais hybride et hétérogène. Toutes les cultures renvoient toujours à une multitude d'origines, non seulement en raison de leur adoption antérieure d'éléments culturels étrangers, mais parce que le geste de la culture lui-même est un geste de mélange. On finira ce paragraphe par une citation d'une interviewée,

---

[2] https://unesdoc.unesco.org/ark:/48223/pf0000127161_fre.

Nadia, originaire de Rabat, 45 ans, militante associative et résidente à Tinghir depuis plus de 20 ans :

> « À Tinghir, j'aime l'esprit ouvert des jeunes qui sont ouverts sur le monde tout en gardant la fierté d'appartenir à un lieu ancré dans l'histoire. Notre quotidien ici ressemble à celui d'une ville quelconque ailleurs dans ce monde, on ne se rend compte qu'on est à Tinghir qu'au moment des mariages ou des moussems comme celui de sidi Mhamed Ouabdellah ; ce sont des occasions où les Tinghirois se rappellent leur spécificité. »

La citation montre une interviewée consciente du tissage de Tinghir avec l'entourage culturel mondial, et qui observe en même temps combien la ville est capable de garder le socle identitaire puissant que constitue la culture locale.

2.1. Les médias et leur rôle dans la diffusion des modèles culturels

Le développement des médias est un des grands moteurs et accélérateurs de la mondialisation culturelle actuelle. Il constitue la condition préalable à la mise en réseau mondiale actuelle des cultures. Le développement de la radio et la télévision, ainsi que la diffusion de tous les autres médias audiovisuels facilement accessibles aux masses, ont entraîné un afflux croissant de communication transfrontalière des cultures. Ces dynamiques ont encouragé l'émergence des sociétés médiatiques transnationales, et par la suite une diversification des offres culturelles et la généralisation de leur diffusion partout dans le monde : c'est la mondialisation culturelle.

L'évolution de cette dernière s'est faite suivant les phases de développement des médias, qui sont passés de l'écrit à l'audiovisuel en passant par l'image : photographie, téléphone, disque, radio et cinéma puis télévision, cassettes audios et vidéo ; et le processus continue son chemin révolutionnaire jusqu'à nos jours. Avec les nouveaux réseaux d'information et avec l'Internet, les ordinateurs, les iPad et les smartphones se sont de plus en plus imposés comme médias principaux, et ne cessent de façonner les processus de communication et de diffusion de l'information aujourd'hui.

Les équipements matériels ne représentent que 20 % du prix des nouveaux médias (téléphones portables et tablettes), tandis que les logiciels de communication représentent 80 % en coût. Les médias traditionnels, la télévision, ont besoin de grandes stations, d'installations coûteuses, et de salariés... tandis que chacun peut maintenant créer sa chaîne et s'introduire dans les réseaux sociaux. On assiste donc à une démocratisation de l'accès aux flux d'information et une interconnexion générale du monde entier.

Certains produits locaux ont alors disparu sous la pression de la concurrence mondiale. Mais d'autres contribuent à façonner et à tisser le visage de la culture mondiale, et assurent leur présence sur le marché culturel globalisé, ce qui permet d'élargir la palette des offres culturelles dont on dispose actuellement. Ainsi, des chants traditionnels de l'Aita ont quasiment disparu, tandis que le succès d'autres musiques comme le raï (grâce à Khaled et Faudel) a dépassé les frontières nationales.

La conséquence directe de tout cela est bien sûr l'universalisation, et partant une tendance à l'alignement général de la vie culturelle mondiale. Un modèle uniforme des cultures populaires est alors quasi généralisé, l'industrie culturelle et les sociétés internationales prennent en charge la diffusion des mêmes biens de consommation dans toutes les régions du monde.

Netflix diffuse les mêmes « feuilletons » à toutes les familles dans des villages et des villes de la planète. Les émissions, les films et les spots publicitaires propagent l'idéal globalisé de beauté et de vie dans tous les foyers. On porte des jeans bleus un peu partout dans la région comme ailleurs au monde, tout en buvant du Coca-Cola et en fumant des Marlboro. Ces mondes universels d'images, de culture et de consommation relient les différents mondes culturels. La culture est un produit issu de l'industrie mondiale et entraîne un alignement des symboles culturels et des modes de vie. Le monde est en marche vers l'uniformisation et la marchandise unique, ce qui se manifeste dans beaucoup de produits de base, tels que les vêtements, la nourriture et les boissons.

La diffusion de la culture de consommation occidentale à travers le monde est indéniable, mais il est important de noter que le local persiste toujours et il est encore trop tôt, à notre avis, pour parler de règne absolu d'une culture mondiale unifiée.

2.2. La musique, un art pionnier de la mondialisation et des cultures hybrides

Comme détaillé ci-avant, la mondialisation culturelle actuelle est principalement boostée par trois changements sociaux centraux qui touchent tous les pays de façon plus ou moins intense : l'émergence d'une société mondiale à travers la mondialisation économique, les processus migratoires mondiaux et le développement des médias.

La musique et les arts visuels ont profité de progrès technologiques, avec l'apparition des cassettes, caméras, CD et autres moyens d'enregistrement et de stockage. Le développement de nouveaux moyens de communication et de transport a aussi facilité la mobilité et le déplacement des artistes, ce qui a augmenté le contact direct entre les musiciens de pays différents, et favorisé plus d'échanges musicaux avec une influence mutuelle. Les chansons et les morceaux de musique de toutes origines sont à la portée des consommateurs du monde entier. Ce n'est pas seulement la musique occidentale qui a été pressée sur les cassettes et les disques : celle du reste du monde, enregistrée elle aussi, est prête à la diffusion. À Tinghir sont apparus des musiciens et des groupes de musique qui s'intéressent au patrimoine de poésie orale de la vallée : ils recyclent des anciens chants et poèmes locaux dans des chansons modernes qui peuvent être écoutées et aimées par les habitants des quatre coins du monde. Le groupe Tawargit[3] qui chante exclusivement en berbère et qui s'efforce de refléter un mode de vie et un univers de musique authentiquement local, en est un bon exemple. Les jeunes musiciens de ce groupe se voient comme une alternative à la musique mondiale et veulent proposer une musique de qualité qui retrouve ses racines dans le « Sud-est du Maroc ». Ils insistent sur le côté engagé de leur musique et sélectionnent bien les sujets traités dans leurs morceaux. Le jeune groupe a déjà reçu des distinctions : le prix national de la musique amazighe moderne au Maroc en 2014, et le prix international de la poésie environnementale de la COP22 en 2016.

Les nouvelles dynamiques entre le local et le global ont impliqué l'émergence de nouveaux modèles culturels dans toutes les cultures. Tinghir est alors devenue un centre d'hybridation culturelle, un peu comme le sont actuellement les sociétés multiculturelles dans les pays

---

[3] Le groupe Tawargit dispose d'une chaine YouTube :
https://www.youtube.com/channel/UCrKIgufT3IOPFMKgyyGyhHQ.

d'immigration. Les influences les plus importantes viennent de l'industrie culturelle mondiale via les films, la radio, la télévision et de plus en plus via Internet. La culture à Tinghir ne peut pas être simplement considérée comme la victime impuissante d'une industrie culturelle américaine eurocentrique : au contraire, elle a prouvé sa capacité unique à absorber, traiter et intégrer des choses étrangères. Une nouvelle culture est en train d'émerger, une culture qui garde sa propre tradition et son identité, mais avec les produits, les styles et les images de la culture mondiale d'origine euro-américaine.

Il est intéressant d'observer que d'autres cultures non occidentales ne se sont pas contentées d'émerger : elles sont devenues elles aussi des cultures globales. La meilleure illustration de cette émergence devenue globalité est la musique pop : malgré l'incorporation précoce de traditions musicales asiatiques et plus tard d'éléments musicaux des Caraïbes, d'Amérique du Sud et d'Afrique, elle est restée au début très attachée à ses origines anglo-américaines. Puis d'autres formes musicales nouvelles ont émergé, ces dernières années, en reprenant des traditions et des styles très différents, tout en les tissant dans de nouveaux modèles. Ainsi, la musique pop a perdu progressivement son caractère ouest européen nord-américain pour prendre un caractère de plus en plus international : cela concerne les artistes, l'instrumentation, les styles, et les traditions musicales.

Grâce aux technologies modernes d'information et de communication, la mobilité est en croissance continue et les distances spatiales disparaissent. Les liens avec la tradition intergénérationnelle, la langue nationale ou l'histoire locale ne sont plus décisifs ; le seul critère central, c'est la connectivité des offres culturelles.

Le développement d'une littérature mondiale, des musiques du monde et des arts du monde au début du siècle dernier est précurseur de la mondialisation culturelle qui façonne nos vies aujourd'hui. Le changement culturel actuel induit par la mondialisation se caractérise par une expansion qui s'étend jusqu'aux derniers coins de la terre, avec une vitesse énorme et une intensité accrue ; les différentes cultures se mettent alors en contact, échangent, se mélangent et produisent de nouvelles cultures.

3. L'émergence d'une société-monde à Tinghir

Les installations humaines ont toujours été influencées par la culture de leur époque et les grandes agglomérations étaient de leur côté un canal important pour diffuser la culture régnante. Bagdad et Damas ne pouvaient pas exister comme le monde les a connues sans la culture musulmane et Fès et Marrakech ne pouvaient pas devenir ce qu'elles sont sans avoir baigné dans une culture du Maghreb islamique à laquelle se sont ajoutées des influences venues d'Andalousie, d'Afrique et d'Orient. Toutes ces villes étaient aussi le moyen le plus efficace qui a diffusé les cultures et sont encore une démonstration de ces cultures et de ces savoir-vivre. Ce qu'on appelle aujourd'hui la globalisation n'est que le règne d'un empire économique de consommation qui dépasse toutes les frontières et atteint tous les foyers dans le monde entier grâce à la sophistication des moyens de transport modernes qui ont réussi à interconnecter tous les points de la planète. La domination culturelle du modèle occidental libéral sur le monde s'est faite tout d'abord par la force militaire et par une asymétrie de force en faveur de l'Occident, accélérée à l'aide des moyens de télécommunication performants, qui lui ont permis de s'imposer comme référence absolue dans le monde entier. Cette nouvelle mondialisation ou domination crée et entretient un dualisme entre le local hérité et le global importé et imposé. La domination de la culture de l'image, les pressions extérieures et les défaillances des institutions internes perpétuent ces clivages.

3.1. L'économie tinghiroise face à la globalisation

La ville de Tinghir est devenue significative avec ses réseaux urbains, alors que son existence ne dépendait au départ que de son espace oasien, de son rôle de relais, et de ses sources d'eau. Elle s'est étendue au-delà de ses murs pour devenir une autre ville moyenne avec de nouvelles réalités sociales et spatiales animées par la diffusion de la mondialisation.

Comme indiqué précédemment, le bouleversement a été déclenché par l'arrivée des colons, pour lesquels le contrôle de la région présaharienne était primordial pour assurer « la pacification » de tout le territoire du royaume.

Ces bouleversements ont irréversiblement éradiqué les structures ksouriennes, qui étaient depuis toujours étroitement liées à leur environnement, et caractérisées par l'intégration sociale de diverses mosaïques ethniques dans une seule société dite oasienne.

Les mutations en conséquence ont aussi donné naissance par ailleurs à des dynamiques – spatiales et sociales – qui ont renouvelé le rôle du Maroc présaharien comme espace pivot stratégique, après une ère de marginalisation et de déclin qui a suivi la mort des anciens axes caravaniers le traversant. Le Maroc était alors amputé de son entourage africain, et orienté vers les métropoles françaises et européennes, par le biais du commerce international via l'océan Atlantique et la mer Méditerranée. Les structures sociales et spatiales sont alors sévèrement touchées, et les effets sur l'identité ne peuvent pas être masqués. Les acteurs présents dans la ville tentent de retrouver l'équilibre perdu. L'administration, la politique et la société civile travaillent ensemble pour restaurer les structures sociales et culturelles visiblement affectées. La mondialisation a secoué tous les coins de la planète, ce qui explique l'apparition des mouvements sociaux revendiquant des valeurs telles que la démocratie et la justice économique, et plaidant pour les droits de l'homme et la défense de l'environnement : l'objectif est de mieux maîtriser la mondialisation et de tenter de la rendre plus solidaire ; c'est l'altermondialisation.

Dans la littérature, sont apparues aussi des notions comme « la mondialisation par le bas » conduite par le petit peuple pour survivre aux nouvelles conditions créées par une « mondialisation du haut » imposée par la machine du libéralisme sauvage.

L'urbanisation à Tinghir était plus démographique qu'économique, et le développement économique s'est avéré insuffisant pour répondre aux besoins de la population croissante. L'inexistence d'une politique claire qui intègre la planification économique et spatiale démontre une faible capacité des autorités à fournir un minimum de services de base.

L'expansion rapide de la population urbaine s'est en effet produite sans être accompagnée des services urbains et des opportunités d'emploi productif nécessaires. Le problème a été aggravé par la faiblesse des infrastructures urbaines et par un manque d'espaces et d'édifices publics : la ville s'est donc retrouvée avec de très faibles moyens capables, pour stimuler la croissance économique, de mobiliser des ressources ou de fournir les services les plus élémentaires. Cette croissance démographique et spatiale a permis aux spécificités et aux pratiques de l'arrière-pays rural Attaoui de Tinghir d'émerger à nouveau, dans son aire urbaine.

Les règles à Tinghir ne seront pas différentes de ce qu'on a déjà observé dans d'autres villes du monde (Cheru 1989 ; Jamal et Weeks 1988) : le maintien des liens économiques avec les villages d'origine est indéniable, de même que l'import des identités culturelles régionales par les Tinghirois originaires des périphéries qui sont nouvellement installés dans la ville. Et bien sûr non seulement les différences économiques et culturelles entre la ville de Tinghir et son arrière-pays rural se sont estompées (Vitkovic et Godin 1998), mais en plus, le secteur urbain informel est devenu le plus puissant des moteurs de création d'emplois. Les citadins pauvres s'organisent dans des associations pour répondre à leurs besoins et mobilisent des fonds pour aménager des espaces délaissés par les autorités, construire des places ludiques, des installations médicales, et pour proposer leur propre système d'entraide rotatif pour démarrer diverses coopératives. Les perdants de la restructuration globale tentent de réécrire les règles de l'économie politique urbaine par l'action collective.

La société est donc pressée d'en haut par les forces invisibles de la mondialisation et d'en bas par les forces sociales qui sont quoi qu'il en soit perdantes dans le processus des réformes économiques orientées vers le marché. Ainsi, la mondialisation renforce le processus préexistant de « l'urbanisation sans développement », et les inégalités et la fragmentation continuent de s'aggraver, ouvrant la voie à l'effondrement de l'ordre social et rendant la ville difficile à gérer.

3.2. Les manifestations de la globalisation au sein de la société tinghiroise

La libéralisation accélérée des échanges commerciaux qui ont acquis une plus grande liberté de mouvement, et les moyens fournis par les progrès rapides dans le domaine des technologies ont touché toutes les sociétés du monde et ont impliqué des changements humains rapides et importants. Les mouvements de population des zones rurales vers les zones urbaines se sont accélérés ; la structure de la famille, le comportement des individus, leur quotidien et leur perception de leur environnement ont aussi radicalement changé.

> « À part les gorges de Todgha, rien n'est authentique à Tinghir ; l'amélioration du pouvoir d'achat et l'acquisition des pompes par la quasi-totalité des gens ont changé le paysage des champs cultivés le long de Todghra. Presque toutes les familles ont un ou plusieurs migrants parmi eux qui leur ramènent des mœurs étranges. Les terrains constructibles sont plus accessibles aux étrangers qu'aux locaux, on ne reconnaît plus notre ville et le charme du sud-est y a disparu à jamais. » [sidi Mouh, 63 ans, commerçant, Ait Tdoght.]

La citation de sidi Mouh n'est autre qu'un sentiment d'amertume exprimé par un habitant qui décrit les effets de la mondialisation et leur impact sur sa ville, ainsi que les nouvelles logiques spatiales imposées par les mutations de l'espace et du territoire. Les changements affectant Tinghir sont dus à l'importance grandissante de son centre urbain dans la région, ce qui a impliqué une croissance urbaine inédite et des échanges commerciaux intensifiés. L'étalement urbain et la pression foncière augmentent automatiquement la pression sur les réserves d'eau déjà en pénurie, et font ressortir le côté négatif de la mondialisation sur Tinghir, qui a tendance à renforcer les contraintes existantes et/ou à susciter de nouvelles contradictions et fragmentations. La région est victime de cette relation d'asymétrie entre le Nord et le Sud, résultante directe du colonialisme ; ce phénomène est apparu après le développement du capitalisme et de l'industrie en Europe qui a été suivi par l'émergence de nombreuses villes dans l'hémisphère nord : le contact avec d'autres sociétés non touchées par le capitalisme et peu urbanisées a mis en avant la différenciation entre ces pays dits du Nord et ceux du Sud par le clivage civilisationnel. Cette domination coloniale a approfondi les clivages de développement entre ces deux types de pays. Le contact avec les peuples dominés a impliqué la projection de la perception occidentale d'urbanité et d'urbanisme sur ces pays soumis. La conséquence a été la ségrégation spatiale : les villes coloniales étaient implantées avec une infrastructure et une économie moderne aux côtés des bidonvilles à économie informelle pour les indigènes. Milton Santos[4] a largement traité cette dualité morphologique, démographique et fonctionnelle qui exporte le dualisme à l'échelle intra-urbaine.

Au début du XXe siècle, l'évolution est passée à la vitesse supérieure, et les nouvelles générations ont changé de comportement

---

[4] Milton Santos, 1975, *L'Espace partagé*, Paris, Génin/Litec.

et de culture. C'est d'ailleurs aussi le cas à Tinghir, où les jeunes commencent à élargir leurs horizons d'identification territoriaux, jusqu'à se sentir citoyens du monde. La citation de Hamid présentée au début de ce chapitre est une manifestation de ce changement. Les deux citations, celle de Sidi Mouh et celle de Hamid,[5] montrent la divergence des opinions concernant l'identité dans la ville, mais permettent aussi de montrer l'évolution identitaire : le sentiment d'appartenance des Tinghirois à leur ville et leur relation avec leur environnement. Les manifestations de l'internationalisation de la société commencent sans doute à émerger, mais il est encore tôt pour parler de l'émergence d'une société-monde à Tinghir.

3.3. Le tourisme et les pratiques socio-spatiales à Tinghir

Le processus d'urbanisation de la ville de Tinghir et ses dynamiques se poursuivent rapidement ; en même temps, l'identité urbaine continue sa réinvention et sa recomposition en suivant les rythmes des dynamiques urbaines, et en s'adaptant aux nouvelles appartenances communes qui sont souvent fédérées par la terre et le foncier. Renouveler et réinventer l'identité de la ville passe aussi par la manière de percevoir les flux touristiques, qui n'ont jamais baissé jusqu'à l'arrivée de la Covid-19 : une perception qui évolue constamment et qui fait évoluer l'identité de la ville. Lorsqu'on parle des touristes, on pense à l'image des territoires diffusée par la machine du marketing, une image qui façonne et conditionne les touristes, lesquels ramènent l'image commercialisée avec eux pour conditionner les locaux à leur tour. Il est clair que ces flux touristiques exercent une influence sur l'espace urbain et ses habitants, et vice versa. Vernier Cauvin avait souligné cet effet d'influence que les touristes peuvent avoir sur la société locale et son espace : « Les touristes ne sont pas des consommateurs passifs puisque ce sont eux qui stimulent la conscience d'un héritage culturel et d'une identité. » (Vernier Cauvin 2007, p. 20.)

Les Tinghirois sont ambitieux dans leur projet pour l'aménagement des grands sites visités, comme le ksar Ait Lhaj Ali, les gorges de Todgha, le cimetière israélite... On veut les mettre tous en valeur, ou les rendre à l'image qu'on souhaite donner de ces sites, dès que les

---

[5] Il nous paraît important de signaler que l'interviewé Hamid n'est pas un migrant et n'a jamais quitté les frontières du Maroc.

conditions budgétaires le permettent. On cherche à les rendre les plus authentiques possibles pour augmenter leur pouvoir de séduction sur les masses touristiques. Les touristes viennent en quête d'un modèle d'habitations oasiennes, d'une façon de vivre locale et authentique, dont les sociétés présahariennes se sont définitivement éloignées.

L'industrie cinématographique dans la ville oasienne de Ouarzazate, qui a souvent utilisé le patrimoine local comme coulisses pour des films de renommée internationale, encourage les habitants et les autorités à prendre conscience de la valeur de leur patrimoine culturel. Tout le monde veut préserver et mettre en avant la qualité des paysages naturels et le cadre de vie riche que la région peut offrir. L'une des images, qui est encore régulièrement entretenue et qui continue à attirer l'attention des touristes, c'est la diversité des codes vestimentaires des habitants de Tinghir, qui ne fait que refléter la diversité des origines ethniques de sa population. On voit souvent les femmes portant le Rdi, l'habit traditionnel des femmes d'Ahl Todgha, mais on rencontre aussi souvent des femmes portant Tahrouyt n'Ait Atta, d'habitude les lundis, le jour du souk hebdomadaire. La présence de la diaspora aux saisons de vacances rend le spectacle plus animé et les touristes s'en réjouissent. Les festivités se multiplient : mariages, fêtes de circoncision... Tinghir devient une exposition à ciel ouvert de vêtements et de danses traditionnelles de diverses ethnies constituant la population de la ville. On peut même rencontrer des femmes coiffées en Qazaôu[6] ou en Ikherbane[7], ou voir des scènes d'ahidous[8] n'Ait Atta, Ahidous n'Lafoual[9] de Todgha, etc. La tradition vestimentaire est millénaire ici, elle porte en elle beaucoup de codes ; le « rdi », par exemple, qui est un voile blanc transparent porté par-dessus les vêtements, communique des informations sur la situation familiale de la femme. Si elle le noue sur l'épaule gauche, elle est célibataire, l'épaule droite est pour les divorcées et les veuves, et les deux épaules pour toute femme engagée dans une relation de mariage.

---

[6] Coiffure des femmes berbères d'Ait Atta.
[7] Coiffure des femmes berbères d'Ait Merghad, fraction de la confédération d'Ait Yafelman.
[8] Ahidous est, selon Larousse, un genre de ballet mêlé de musique et de chants, propre aux populations berbères, l'ahidous est dansé par un cercle d'exécutants (alternativement hommes et femmes).
[9] Une sorte d'ahidous performé seulement par les Ait Todgha.

Ces produits ne sont pas seulement préparés et présentés pour une consommation touristique, mais la demande est aussi locale, elle vient de la société civile et des citadins qui cherchent l'authenticité et leurs racines culturelles, mais aussi des politiciens locaux qui essayent de s'identifier aux lieux. Au programme, on a des prototypes folkloriques de danses, d'habits et même de tentes nomades, implantés dans les mariages collectifs qui se font chaque été au mois d'août dans beaucoup de villages, comme Alnif.

Festivals ou mariages en groupes sont des manifestations de la « patrimonialisation » de la culture et de la tradition : la patrimonialisation est un moyen de perpétuer cette culture et ces traditions en un socle identitaire, qui pourra ensuite être un élément de marketing. On exagère même quelquefois en adoptant des habitudes vestimentaires étrangères à la ville pour plaire aux touristes, comme font les guides touristiques.

Les guides, les chauffeurs touristiques ou n'importe quelle personne dont l'activité est en relation ou en contact avec les touristes peuvent s'habiller en Touaregs par exemple, pour répondre aux attentes de ceux qui imaginent que le Sahara et les confins du Sahara sont la patrie des hommes habillés en bleu. Jean Bisson disait à ce sujet :

> « Il est certain que la modification des comportements accompagnant la promotion du jeune guide a de quoi choquer un milieu resté très attaché à la tradition, aux marques de respect. La tenue vestimentaire en est l'aspect le plus visible, la fausse tenue touarègue étant, bien entendu, de circonstance : une façon de séduire des touristes naïfs persuadés que le Sahara est "le" pays des Touaregs. Est également prisé le déguisement en "hommes bleus" – ces habitants des petites oasis de l'extrême sud – destiné à entretenir la confusion avec la tenue touarègue ! Et pour le guide de se présenter comme un authentique nomade, donc un "vrai" Saharien ! » (Jean Bisson 2003, p. 314.)

S'inventer un comportement pour converger avec l'image que se font les touristes du territoire est aussi monnaie courante en Tunisie où les professionnels du tourisme, dans les régions arabophones, se présentent en Berbères, pour vendre leurs services aux touristes en quête de l'exotisme berbère.

Cette situation est décrite par Nicolas Puig par les mots suivants :

> « La figure du Berbère est, en effet, mise en avant dans le contexte du tourisme, car elle répond à l'engouement qu'a suscité le monde berbère en France. Il faut voir là un avatar de la politique coloniale française qui, pour se légitimer, chercha à rattacher le Maghreb à l'Europe en insistant sur une relation entre berbérité et latinité et à présenter la conquête arabe comme un simple épisode historique auquel succédait un retour aux vraies racines européennes de la région. » (Nicolas Puig 2003, p. 235.)

La tradition est devenue un outil qui nous fait remonter vers les temps mystiques d'autrefois, pour se ressourcer à une culture ancestrale très riche. La tradition est aussi un moyen d'évoquer les ancêtres et la fierté des origines. C'est un peu une source identitaire.

L'articulation entre l'image que le touriste se fait de la région, facile à consommer pour un étranger, et le choix de l'image qu'on souhaite donner aux autres de notre identité, produit aussi de nouveaux comportements et de nouvelles formes de l'usage de l'espace.

Enfin, il convient de rappeler que le tourisme a quand même permis, entre autres, de soigner et reproduire les pôles identitaires locaux à Tinghir, de redécouvrir les codes vestimentaires locaux. Le goût prononcé pour les danses folkloriques locales est un effet du flux des touristes qui investissent la région, sans oublier l'apprentissage des langues étrangères, mais aussi la connaissance croissante de la géographie mondiale chez les habitants de Todgha, dont la plupart sont capables de situer beaucoup de pays du globe.

3.4. La migration internationale et les pratiques urbaines à Tinghir

Les migrations et le monde du travail ont toujours été, et sont encore au cœur de la mondialisation partout dans le monde. Dans la deuxième moitié du siècle dernier, la mobilité des Tinghirois avait atteint un niveau jamais connu auparavant. Ce mouvement migratoire qui a arraché beaucoup de jeunes gens à leur pays natal était au début vécu par les familles comme un destin au goût amer qu'elles devraient obligatoirement avaler : les raisons de leur départ étaient sociales, économiques ou politiques et ne relevaient pas d'un choix personnel. Félix Mora, un ancien officier des affaires indigènes au Maroc converti en agent de recrutement de la main-d'œuvre étrangère dans le Nord–Pas-de-Calais, a recruté au milieu des années 1960 plus de

78 000 mineurs dans le Sud marocain, et une bonne partie venait de la vallée de Todgha et de ses alentours. Cet homme marquera à jamais la mémoire collective des habitants de ces régions, notamment par ses méthodes de sélection.

Il avait décrit ces opérations de transfert extraordinaire par ces mots :

> « Le monde ne manquait pas. Là où je ne pouvais retenir que trois cents personnes, sept à huit cents, voire mille se présentaient [...] J'ai au moins regardé dans le blanc des yeux d'un million de candidats. Il m'est arrivé d'embaucher le père et le fils[10]. »

> « Les modalités de recrutement, très sévères, de ces mineurs rappelaient parfaitement l'achat des esclaves au temps de la traite des Noirs. Un spectacle digne des temps anciens. Des milliers de jeunes ruraux, candidats, passaient devant Félix Mora, le torse nu. Il examinait leur capacité à effectuer un travail de force, à savoir l'extraction du charbon des entrailles des mines. Il sélectionnait à partir de critères de santé et de l'apparence physique. Les recrues doivent être âgées de 20 à 30 ans, peser 50 kg minimum, avoir une acuité visuelle correcte [...] Déshabillés, les hommes sont soigneusement examinés. Une épreuve d'endurance figure également au menu de la sélection. Les recrues sont souvent laissées pendant trois heures sous un soleil de plomb pour expérimenter leur aptitude de résistance à la chaleur de la mine[11]. »

Les autorités locales ont montré leur soutien pour les opérations de transfert : ils ont bien aidé les agents de Mora dans leur recrutement, en libérant leurs locaux pour les agents de recrutement des mineurs, sous la direction de Félix Mora.

Mora ne pouvait pas espérer mieux, les représentants du gouvernement marocain étaient aussi présents pour donner un caractère officiel à ces recrutements. Les jeunes hommes arrivaient aux bureaux de recrutement en masse, et en cas de besoin, les agents des autorités les faisaient venir pour préparer leur marche vers un exil loin de leurs proches et de leur beau pays pauvre.

Les femmes se retrouvaient seules dans leurs villages après avoir laissé partir leurs époux et leurs frères dans les mines du nord de la

---

[10] Paroles de Félix Mora, dans un documentaire daté du 29 juillet 1999 diffusé par France 2.
[11] *Idem.*

France. Cette époque est surtout connue pour ses poèmes, ou « Timnadines[12] », chantés par les femmes pour exprimer leur désespoir et leur désarroi après le départ massif des hommes : les mines du nord sont désormais considérées comme des « voleuses d'époux ».

Des poésies tristes et mélancoliques étaient le seul moyen de réconfort de beaucoup de jeunes femmes de la vallée de Todgha. Elles venaient d'assister au départ massif des jeunes hommes de leurs villages et d'expérimenter énormément de peine sans pouvoir rien faire pour les empêcher de partir. Elles parviennent ainsi à exprimer leur situation, et décrire leur malheur, leur crainte et leur angoisse. Nous vous présentons ci-dessous, une palette de chants des femmes, transcrits aussi sur le site de Moqawamet[13]. Des paroles qui expriment la souffrance de ces femmes, habitant les agglomérations vides d'hommes après le départ massif de ces derniers en France.

Paroles en berbère	Traduction en français
A mad yan imdey our as-toumiz,	Combien d'hommes ont guetté le départ
Iaerraten Mogha, izrit our ten-yousiy.	Et Mora les avait déshabillés et délaissés.
Istey Mugha igiman koullou	Mora n'a sélectionné que des bourgeons
Our d-iqqimi ghas ṭṭaleb donna gur illi wul.	Il ne reste que l'imam et les plus faibles.
Idda Chabab dda folkinin	Les plus beaux sont partis
Iqqimd ouzerdix, ittelagh aḍou.	Les moches nous rendent la vie difficile.
Ati gimt llebḍ a tirbatin	Ô filles, mettez le voile du deuil
Iddad Mogha allig agh ifdeḥ youghoul.	Mora nous a humiliés avant de partir.

---
[12] Poème en langue amazigh.
[13] https://mouqawamet.wordpress.com/.

A tafouyt ata our da ttaghd oulinou	Ô soleil, tu n'éclaires plus mon cœur
Asmun izreb, akw ur nemsafaḍ	Mon amant est parti sans même me dire « au revoir »
À Fransa tiḥergit ag tamud *Wenna nn-iddan igher-d i wayeḍ a nn-iddou.*	Ô toi la France, tu es ensorceleuse : Celui qui te rejoint appelle d'autres au départ.
A mma-nu ttedεu-ay s lkhir. *Hat lliɣ g lɣar ad ur inḍer ɣifi.*	Maman, implore Dieu Je suis dans un trou. J'ai peur qu'il s'écroule et qu'il m'ensevelisse.
Mer da ttrara ssadaqa laallat *Trard arraw, yan ad our iddou s aḍou.*	Si la bienfaisance nous épargnait des malheurs Elle aurait empêché nos enfants de partir
Han awed ṭṭaleb yuwi-t Muya *Llahrebbi a lejwamiε texwam akw.*	Même l'imam a été emmené par Mora, Pauvres mosquées, elles sont devenues vides.
Idda lbabuṛ g waman tawada n ifiɣer *Allig zlan asmun-inu.*	Le bateau a serpenté la mer, Mon bien-aimé est égaré.

Ce petit rappel historique pour montrer le côté sombre de la mondialisation à Tinghir dès le début. Les migrants étaient arrachés de leur environnement, ils étaient obligés de quitter leur ville natale pour de très longues périodes. Leurs retours réguliers chez eux, accompagnés des habitudes de consommation et des biens étrangers à la culture locale, étaient des canalisateurs significatifs pour l'émergence de la mondialisation culturelle à Tinghir.

La migration a une autre face enrichissante de l'identité, qu'elle contribue à fabriquer. Ces migrants en Europe, plutôt citoyens de pays européens, se sentent toujours et encore tinghirois. Leur particularité est ce sentiment d'appartenance à la culture européenne, qui ressort chaque fois pendant leurs vacances en famille à Tinghir, pour enrichir la multitude des couches identitaires des Tinghirois qu'on vient d'exposer ci-avant. La spatialité codifiée des migrants tinghirois en Europe, qui vivent alors dans un espace transnational, se manifeste parfois sans ancrage, mais souvent avec un double ancrage. Thomas Lacroix avait traité ce phénomène dans son ouvrage *Les Réseaux marocains de développement*. Il avait écrit :

> « La pratique d'un espace suggère son existence. Mais ce phénomène d'une spatialisation spécifique n'émerge-t-il que le temps du trajet ? Peut-on affirmer qu'une spatialité particulière, distincte de celles constituées par les sociétés d'ancrage, imprègne la vie entière des migrants ? » (Thomas Lacroix 2005, p. 86.)

Les migrants tinghirois en Europe reviennent régulièrement pendant les vacances, souvent ensemble et en groupe. Trois générations reviennent avec trois logiques différentes et trois types de relations socio-spatiales différentes. La première génération est totalement ancrée à Tinghir et ses liens avec les membres de la grande famille qui sont restés à Tinghir sont forts, ses liens à l'espace sont infaillibles.

Les individus faisant partie de la deuxième génération, qui ont entre la trentaine et la quarantaine, ont une relation codifiée avec l'espace, comme on l'a décrit plus haut dans ce paragraphe. Et puis la dernière génération, les jeunes et adolescents au-dessous de la vingtaine, sont pour la plupart déracinés et ont peu de liens avec les lieux et la culture locale. Cette génération a un grand effet sur les locaux de leur âge. La période des vacances est corollaire avec l'intensification des pratiques de cette jeune génération dans le milieu urbain. Ces pratiques, pour la plupart importées de leurs pays d'accueil, commencent à devenir la tradition et l'habitude que les locaux essayent d'imiter avec beaucoup de timidité : les piscines des hôtels, des auberges et des maisons d'hôtes sont pleines l'été, et le spectacle de garçons en maillot de bain et de jeunes filles en bikini, appartenant pour la plupart à la diaspora en Europe, attire notamment beaucoup de locaux. Les pratiques vestimentaires des vacanciers ne sont pas non plus discrètes : des jeunes en vêtements de marques dans les gorges de Todgha ou le soir sur les places des quartiers de la ville. La musique des chanteurs populaires maghrébins de la nouvelle génération comme Reda Taliani *Va bene ya Khoutti*, qui mélange l'arabe et l'italien, s'entend partout.

Des supérettes commencent à apparaître à Tinghir, comme « Chez Michel », ouverte par une Française mariée avec un local, où on peut trouver des rayons pleins de produits méconnus localement, mais recherchés par les résidents en Europe et les touristes, les pâtes de toutes sortes comme on en trouve dans les supermarchés d'Europe et de grandes villes marocaines, les pots de Nutella, les céréales, les fromages et tous les accessoires de fastfood comme le ketchup, la mayonnaise, les conserves, etc. La consommation d'alcool augmente aussi l'été, et les vendeurs d'alcool de contrebande améliorent leur chiffre d'affaires en cette saison.

La première génération est fortement attachée à Tinghir et avait toujours vécu avec l'espoir de revenir un jour chez elle. Elle a lourdement investi dans l'immobilier, le tertiaire et l'entretien de l'agriculture oasienne, elle a misé toutes ses économies sur Tinghir.

Dans sa thèse en 2017, Ait Khandouch avait décrit la participation non négligeable de cette génération dans la création des espaces et édifices urbains de la ville, il disait :

> « Certains migrants entrepreneurs ou leurs familles ont créé des lieux attrayants pour les jeunes populations de migrants comme, par exemple, les cafés-restaurants "'Tamassinte", "Lina", ou "Oasis" dont plusieurs clients interrogés soulignent le caractère convivial "à l'occidentale" de la structure [...] Cette boutique propose les produits consommés toute l'année dans les pays d'installation et une ambiance conviviale dans son salon. Sous cet angle, l'espace urbain de Tinghir s'impose, au niveau local, comme le lieu de validation des nouveaux comportements des migrants. » (Mohamed Ait Khandouch 2017, p. 229.)

La deuxième génération est devenue quant à elle transnationale. Détachée des liens ethniques et des devoirs d'allégeance à la communauté sur place, elle a réussi à créer une dynamique collective de développement en coopération avec les associations de quartier sur place. La mobilité et le double ancrage leur facilitent la tâche. Thomas

Lacroix avait décrit l'investissement de ces jeunes transnationaux dans le développement des régions dont leurs parents sont originaires :

> « Ils mettent l'accent sur le formalisme légal de fonctionnement associatif et la recherche des partenaires dans le pays d'accueil [...] d'une façon générale, l'implication des jeunes procède davantage d'une normativité moderne acquise. » (Thomas Lacroix 2005, p. 96.)

L'engagement de ces jeunes aux côtés des associations villageoises et de quartiers à Tinghir a démontré son efficacité et a laissé ses empreintes sur les espaces urbains et sur les citadins.

Divers projets sont déjà cités précédemment, comme les fermes de palmiers dattiers collectives à Afanour, ou bien les projets de rénovation de quelques monuments et édifices importants pour l'identité urbaine de Tinghir. Ces acteurs bien visibles et leurs pratiques de l'espace bien particulières renforcent la diversité identitaire à Tinghir et participent à son ouverture annoncée qui devient irréversible. Thomas Lacroix continue :

> « La reconnaissance de l'identité spatiale des transmigrants est un processus en cours, même si, composite, elle demeure trop complexe pour être pleinement saisie par des sociétés sédentaires qui se fondent sur l'unicité de l'appartenance. »

4. L'identité urbaine et la dialectique entre le local et le global

Qu'ils aient une origine ethnique et un nom commun par lequel les membres s'identifient, une descendance commune présumée, ou qu'ils aient une origine culturelle ou géographique, partageant des éléments culturels communs, souvent une langue, une religion, des souvenirs, des histoires communes, ou l'attachement à un territoire particulier, les habitants de Tinghir voient leur identité prendre des formes particulières ; en effet, les identités, à l'ère de la connectivité croissante des sociétés et des économies, sont sujettes à la porosité et à la fragilité flagrante des frontières qui les ont protégées avant.

À Tinghir, l'identité était principalement ethnique avant le Protectorat, et elle a été associée aux frontières tribales. La tribu avait été formée avec l'incorporation de deux ou plusieurs fractions, les Jemaas ou les conseils représentant chaque agglomération étaient représentés uniquement par les groupes ethniques dominants. L'arrivée de la mondialisation a restructuré les relations interethniques et a fait émerger une nouvelle dialectique entre ces ethnies. Une dialectique qui offre des perspectives nouvelles et hybrides pour répondre à ce nouveau défi qu'est la mondialisation. Cependant, et comme on a vu ci-avant, les ethnies restent un acteur important, dans notre monde globalisé, les stratégies de développement et les jeux politiques sont encore calqués sur les structures ethniques et on assiste constamment à la création de nouvelles institutions pour organiser les intérêts de telle ou telle ethnie.

4.1. La fabrication identitaire à Tinghir face à la mondialisation

La singularité de Tinghir et la diversité des groupes humains composant sa population, combinées avec le processus d'urbanisation accélérée et sa connexion grandissante au monde globalisé avec des technologies de télécommunication de plus en plus performantes, rendent le travail sur l'urbanité de cette ville très passionnant. La façon d'habiter et d'expérimenter la ville à Tinghir a sûrement des points communs avec d'autres villes dans ce monde globalisé. C'est pourquoi on s'intéresse aux profils-types de citadins universels globalisés en listant les points d'intersection entre notre cas et les autres. Cependant, on s'efforce de définir les différents types de rapports des citadins à l'espace urbain, qui dépendent bien sûr de la diversité de leurs appartenances tribales, pour voir s'il s'agit d'une ou de plusieurs citadinités à Tinghir.

À notre époque où l'urbanité s'est introduite même dans les parties les plus rurales, la mondialisation a mis les agglomérations et les établissements humains en concurrence permanente. Les réseaux de télécommunication sont en évolution continue, et les voies de communication connectant toute agglomération au reste du monde ont créé des liens et ont réduit les distances entre tous les établissements humains de la planète. C'est une sorte d'archipel urbain regroupant une multitude de centres.

Les liens peuvent être signifiants entre deux centres comme New York et Paris, séparés par l'océan Atlantique et devenir moins importants entre Paris et Mulhouse, qui appartiennent au même territoire national français. Les différences culturelles commencent à se réduire drastiquement entre différents endroits du globe terrestre. Les moyens de communication et les mass media, ainsi que la libre circulation des marchandises, ont diffusé le fait urbain dans les maisons les plus isolées de ce monde et dans ses coins les plus ruraux.

Les nouveaux citadins de la nouvelle ville de Tinghir, née sur les ruines des anciens ksour de la vallée, se sont ouverts sur le reste du monde, et les réseaux d'échange avec l'extérieur se sont multipliés. La marche irréversible de la vallée vers la mondialisation est déclenchée.

La citation de Bisson et Jarir est toujours d'actualité, parce que dès que la société s'ouvre, ce qui est le cas de notre sujet d'étude, le ksar éclate et la maison ferme. Pour nous, l'éclatement du ksar et la fermeture de la maison, c'est l'éclatement d'un mode de vie et la fin d'une ère d'histoire qui est annoncée :

> « En s'ouvrant vers l'extérieur, habituellement par le biais des migrations de travail temporaire devenues indispensables à la survie du groupe, ce monde rural qui vivait avec pour seul horizon l'étroitesse du territoire irrigué et l'espace clos du ksar s'intègre à la société de consommation, participe au brassage général et bascule vers la citadinité [...] Au moment où la société oasienne s'ouvre, le ksar saharien éclate... et la maison se ferme ! » (Jean Bisson et Mohamed Jarir 1986.)

Les habitants de Tinghir participent, volontairement, d'une manière intense, aux échanges mondiaux culturels et matériels. Les antennes paraboliques montrent à quel point leur volonté d'appartenance à ce monde contemporain est réelle, même s'il y a une dimension d'entertainment dans l'accès à une multitude de chaînes de télévision, due, elle-même, à des changements de comportement de consommation pour s'aligner aux nouveaux standards. En revanche, cette première mondialisation qui pousse vers plus d'uniformisation des comportements et vers l'appauvrissement de la diversité commence à atteindre ses limites, puisque la nouvelle mondialisation est en route. Canalisée et entretenue par les moyens de télécommunication modernes comme Internet, et les outils comme les réseaux sociaux, cette nouvelle mondialisation, comme l'a précisé Dominique Wolton (2003), est relative puisqu'elle comprend la diversité culturelle. En effet, le canal de diffusion de cette nouvelle mondialisation est la communication, et pour communiquer avec un tiers on est obligé de respecter la diversité culturelle et d'accepter sa différence. L'ouverture brutale du monde et de la société a produit une mondialisation qui souligne les différences, et non une mondialisation qui prône la fusion et la concordance sur un idéal commun. La diffusion illimitée de l'information dans les quatre coins de la planète fait que les pratiques et divers gestes globalisés sont partagés par tout le monde. La culture locale et la culture globale bénéficient toutes les deux de la généralisation des techniques de communication sophistiquées. Ces techniques sont adaptées aux deux niveaux, le global comme le local. L'idéologie libérale qui règne sur le monde et qui a imposé un monde de marchés interconnectés, où les marchandises et les informations ne connaissent pas de frontières, a aussi produit un réflexe identitaire local chez toutes les communautés du monde et leur a donné l'occasion de connaître l'autre sans avoir besoin de se déraciner.

4.2. Le glocal à Tinghir : ou la dualité et dialectique entre le local et le global

La liaison des habitants aux mobilités permanentes et la fréquentation régulière des villes étrangères par quelques-uns et des villages d'origine par d'autres sont décisives puisqu'elles permettent une diversité des expériences urbaines et rurales des individus et un renforcement de leur capital culturel.

La pression sentie par les locaux avec la diffusion croissante des biens de consommation et des modèles culturels occidentaux donne naissance à un réflexe qui est le retour accru aux traditions culturelles locales et leur redécouverte. La masse importante des offres culturelles qui sont presque les mêmes partout dans le monde pousse le local à apprécier et souligner les particularités de sa propre culture par rapport aux autres. La recherche de l'identité culturelle dans les références locales, régionales et nationales est devenue l'envers de la mondialisation culturelle pour les migrants et pour les minorités nationales, mais aussi dans les pays du Sud qui sont souvent définis comme subordonnés de la mondialisation. Les cultures locales, régionales et nationales en tant qu'expression des traditions culturelles transmettent un sentiment d'unité et sont ainsi une station de ressourcement identitaire pour habitants. Le diffuseur musical MTV, en tant que plus grand fournisseur mondial de culture musicale populaire, a été obligé d'abandonner son concept de diffusion uniforme et a procédé à la création d'une trentaine de chaînes MTV spécifiques à leurs régions respectives, MTV arabe, MTV Brésil, MTV Japon, etc., qui prennent en compte les caractéristiques locales et incluent les stars et les succès locaux dans le programme selon le nombre approprié, tout en continuant la diffusion des mêmes clips vidéo pour toute la planète. Roland Robertson[14] (1992) a résumé cette dialectique entre le local et le global, en traitant le lien étroit entre la mondialisation et la persistance du local. Son terme de « *Glocalization* » ou « *Glocal* » est maintenant largement repris et utilisé. Roberston considère le monde comme un tout, dépassant les distinctions conventionnelles entre le global et le local et entre l'universel et le particulier. Son approche culturelle met l'accent sur l'importance politique et économique des conceptions changeantes et des formes de participation à un monde de plus en plus comprimé.

La mutation du lien entre le local et le mondial implique une diversification dans les produits mondiaux et une mutation dans la compréhension de la localité et de la tradition. Comme dans le domaine économique, la culture a aussi connu un processus de « délocalisation » suivi d'une « relocalisation » ou renouvellement de connexion. Les cultures locales s'affranchissent de leurs espaces géographiques de naissance pour devenir mondiales, sans rompre complètement la connexion. Elles deviennent une partie intégrante des offres culturelles globales comme la musique de raï[15] au Maghreb ou la musique gnawa[16] au Maroc.

Il est clair que beaucoup de cultures locales ont resurgi et ont été boostées grâce à ce cadre de référence global. Un certain nombre d'entre elles n'ont été redécouvertes ou nouvellement créées que lors de la recherche de leurs propres racines culturelles, compte tenu des nombreuses possibilités attrayantes de l'industrie culturelle mondiale ou des possibilités de leurs propres offres pour le marché culturel mondial, par exemple pour le tourisme. Le local n'est donc pas

---

[14] Roland Robertson,1992, *Glocalization, Social Theory and Global Culture*, SAGE Publications Ltd, 224 pages.
[15] Le raï est un genre musical magrébin, sa première apparition date de la première moitié du siècle dernier à Oran, Sidi-bel-Abbès, Aïn Témouchent en Algérie. Son internationalisation a commencé dans les années 1970 pour franchir l'étape vers la mondialisation depuis les années 1990.
[16] Selon Wikipédia, le gnaoua désigne à la fois un style musical du Maroc et les habitants d'origine d'Afrique subsaharienne, principalement des descendants d'esclaves, rassemblés dans des confréries musulmanes mystiques dans lesquelles la transe joue un rôle très important. Ce genre de musique s'est internationalisé après avoir été découvert par des artistes comme Jimmy Page, Robert Plant, Bill Laswell, Adam Rudolph, ou Randy Weston, qui font souvent appel à des musiciens gnawas dans leurs compositions.

seulement une partie constitutive du global, mais en partie ne surgit qu'avec lui.

Les relations économiques internationales dépendent des oscillations des intérêts nationaux souvent fluctuants, alors que les échanges sociaux et culturels restent fluides, dépassant les frontières géopolitiques dans tous les coins de la planète. L'échange des biens, des idées et des talents continue de s'intensifier au fil des jours. Ces dynamiques nous disent que la connexion entre les humains est en marche continue et qu'on peut saisir cette opportunité pour le bien de ce monde.

Malgré les guerres et les conflits internationaux qui se multiplient, la connexion au-delà des frontières ne fait que grandir et se fortifier. Le réseautage mondial est aujourd'hui signifiant, l'acceptation de la diversité et l'ouverture à la différence ont pénétré tous les foyers, Tinghirois inclus. La multiplication des mouvements de solidarité mondiale montre à quel point on est devenu global.

Conclusion

Le but ultime de cette étude était de comprendre les mutations sociales, économiques et spatiales qui ont secoué le Maroc présaharien et qui se sont accompagnées d'un étalement urbain très rapide. Ce qui nous ramène à la compréhension de l'interaction entre le cadre spatial qui est en permanente reconstruction et les modes de vie des habitants ainsi que leurs comportements qui continuent d'évoluer et de se réinventer. Dans les premiers chapitres, nous avons défini le cadre écologique de la ville qui est son espace géographique, puis nous avons essayé d'accompagner l'évolution de son peuplement, de sa société, en adoptant une approche historique. Pour répondre à nos questions et à notre problématique, nous avons investi le terrain et nous avons exposé les résultats de l'enquête dans les derniers chapitres. Nous avons exposé la toute nouvelle citadinité qui est en train d'émerger à Tinghir, et qui est la référence commune pour tous les groupes ethniques qui la composent. Cependant, les populations se reconnaissent et s'identifient encore à leur origine lignagère, elles s'attachent toujours à leurs groupes ethniques autour desquels leurs vies avaient été organisées depuis longtemps. Leur harmonie et leur unité trouvaient leur source dans les logiques hiérarchiques qui régnaient. On luttait pour le bonheur et les intérêts du groupe et tout projet individuel devait céder devant les ambitions collectives. Ces structures segmentaires et logiques de groupe ont gardé leur système de fonctionnement intact pendant des siècles, en défendant d'abord collectivement et de façon acharnée les territoires, qui garantissaient des ressources et des richesses nécessaires pour vivre indépendants de toute autre force. Cela leur était possible en gérant correctement les relations entre les membres, ce qui ne laissait presque aucune marge aux dérives individuelles connues dans notre ère[1]. Sans oublier les relations lignagères de solidarité, qui sont la colonne vertébrale de la structure, puisqu'elles garantissent l'unité culturelle au sein du groupe. L'urbanisation et le processus de l'étalement urbain ont détruit tous les outils qui maintenaient la société traditionnelle unie : ils ont alors mis l'individu au centre de tout fonctionnement, et l'ont placé avant le groupe. La différence a été mise en place pour remplacer l'unité de groupe, et la lutte pour l'égalité a mis fin aux principes et logiques hiérarchiques qui étaient le ciment tenant l'ensemble. Pourtant, les solidarités lignagères et trans-lignagères continuent d'exister dans l'espace urbain tinghirois, des affinités tribales, professionnelles, culturelles surtout en référence à la culture amazighe, des affinités idéologiques, géographiques et tout simplement la complicité d'intérêts partagés. On peut trouver des individus ou des groupes qui peuvent être impliqués dans une pluralité de réseaux de solidarité fragmentés. Cependant, les liaisons n'ont désormais rien d'éternel. Selon le contexte, l'individu essaye de changer sa situation et de se libérer de ses relations temporaires pour approfondir sa sphère privée et élargir le champ de ses libertés individuelles, mais le revers de la médaille, c'est la solitude, morale et matérielle, qui constitue un des traits principaux du profil du citadin globalisé. Heureusement, on est encore loin d'atteindre ces niveaux à Tinghir.

La nouvelle référence identitaire, qui se base sur l'appartenance à la ville, est le cadre venu s'ajouter devant les anciennes appartenances, pour les mettre au second plan. Cette nouvelle identité qui rassemble, n'est pas toujours automatiquement acceptée à 100 %. Quelquefois elle est plus ou moins écartée par des groupes ethniques, et quelquefois d'autres se l'approprient et la mettent en avant.

La grande majorité des populations de Todgha et des alentours se reconnaissent, toutes ethnies comprises, comme des Amazighs d'Assamer, et cela permet à ce nouveau pôle identitaire, « l'appartenance à Tinghir », de jouer son rôle de ciment entre citadins et sa vocation de pôle rassembleur. Cette appartenance à Tinghir ne cesse de se propager et de diffuser une culture et un mode de vie, qui continuent à fédérer les Tinghirois autour des mêmes valeurs et des mêmes symboles. Ce mode de vie, reconnaissable et identifiable par

---

[1] Les groupes humains avaient des limites qu'ils ne dépassaient pas afin de mieux gérer les relations entre leurs membres — le contrôle écologique du territoire.

sa liaison avec cette ville et son territoire, est un fait culturel identitaire. Il produit des pratiques de l'espace urbain et il est le facteur commun entre les Tinghirois de toutes origines, c'est l'urbanité. Cette urbanité, en métamorphose permanente, commence à affaiblir la référence au système lignager dans les relations sociales à Tinghir, et à faire émerger les relations individuelles trans-tribales et trans-lignagères dans le quotidien des Tinghirois.

Toutefois, il est important de signaler que ces appartenances tribales, qui restent au second plan derrière le fait d'être Tinghirois, sont encore et toujours des outils efficaces de manipulation et de lobbying utilisés à des fins lucratives par les politiciens, les autorités et par tout autre acteur essayant d'exercer son influence et de défendre ses intérêts. Tant que le foncier urbain à Tinghir dépend des terres collectives ethniques, propriété des groupes, dont la définition des ayants droit n'est toujours pas claire, les prédateurs politiques et les lobbys d'intérêt feront surgir ces identités de second rang qui vont laisser la ville clivée et divisée, et l'identité commune niée et refusée.

Pour conclure, Tinghir est tout d'abord une ville structurée par les liens de parenté, et les relations des individus dépendent encore des affinités tribales et lignagères, puisque l'aire urbaine actuelle est un territoire qui a toujours été todghaoui. Aujourd'hui, on partage ce territoire avec d'autres étrangers ou extra-Todghaouis. Le processus d'émergence d'un pôle de référence identitaire commun pour tous les Tinghirois est en mouvement, mais les clivages resteront encore présents pour un moment. Nous citerons pour finir un politicien de Tinghir : il compare Tinghir à Ouarzazate[2], une création coloniale née en 1918, puisque tous les premiers Ouarzaziens s'y sont installés après la construction de la première caserne militaire française. Il nous disait que c'est inimaginable de faire élire un Extra-Todghaoui (Filalien dans le cas de Ouarzazate) à la tête de la commune de Tinghir comme l'a fait Ouarzazate. Il faisait référence à Moulay Abderrahmene Drissi, qui est un Arabe originaire de l'Oasis voisine de Tafilalet, et récemment installé à Ouarzazate pour devenir le maire de cette ville, dont la quasi-totalité de la population est d'origine berbère.

---

[2] Ouarzazate est une ville qui a été bâtie *ex nihilo* en 1918 par les autorités du Protectorat français. Les Français s'y sont installés en raison de sa position de nœud entre les tribus, mais aussi entre le Maroc présaharien et les grandes villes comme Agadir et Marrakech.

Bibliographie

1 Ouvrages

Aballéa François, 1987, « Les grands courants de la sociologie urbaine », *Recherche sociale*, n° 101.

Barber Benjamin R., 2011, *Jihad Vs McWorld*, Transworld Digital, 432 pages.

Beaupere (lieutenant), 1931, « Note provisoire sur les vallées du Todgha, de l'Imider et du Saghro Oriental », *Villes et tribus du Maroc*, vol, IX, Tribus berbères, t, II, éd. Honoré Champion, Paris.

Bellil Rachid, 1999, *Les Oasis de Gourara, Sahara algérien, I, Le temps des saints*, Éditions Peeters, Paris-Louvain, 297 pages.

Ben Attou Mohamed et Ahmed Belkadi, 2013, Guelmim-Oued Noun, *La Ville et le processus d'urbanisation*, Éditions FLSH, Université Ibn Zohr, Agadir, 194 pages.

Bisson Jean, 1986, « De la Zaouïa à la ville : El Abiodh Sidi Cheikh ou la naissance d'une ville nomade », dans *Petites villes et villes moyennes dans le monde arabe*, URBAMA, fasc. n° 16, tome 1, Tours, p. 139-152.

Büchner Hans-Joachim, 1986, *Die Temporäre Arbeitskräftewanderung nach Westeuropa als bestimmender Faktor für den gegenwärtigen Strukturwandel der Todrha-Oase*.

Côte Marc, 1988, *L'Algérie ou l'espace retourné*, Éditions Flammarion, Paris, 362 pages.

Dawod Hoscham (sous la direction de), 2004, *Tribus et pouvoir en terre d'Islam*, Armand Colin, Paris, 304 pages.

Delan Erwan, 2018, *Carnet de recherche : Tinghir, des Berbères du Maroc*, L'Harmattan, Paris.

Durkheim Émile, 1986, *Les règles de la méthode sociologique*, PUF, Paris.

El Graoui Mohssine, 2005, *Le patrimoine rupestre marocain*, Catalogue d'initiation) Centre national du patrimoine rupestre, 2005, Imprimerie El Watanya, Marrakech, 2005/1143, ISBN n° : 9954-451-00-5.

El Idrissi Moulay Ahmed, 2018, *Todgha, histoire et symboles, l'histoire de la vallée de l'arrivée de l'Islam jusqu'à la période coloniale*, Dar Al Kotob Al Ilmiyah, 336 pages (en langue arabe).

Ensel Remco, 1990, *Saint and Servant in Southern Morocco*, Brill Edition, 279 pages.

Escallier Robert, 1981, *Citadins et espaces urbains au Maroc*, Fasc, N° 8 et 9, Poitiers, 407 pages.

Flamand Pierre, 1959, *Diaspora en Terre d'Islam, Les Communautés israélites du Sud marocain, Essai de description et d'analyse de la vie juive en milieu urbain*, Éditions Imprimerie réunies, Casablanca, 380 pages.

Foucauld Charles de, 1888, *Reconnaissance au Maroc (1883-1884)*, Callamet et Cie éditeurs, Paris.

Gellner Ernest, 1969, *Saints of the Atlas*, Londres, Weidenfeld & Nicolson.

Grawitz, Madeleine, 1996, *Méthodes des sciences sociales*, Dalloz, Paris.

Hart David Montgomery, 1981, *Dadda 'Atta and his forty Grandsons: The Socio-Political Organisation of the Ait 'Atta of Southern Morocco*, Outwell, Wisbech, Cambridgeshire: Menaspress.

Howard Ebenezer, 1898, *To-morrow: A Peaceful Path to Real Reform*, London: Swan Sonnenschein & Co.

Ibn Khaldoun Abderrahmane, 1967, *Discours sur l'histoire universelle (Al-Muqaddima)*, traduction Vincent Monteil, Bayrouth.

Lazarsfeld Paul, 1970, « Quelques fonctions de l'analyse qualitative en sociologie », dans *Philosophie des sciences sociales*, Paris, Gallimard.

Linarès (docteur), 1932, « Voyage au Tafilalet avec S. M., le Sultan Moulay Hassan en 1893 », Extrait du *Bulletin de l'institut d'hygiène du Maroc* (n°s 3 et 4).

Lévy Jacques et Lussault Michel, 2003, *Dictionnaire de la géographie et de l'espace des sociétés*, Paris, Belin, 1033 pages.

Louiset Odette, 2000, « L'urbanité d'ailleurs », dans *Logiques de l'espace, esprit des lieux*, sous la direction de Jacques Levy et Michel Lussault, Paris, Belin, collection Mappemonde.

Mahdane M'hamed, 2017, *La sociologie rurale au Maroc, approches et enjeux*, Éditions Souss impression, 190 pages (en langue arabe).

Michaux-Bellaire Édouard, 1927, « Sociologie marocaine », *Archives marocaines*, n° 27, Paris.

Naciri Mohamed, 1988, « Regard sur l'évolution de la citadinité au Maroc », dans *Actes du colloque sur l'évolution des rapports villes-campagne au Maghreb*, Faculté des lettres, Rabat.

Nédélec Pascale, 2017, *Las Vegas dans l'ombre des casinos, Géographie sociale*, Presse universitaire de Rennes, (270 pages).

Park Robert Ezra, 1979, « La ville : proposition de recherche sur le comportement humain en milieu urbain », dans *L'école de Chicago*, Y, Grafmeyer et I, Joseph, Édition du champ urbain, collections Essais.

Pliez Olivier, 2003, *Villes du Sahara, Urbanisation et urbanité dans le Fezzan libyen*, CNRS éditions, Paris.

Puig Nicolas, 2003, *Bédouins sédentarisés et société citadine à Tozeur (Sud-Ouest tunisien)*, Éditions Karthala et IRMC.

Ramos Elsa, 2015. *L'entretien compréhensif en sociologie - Usages, pratiques, analyses*. Edition Armand Colin, 171 pages.

Rémy Jean et Voyé Liliane, 1978, *La Ville et l'urbanisation*, Duculot, Paris.

Robertson Roland, 1996, *Globality, Globalization and Transdisciplinarity, Theory, Culture & Society*, volume XIII.

Simmel Georg, 1989, *Les grandes villes et la vie de l'esprit*, Éditions Payot, Paris.

Sowa Kaziemierz, 1975, « L'environnement social et le processus d'urbanisation », *Cahiers internationaux de sociologie*.

Spillmann Georges & Beaupère (lieutenant), 1931, *Villes et tribus du Maroc*, Documents et renseignements de la direction générale des affaires indigènes Section sociologique.

Tönnies Ferdinand, 2012, *Gemeinschaft und Gesellschaft : Grundbegriffe der Reinen Soziologie*, Trapeza, 330 pages.

Troin Jean-François, 2011, « Régionalisation et mondialisation au Maroc : interférences positives ou déséquilibres accrus ? », *Méditerranée*, n° 116.

Touraine Alain, 1980, « Les deux faces de l'identité », dans *Identités collectives et changement sociaux*, Privat, Coll. « Science de l'homme ».

Warnier August, 1863, *L'Algérie devant l'Empereur : pour faire suite à L'Algérie devant le Sénat et à L'Algérie devant l'opinion publique*, Challamel aîné, Paris, 345 pages.

Weber Max, 2013, *La Ville*, traduction révisée, annotée et préfacée par Philippe Fritsch, Les Belles Lettres, Paris.

Wolton Dominique, 2003, *L'autre mondialisation*, Flammarion, Paris, 211 pages.

Zafrani Haïm, 1972, *Les Juifs du Maroc. Vie sociale, économique et religieuse de la fin du XVe siècle au début du XXe siècle*, Études de Taqqanot et Responsa, Paris, Geuthner.

2 Articles et actes de colloques

Belguidoum Said et Aines Boudinar, 2015, Les cités du bas-Sahara, éléments d'histoire urbaine, *Revue des sciences sociales et humaines de l'université de Ouargla*, n° 22.

Berriane Yasmine, 2015, « Inclure les "n'ayants pas droit" : Terres collectives et inégalités de genre au Maroc », *L'Année du Maghreb*, 13, p. 61-78.

Berry-Chikhaoui Isabelle, 2009, « Les notions de citadinité et d'urbanité dans l'analyse des villes du monde arabe », *Les Cahiers d'EMAM*, n° 18, p. 9-20.

Bessaoud Omar, 2015, « Les tribus face à la propriété individuelle en Algérie, Sénatus-Consulte de 1863 et loi Warnier de 1873 », *European Rural History Organization*, University of Gerona, Espagne.

Bisson Jean et Jarir Mohamed, 1986, « Ksour de Gourara et du Tafilalet », *Annuaire de l'Afrique du nord*, Tome XXV.

Bocco Riccardo, 1986, « Petites villes et citadinité en Jordanie : quelques pistes de réflexion sur l'urbanisation en zone pastorale », dans *Petites villes et villes moyennes dans le monde arabe*, URBAMA, fasc, n° 16, tome I, Tours, p. 167-183.

Camps Gabriel, 1970, « Recherches sur les origines des cultivateurs noirs du Sahara », *Revue des mondes musulmans et de la Méditerranée*, p. 35-45.

Cavin Joëlle Salomon, 2007, « Les cités-jardins de Ebenezer Howard : une œuvre contre la ville ? » Institut de politiques territoriales et d'environnement humain, Université de Lausanne, 15 mars 2007.

Haas de Hein et El Ghanjou Hassan, 2000, "General Introduction to the Todgha Valley, Population, Migration, Agricultural Development", *IMAROM Working Paper* Series no. 5, Université Mohamed V et Université d'Amsterdam.

Halbwachs Maurice, 1932, « Chicago, expérience ethnique », *Annales d'histoire économique et sociale*, 4ᵉ année, n° 13, p. 11-49.

Haut-Commissariat au plan, 2014, *Recensement général de la population et de l'habitat*.

Institut de sociologie urbaine, 1968, « Propositions de recherches sur la vie urbaine », *Revue française de sociologie*, 1968, 9-2, p. 151-166.

Jacques-Meunié D., 1958, « Hiérarchie sociale au Maroc saharien », *Hesperis*, tome XIV, 3ᵉ et 4ᵉ trim, p. 239-269.

Jacques-Meunié D., 1972, « Notes sur l'histoire des populations du Sud marocain », *Revue de l'Occident musulman et de la Méditerranée*, n° 11, p. 137-150.

Kagermeier Andreas, 2012, « Les postes militaires au Maroc méridional : leur développement de sites servant à la conquête du "Maroc inutile" à des villes dynamiques avec des fonctions publiques et économiques », dans *Héritage colonial du Maroc*, sous la direction d'Herbert Popp et Mohamed Ait Hamza, Éditions de l'université de Bayreuth.

Krief Nathalie et Zardet Véronique, 2013, « Analyse de données qualitatives et recherche-intervention », *Recherches en Sciences de Gestion*, n° 95, p. 211-237.

Marchat Henry, 1957, « La frontière saharienne du Maroc », *Politique étrangère*, n° 6, p. 637-657.

Métrale Françoise et Jean, 1989, « Une ville dans la steppe, la tribu dans la ville, Sukhné en Syrie », dans *Le nomade, l'oasis et la ville*, URBAMA, fasc, n° 20, Tours, p. 153-172.

Monts de Savasse, capitaine Raoul de, 1951, Le régime foncier des Ait Atta du Sahara, CHEAM, n° 1-815.

Naciri Mohamed, 1988, « Les Ksouriens sur la route, Émigration et mutation spatiale de l'habitat dans l'oasis de Tinjdad », Éditions du CNRS, *Annuaire de l'Afrique du Nord*, 1986.

Nicolas Georges, 1961. La sociologie rurale au Maroc pendant les cinquante dernières années : évolution des thèmes de recherche. *In Tiers-Monde, tome 2*, n°8, pp 527-543.

Pelissier Paul, 2000, « Les interactions rurales - urbaines en Afrique de l'Ouest et centrale », *Bulletin de l'APAD*, 19-2000.

Signoles Pierre, 1986, « Quelques réflexions sur les petites villes et les villes moyennes dans le monde arabe », dans *Petites Villes et villes moyennes dans le monde arabe*, URBAMA, fasc. n° 17, tome II, Tours, p. 811-830.

Vali Jamal and Weeks John, 1988, "The Vanishing Rural-Urban Gap in sub-Saharan Africa", *International Labour Review*, Vol. 127, No. 3, pp. 271–292.

Wirth Louis, 1979, « Le phénomène urbain comme mode de vie », dans *L'École de Chicago : Naissance de l'écologie urbaine*, Grefmeyer Yves et Joseph Isaac, Collection Essais, Éditions du Champ urbain, p. 255-281.

3 Thèses et mémoires

Ait Khandouch Mohamed, 2018, *Les migrants, vecteurs de changement dans leur territoire d'origine : vallée de Todgha dans le Sud-Est marocain*, Thèse de doctorat en géographie, Université d'Angers.

Bisson Vincent, 2006, *Dynamiques comparées de l'urbanisation en milieu tribal (Tunisie et Mauritanie)*, Thèse de doctorat en géographie, Université de Tours.

El-Maliki Abderrahman, 1990, *L'exode rural au Maroc, de Tafilalet vers la ville de Fès*, Thèse pour le doctorat en sociologie, Université de Provence Aix-Marseille.

Gentilleau Jeanne-Marie, 2016, *Habitat et mode de vie de la vallée du Drā (Maroc) : le village d'Asrir n'llemchane*, Thèse de doctorat en sciences sociales, Université Lyon 2.

Jacques-Meunié D., 1982, *Le Maroc saharien des origines à 1670, vie politique, économique et sociale*, Thèse d'État, Paris, 1412 pages.

Kouzmine Yaël, 2007, *Dynamiques et mutations territoriales du Sahara algérien. Vers de nouvelles approches fondées sur l'observation*, Thèse de doctorat, décembre 2007, Université de Franche-Comté (France).

Mezzine Larbi, 1987, *Le Tafilalet, contribution à l'histoire du Maroc aux XVIIe et XVIIIe siècles*, Thèse d'histoire publiée par la faculté des lettres et des sciences humaines de Rabat.

Moudden Imane, 2018, *La propriété de la terre en droit marocain, Tradition et modernité d'un système foncier*, Thèse pour le doctorat en droit privé, Université de Bordeaux et Université Sidi-Mohamed-Ben-Abdellah, Fez.

Naim Mohamed, 1996, *Les migrations internationales de travail et les transformations sociospatiales dans les oasis présahariennes du Maroc : le cas de la vallée de Todgha*, Thèse de doctorat en géographie, université Nice-Sophia-Antipolis.

Liste des photographies

Photo 1 : Vue panoramique de la vallée de Tinghir et de la vallée de Todgha. 42

Photo 2 : côté Todgha El Oulya, topographie accidentée et réduction de l'espace constructible 45

Photo 3 : Sidi Lhadj Amer. 67

Photo 4 : Sidi Mhand Ou Abdellah. 67

Photo 5 : L'ancien Mellah de Ait Oujedal en état de ruine, habité par les Ait Taghbalt. 123

Photo 6 : ksar Ait Lhaj rénové en partie, programme de rénovation en cours. 129

Photo 7 : hôtel Tombouctou installé dans l'ancienne casbah de Bassou Ou Ali après réhabilitation. 153

Photo 8 : Le nouveau pôle urbain « Almajd » en grande partie sur les terres communes Attaoui voisines d'Ouaklim 157

Photo 9 : Lotissement Ouaklim, dans la continuité du pôle urbain Almajd. 158

Photo 10 : Jardin public aménagé par les habitants de Bougafer. 210

Photo 11 : Mosquée Iqllalne rénovée par l'initiative privée et la société civile. 211

Photo 12 : la jonction entre la place de la Poste et le boulevard Mohamed VI au temps de la Covid-19. 212

Photo 13 : rue des femmes à Ait Lhajj Ali, vide au temps de la Covid-19, mais souvent noire de monde en temps normal. 219

Photo 14 : Maillots de football des grands clubs européens dans un stand de Souk de Tinghir. 235

Liste des figures

Figure 1 : Carte du Maroc, situation 40

Figure 2 : Situation de la vallée de Todgha entre les deux tribus Ait Atta et Ait Yafelmane 61

Figure 3 : Organisation de l'espace dans la région Draa-Tafilalet, Période précoloniale 90

Figure 4 : Organisation de l'espace dans la région Draa-Tafilalet, Période coloniale 91

Figure 5 : Organisation de l'espace dans la région Draa-Tafilalet, Période postcoloniale 92

Figure 6 : Réseaux routiers et structuration actuelle de l'espace à Draa-Tafilalet 93

Figure 7 : Résultat de l'étude SBS « Sick Building Syndrom » Syndrome des bâtiments malsains, réalisé par J. Röben. 101

Figure 8 : Effet cheminée : Ventilation et climatisation d'une maison en pisé 101

Figure 9 : Effet Venturi 102

Figure 10 Variation des températures dans une maison en pisé pendant une journée estivale 104

Figure 11 : Illustration du développement urbain autour du souk de Tinghir 113

Figure 12 : Plan illustrant l'extension du ksar Ait Boujjane 119

Figure 13 : illustration des dynamiques urbaines de Tinghir 133

Figure 14 : Carte tribale montrant la répartition des ethnies à Tinghir 149

Figure 15 : Illustration de conurbation polynucléaire de la ville de Tinghir 175

Liste des tableaux

Tableau 1 : Séjours successifs à Tinghir. 30

Tableau 2 : Statistiques des habitants interviewés, comparées
au rapport hommes-femmes dans la population de Tinghir. 31

Tableau 3 : Répartition ethnique d'échantillon, comparée
à la répartition ethnique de la population de l'aire urbaine
de Tinghir. 31

Tableau 4 : augmentation de la population de Todgha
entre 1952 et 1994. 59

Tableau 5 : Composition du conseil municipal 2021-2027 160

Tableau 6 : Composition du conseil municipal 2015-2021 161

Tableau 7 : Composition du conseil municipal 2009-2015 163

Tableau 8 : Composition du conseil municipal 2003-2009 164

Tableau 9 : Composition du conseil municipal 1997-2003. 165

Liste des documents

Document 1 : La délimitation des terres collectives
de la tribu d'Ait Elfarsi sur le journal officiel.. 143

Document 2 : Accord de délimitation des terres collectives
entre la tribu d'Ait Elfarsi et celle d'Afssad, signé par les Nouab
de chacune des deux tribus. 144

Table des matières

Préface 5
Introduction 9
CHAPITRE I : Posture épistémologique et cadre méthodologique 13
  1. Étude critique de la bibliographie 14
    1.1. Sources écrites sur le Todgha et Tinghir 14
    1.2. Le cadre théorique de notre étude 16
    1.3. Les notions et les concepts de base de notre recherche 17
  2. Problématique et hypothèses de notre recherche 21
  3. La méthodologie de recherche en sciences sociales 24
    3.1. Préparation du terrain 26
    3.2. Les outils méthodologiques de notre enquête 26
      3.2.1. Les personnes-ressources de notre enquête 27
      3.2.2. L'entretien semi-directif 28
      3.2.3. Recherche empirique et collecte des données
      sur le terrain 29
      3.2.4. Cartographier les tribus : principes élémentaires
      et méthodologie 32
    3.3. Les approches d'analyse de notre enquête 33
      3.3.1. Approche historique 34
      3.3.2. Analyse de contenu 34
      3.3.3. Présentation du contenu 38

CHAPITRE II : Aperçu historique et structure socio-spatiale
de la vallée de Todgha 39
  1. Spécificité géographique et géomorphologique 41
    1.1. Situation géographique enclavée 42
    1.2. Climat semi-aride 45
    1.3. L'eau et les conditions d'accès à la ressource hydrique 46
    1.4. L'agriculture et la végétation 49
  2. L'établissement humain dans la vallée de Todgha 49
    2.1. Les premiers habitants de Todgha 50
    2.2. La vallée de Todgha, après l'introduction de l'islam 52
    2.3. Les nomades autour de la vallée 57
    2.4. Le développement démographique dans la vallée 58
  3. Organisation sociale et mode de vie dans la vallée 60
    3.1. La composition multi-ethnique de la population
    de la vallée 60
      3.1.1. Ait Tdoght, ou ceux de la vallée de Todgha 61
      3.1.2. Ait Atta, les nomades sédentarisés 68

3.1.3. Ancienne relation d'échanges et de rivalités
incessantes entre Ait Atta et Ait Tdoght..................... 70
3.2. Le développement des structures socio-politico-spatiales
avant l'ère coloniale 74
    3.2.1. Les agglomérations de la vallée avant le Protectorat 74
    3.2.2. La ségrégation spatiale et la stratification ethnique......... 76
    3.2.3. L'organisation sociopolitique avant le Protectorat.......... 79
3.3. Structures administratives après la « pacification française » 81
    3.3.1. La structuration de l'espace et le réseau des villes
    de la région 83
    3.3.2. La ruralité dans les villes et l'interaction
    rural-urbain.. 84
    3.3.3. Les réseaux de circulation et la production
    de l'urbain 86
    3.3.4. L'agriculture oasienne, une infrastructure
    de la ville oasienne 87

CHAPITRE III : Du chapelet des ksour à une conurbation
polynucléaire... 95
1. L'adaptation des bâtisseurs ancestraux aux conditions
locales hostiles à la vie 95
    1.1. Le couple ksar-oasis 96
    1.2. Interaction entre les ksour et leur environnement naturel........ 97
    1.3. Les solutions bioclimatiques ingénieuses des ksour................ 98
        1.3.1. Morphologie des ksour 99
        1.3.2. Adaptation des habitants 99
        1.3.3. Ombrage et ensoleillement.................................... 99
        1.3.4. Climatisation et ventilation naturelle...................... 100
        1.3.5. Canalisation de l'air dans des rues 102
    1.4. Les matériaux et les techniques de construction.................... 103
    1.5. L'utilisation de la terre crue dans l'architecture
    contemporaine 104
    1.6. Le souk du lundi, un lieu neutre d'échanges
    avant le Protectorat 107
    1.7. Le souk à l'ère coloniale... 108
    1.8. La genèse de la ville autour du souk.................................. 109
2. Les bouleversements dans les structures spatiales
des ksour, avant et après le Protectorat.................................... 111
    2.1. L'extension du ksar sur les terres collectives abondantes :
    cas d'Afanour ou Taggoumast.. 114
    2.2. Possibilités d'extension extrêmement limitées :
    cas d'Ait Bouajjane 115
3. La conurbation polynucléaire des ksour et la naissance
du centre urbain de Tinghir... 116

3.1. L'habitat traditionnel et la logique d'occupation du sol 116
3.2. Mutations socio-spatiales et genèse du centre urbain
de Tinghir 118
    3.2.1. La greffe coloniale et le bouleversement de l'espace..... 120
    3.2.2. L'éclatement des ksour et la structuration de la ville 121
    3.2.3. L'immigration, motrice de mutations............................ 126
    3.2.4. La genèse du nouveau centre urbain de Tinghir............ 128

CHAPITRE IV : Inscription spatiale de la tribu dans le tissu urbain
de Tinghir.. 135
1. Diversité du système foncier, atout socioculturel
ou inconvénient majeur ? 137
2. Cartographier la ville 145
    2.1. Critères d'identification et méthodes de collecte
    de l'information 147
    2.2. Le résultat de l'enquête : la carte tribale de Tinghir............... 149
    2.3. Petit rappel, morphologie et genèse de la ville de Tinghir 150
    2.3.1. L'éclatement du ksar Ait Lhaj Ali et l'émergence
    du nouveau centre de Tinghir 151
        2.3.2. Les anciens nomades au cœur de Tinghir...................... 154
    2.4. Répartition ethnique et hiérarchie sociale dans le centre
    urbain de Tinghir 171
3. Comparaison avec d'autres cas dans le monde arabe 176
    3.1. La ville de Guelmim au Maroc 176
    3.2. Elbiodh Sidi Cheikh en Algérie 177
    3.3. La ville de Tijikja en Mauritanie 178
    3.4. Al-Mwaqqar et les villages bédouins Khraycha
    des Bani Sakhr en Jordanie... 183
    3.5. La tribu dans la ville de Soukhné en Syrie 184

CHAPITRE V : Urbanité et pratiques urbaines dans la ville
de Tinghir.. 187
1. La ville au regard de la sociologie urbaine 188
2. La relation société-espace.. 191
3. L'urbanisation, l'urbanité et les pratiques urbaines......................... 194
    3.1. L'impact du processus de l'urbanisation
    sur les Tinghirois 195
    3.2. Rivalités entre formations ethniques au milieu
    de l'espace urbain 201
    3.3. Les Tinghirois parlent d'urbanité 202
    3.4. La dimension spatiale de l'urbanité... 206
    3.5. L'urbanité et les pratiques spatiales des acteurs sociaux 208
4. La citadinité et les pratiques sociales en ville................................. 214
    4.1. Les pratiques spatiales et sociales des Tinghirois................... 216

  4.2. L'appropriation de l'espace urbain et de la ville 217
  4.3. L'évolution de l'identité urbaine à Tinghir 222

CHAPITRE VI : Tinghir dans la mondialisation................................. 229
 1. La mondialisation économique et les mécanismes
 de connexion sans limites 231
  1.1. Les effets de la mondialisation économique......................... 231
  1.2. La marchandise mondialisée à Tinghir................................. 234
 2. Tinghir à l'ère de la mondialisation culturelle............................. 237
  2.1. Les médias et leur rôle dans la diffusion
  des modèles culturels 239
  2.2. La musique, un art pionnier de la mondialisation
  et des cultures hybrides 241
 3. L'émergence d'une société-monde à Tinghir 243
  3.1. L'économie tinghiroise face à la globalisation...................... 243
  3.2. Les manifestations de la globalisation au sein
  de la société tinghiroise 245
  3.3. Le tourisme et les pratiques socio-spatiales
  à Tinghir 247
  3.4. La migration internationale et les pratiques urbaines
  à Tinghir 250
 4. L'identité urbaine et la dialectique entre le local
 et le global 256
  4.1. La fabrication identitaire à Tinghir face
  à la mondialisation.. 257
  4.2. Le glocal à Tinghir : ou la dualité et dialectique
  entre le local et le global... 259

Conclusion 263

Bibliographie 267

Liste des photographies 275

Liste des figures... 277

Liste des tableaux... 279

Liste des documents 281

Structures éditoriales du groupe L'Harmattan

L'Harmattan Italie
Via degli Artisti, 15
10124 Torino
harmattan.italia@gmail.com

L'Harmattan Hongrie
Kossuth l. u. 14-16.
1053 Budapest
harmattan@harmattan.hu

L'Harmattan Sénégal
10 VDN en face Mermoz
BP 45034 Dakar-Fann
senharmattan@gmail.com

L'Harmattan Congo
219, avenue Nelson Mandela
BP 2874 Brazzaville
harmattan.congo@yahoo.fr

L'Harmattan Cameroun
TSINGA/FECAFOOT
BP 11486 Yaoundé
inkoukam@gmail.com

L'Harmattan Mali
ACI 2000 - Immeuble Mgr Jean Marie Cisse
Bureau 10
BP 145 Bamako-Mali
mali@harmattan.fr

L'Harmattan Burkina Faso
Achille Somé – tengnule@hotmail.fr

L'Harmattan Togo
Djidjole – Lomé
Maison Amela
face EPP BATOME
ddamela@aol.com

L'Harmattan Guinée
Almamya, rue KA 028 OKB Agency
BP 3470 Conakry
harmattanguinee@yahoo.fr

L'Harmattan Côte d'Ivoire
Résidence Karl – Cité des Arts
Abidjan-Cocody
03 BP 1588 Abidjan
espace_harmattan.ci@hotmail.fr

L'Harmattan RDC
185, avenue Nyangwe
Commune de Lingwala – Kinshasa
matangilamusadila@yahoo.fr

Nos librairies en France

Librairie internationale
16, rue des Écoles
75005 Paris
librairie.internationale@harmattan.fr
01 40 46 79 11
www.librairieharmattan.com

Librairie des savoirs
21, rue des Écoles
75005 Paris
librairie.sh@harmattan.fr
01 46 34 13 71
www.librairieharmattansh.com

Librairie Le Lucernaire
53, rue Notre-Dame-des-Champs
75006 Paris
librairie@lucernaire.fr
01 42 22 67 13